La réalité
de la réalité

Paul Watzlawick

La réalité
de la réalité

Confusion, désinformation,
communication

Traduit de l'américain
par Edgar Roskis

Éditions du Seuil

En couverture : dessin de Folon.

ISBN 2-02-006804-4
(ISBN 2-02-004841-8, 1re publication)

Remerciements

Aux auteurs suivants : le professeur John C. Wright, de l'université du Kansas, Lawrence, pour ses informations complémentaires sur les expériences à récompense arbitraire.

Le Dr Roger S. Fouts, de l'université de l'Oklahoma, Norman, pour la permission qu'il m'a donnée de faire référence à son prochain livre.

L'honorable Ewen E.S. Montagu, CBE, QC, DL, Londres, qui a eu l'amabilité de vérifier ma présentation de l'« opération *Mincemeat* ».

Le Dr Bernard M. Oliver, vice-président de la firme Hewlett-Packard, département des recherches et applications, qui m'a abondamment conseillé sur les problèmes de la communication extraterrestre et m'a permis de reproduire l'encodage et le décodage d'un message type.

Les illustrations sont dues à Mme Ann A. Wood.

Avant-propos

Ce livre traite du procès par lequel la communication crée ce que nous appelons *réalité*. Cette formulation peut de prime abord paraître des plus singulières, car on ne doute pas que la réalité est ce qui est, et la communication une simple manière de l'exprimer ou de l'expliquer.

En fait, il n'en est rien. Comme ce livre le montrera, notre idée quotidienne, conventionnelle, de la réalité est une illusion que nous passons une partie substantielle de notre vie à étayer, fût-ce au risque considérable de plier les faits à notre propre définition du réel, au lieu d'adopter la démarche inverse. De toutes les illusions, la plus périlleuse consiste à penser qu'il n'existe qu'une seule réalité. En fait ce qui existe, ce ne sont que différentes versions de celle-ci dont certaines peuvent être contradictoires, et qui sont toutes des effets de la communication, non le reflet de vérités objectives et éternelles.

Le rapport étroit entre réalité et communication est une idée relativement neuve. Si les physiciens et les ingénieurs ont depuis longtemps résolu les problèmes liés à la transmission efficace de signaux, si les linguistes ont été durant des siècles engagés dans l'exploration de l'origine et de la structure des langues, si les sémanticiens ont fouillé la signification des signes et des symboles, c'est seulement récemment que la *pragmatique de la communication* — autrement dit, l'étude des modes de communication par lesquels des individus peuvent en venir à entretenir des rapports délirants, ainsi que des différentes visions du monde qui en résultent — est devenue un terrain de recherches autonome.

7

Mon intention est de divertir le lecteur en lui proposant sous forme d'anecdotes certaines questions choisies de ce nouveau champ d'investigation scientifique; des questions qui sont, je l'espère, inhabituelles et intrigantes, et cependant d'une importance immédiate et pratique pour expliquer et l'apparition de différentes conceptions de la réalité et la nature des conflits humains.

Certains des exemples utilisés, qui sont empruntés à la littérature, aux mots d'esprit, aux jeux et aux devinettes, peuvent sembler frivoles mais ne devraient pourtant pas faire oublier le sérieux de la démarche. L'interprétation scientifique dispose de deux méthodes : l'une consiste à développer une théorie pour montrer dans un deuxième temps comment les faits observables la corroborent [1]; l'autre présente de nombreux exemples tirés de contextes différents, puis entreprend d'en dégager, d'un point de vue pratique, la structure commune et les conclusions qui s'ensuivent. Dans la première méthode, les exemples ont valeur de preuve; dans la seconde, leur fonction est métaphorique et illustrative : ils sont là pour expliquer quelque chose, pour le transcrire dans un langage plus accessible, mais nécessairement dans le but de prouver quoi que ce soit.

J'ai choisi la seconde approche et à travers elle j'espère permettre au lecteur de s'introduire, pour ainsi dire par la porte de derrière, dans le champ complexe de la formation du réel. Aucune connaissance préalable en la matière n'est nécessaire, aucune théorie ni formule ne sera infligée. Le cas échéant, on trouvera dans la bibliographie toutes références et sources utiles si l'on désire approfondir certaines questions qui retiennent l'intérêt.

Je serais heureux si ce livre pouvait avoir encore une autre utilité. Comme je l'ai déjà dit, la croyance selon laquelle il n'y aurait qu'une seule réalité, soit la façon dont on la voit soi-même, est une illusion dangereuse. Elle devient encore plus dangereuse lorsqu'elle est doublée d'une volonté prosélyte d'éclairer le reste du monde, que ce reste-ci veuille ou non

---

1. On trouve un excellent exemple, dans le même domaine, de cette forme de présentation dans *The social construction of reality*, de Peter L. Berger et Thomas Luckman (Doubleday, 1966).

d'une telle lumière. Refuser d'embrasser inconditionnellement une seule définition de la réalité, par exemple une idéologie donnée, oser jeter sur le monde un regard différent, peut alors devenir, à mesure que nous approchons de 1984, un « délit d'opinion » au sens d'Orwell. Je souhaite que ce livre contribue, si peu que ce soit, à prévenir ces formes de violence et à rendre la tâche plus ardue aux violeurs de conscience, laveurs de cerveau et autres miliciens évangélistes des temps modernes.

J'ai entretenu un contact direct avec la majeure partie du matériel que je présente ici, que ce soit au cours de ma formation en langues vivantes et en philosophie, pendant des années de pratique de l'enquête criminelle, ou encore tout particulièrement à travers vingt-quatre années de travail en tant que psychothérapeute dont quatorze, jusqu'ici, comme « associé de recherche » au *Mental Research Institute* de Palo Alto (Californie). D'autres éléments de ce livre reposent sur l'enseignement et les consultations cliniques que j'ai dispensés à l'université de Stanford en tant que maître de conférences en psychiatrie, et sur les conférences que j'ai données dans de nombreuses universités et centres de recherche ou de formation psychiatrique aux États-Unis, au Canada, en Amérique latine et en Europe. Cet essai aborde également un certain nombre de questions dont je n'ai qu'une connaissance théorique et indirecte ; il va de soi que je porte seul la responsabilité d'éventuelles erreurs.

Le livre se compose de trois parties : la première traite de la *confusion*, c'est-à-dire des brouillages de la communication et des distorsions corollaires qui se produisent *involontairement ;* la deuxième partie examine le concept quelque peu « exotique » de *désinformation*, par lequel j'entends les obstacles, impasses et illusions qui peuvent surgir lorsqu'on est *volontairement* à la recherche d'une information ou qu'au contraire on tente *délibérément* de la dissimuler ; la troisième est consacrée aux problèmes captivants liés à l'instauration de la *communication* dans des domaines où elle n'existait pas jusqu'alors, c'est-à-dire la création d'une réalité pouvant être partagée avec profit par des humains et d'autres êtres, à savoir les animaux et les extraterrestres.

1

LA CONFUSION

1

Les pièges de la traduction

*Or ça paraissons! Et confondons leur langue,
de telle sorte que l'un ne puisse comprendre
le langage de l'autre.*

Genèse 11, 7

La survie des êtres vivants dépend de l'information convenable
ou non qu'ils reçoivent sur leur environnement. Le mathématicien Norbert Wiener a émis l'hypothèse qu' « on peut considérer le monde comme une myriade de messages *à toutes fins utiles* ». L'échange de tous ces messages forme ce que nous appelons la communication. Quand l'un de ces messages est altéré, laissant ainsi le destinataire dans un état d'incertitude, il en résulte une confusion qui provoque des émotions allant, selon les circonstances, du simple désarroi jusqu'à l'angoisse prononcée. Il est évident que dès qu'il s'agit des relations et de l'interaction humaines, il est particulièrement important de favoriser la compréhension et de réduire la confusion. Reprenons ici une remarque d'Hora, souvent citée : « Pour se comprendre lui-même, l'homme a besoin d'être compris par un autre. Pour être compris par un autre, il lui faut comprendre cet autre » [73 [1]].

On traite rarement de la confusion comme d'une question de plein droit, et ceux qui étudient la communication moins que quiconque. C'est là une erreur avec laquelle il faut en finir. Précisément parce qu'elle renvoie, en un sens, l'image inversée

1. Les chiffres entre crochets renvoient aux articles de la bibliographie figurant en fin d'ouvrage.

13

de la « bonne » communication, elle peut nous apporter quelques lumières sur le lien étroit qui l'unit à celle-ci.

La traduction d'une langue à une autre offre à la confusion un terrain fertile, qui s'étend largement au-delà des erreurs de traduction pures et simples ou des traductions tout bonnement mauvaises. Beaucoup plus intéressante est la confusion résultant de la variété de significations d'un même mot ou de mots semblables. *Burro* par exemple veut dire « beurre » en italien et « âne » en espagnol, d'où nombre de curieuses méprises — tout au moins dans le dénouement de plaisanteries italo-espagnoles. *Chiavari* (avec l'accent sur le premier *a*) est une belle station balnéaire de la côte italienne ; *chiavare* (accentué sur le deuxième *a*) signifie « faire l'amour » en argot italien. Inutile de dire que cela fournit la pointe de plaisanteries un peu grinçantes dont les touristes qui ne savent pas prononcer l'italien sont les protagonistes. Plus grave et moins excusable est la confusion incroyablement fréquente entre des mots comme le français *actuel* (équivalent de l'espagnol *actual*, de l'italien *attuale*, de l'allemand *aktuell*, etc.) et l'anglais *actual* (au sens de « réel » ou de « factuel »). Il en va de même pour le français *éventuellement* (*eventualmente* en espagnol et en italien, et *eventuell* en allemand) qui n'a rien à voir avec l'anglais *eventually* (celui-ci voulant dire « finalement », « à la fin »). Les traducteurs commettent fréquemment une erreur autrement plus sérieuse à propos du nombre *billion* qui aux États-Unis et en France[1] signifie mille millions (10^9), tandis qu'en Angleterre et dans la plupart des pays du continent européen il veut dire un million de millions (10^{12}). Dans ces pays le billion américain prend le nom de *miliardo*, *milliarde*, etc. On admettra qu'une confusion entre beurre et âne n'aura que des conséquences mineures, mais que la confusion entre 10^9 et 10^{12} peut déclencher une catastrophe si elle s'est glissée dans un livre, disons, de physique nucléaire.

Soit dit en passant, cette confusion entre des significations ne se limite pas, comme semblerait l'indiquer le Livre de la Genèse, aux seuls êtres humains. Nous le savons depuis les

---

1. En fait, *billion* est passé en français du sens américain (10^9) au sens européen (10^{12}) (NdT).

premiers travaux de Karl von Frisch, les abeilles disposent de danses qui sont autant de « langages » complexes et économiques variant d'une espèce à l'autre. Comme les espèces ne peuvent être croisées, il ne peut se produire entre elles aucun malentendu linguistique. Von Frisch découvrit pourtant voici quelques années une exception étonnante, celle des abeilles autrichiennes et italiennes [46]. Elles appartiennent à la même espèce et peuvent par conséquent se croiser, mais tandis qu'elles parlent le même langage, elles utilisent des « dialectes » différents dans lesquels certains messages n'ont pas la même signification. Quand une abeille trouve une source de nourriture, elle retourne à la ruche et y exécute une danse déterminée qui non seulement avertit les autres de sa découverte, mais leur dit sa qualité et son emplacement. Von Frisch mit en évidence trois types de danse :

1. Si la source de nectar est relativement proche de la ruche, l'abeille exécute une danse dite *danse ronde* qui consiste en cercles alternant de droite à gauche.

2. Si la source se trouve à une distance moyenne, l'abeille entame une *danse faucille*, ainsi nommée parce qu'elle ressemble à un 8 aplati et recourbé en un demi-cercle donnant au tracé l'allure d'une faucille. Le côté concave de la faucille indique la direction de la nourriture et, comme c'est toujours le cas dans les danses d'abeilles, la vitesse de la danse correspond à la qualité du nectar.

3. Si la source est plus éloignée, l'abeille attire l'attention de ses compagnes par une *danse frétillante*, en se déplaçant de quelques centimètres sur une ligne droite orientée vers l'objectif, avant de revenir au point de départ et de recommencer. L'abeille, en avançant, frétille de l'abdomen.

L'abeille italienne utilise la danse frétillante pour des distances supérieures à 40 mètres, alors que pour l'abeille autrichienne cette danse signifie une distance beaucoup plus longue. Il s'ensuit qu'une abeille autrichienne agissant sur la foi d'une information fournie par une compagne de ruche italienne ira chercher la nourriture *trop* loin. A l'inverse, une abeille italienne alertée par le frétillement d'une collègue autrichienne ne poussera pas son vol *assez* loin.

Les langages des abeilles sont tous innés et jamais acquis.

Lorsque Von Frisch produisit des hybrides austro-italiennes, il constata que 16 de ces abeilles portaient sur le corps un motif très semblable à celui de leurs parentes italiennes, mais qu'elles « parlaient autrichien », en ce sens qu'elles utilisaient dans 65 cas sur 66 la danse faucille pour indiquer des distances moyennes. Quinze hybrides ressemblant à leurs parentes autrichiennes se servaient de la danse ronde 47 fois sur 49 pour signifier la même distance. Autrement dit, elles « parlaient italien ».

A partir de cet exemple, on comprend que nous autres humains puissions aisément tomber dans la même forme de confusion quand nous avons recours au langage corporel « hérité » de la tradition et échappant tout à fait à notre conscience (du moins jusqu'à ce que nous soyons en présence de quelqu'un qui est issu d'une autre culture, qui l'utilise différemment, d'une façon qui nous paraît étrange ou erronée). Les membres d'une société donnée partagent ainsi des milliers de types de comportement « programmés » par l'appartenance à une culture, sous-culture ou tradition familiale déterminées. Certains de ces comportements peuvent ne pas avoir les mêmes connotations pour un étranger. Les ethnologues nous apprennent qu'il existe littéralement selon les cultures des centaines de façons, par exemple, de saluer ou d'exprimer la joie ou la douleur. C'est l'une des lois fondamentales de la communication que tout comportement en présence d'autrui a valeur de message, en ce sens qu'il définit et modifie le rapport entre les personnes. Tout comportement dit quelque chose; et par exemple, un silence total ou une absence de réaction sous-entendent clairement : « Je ne veux rien avoir à faire avec vous. » Il est facile d'imaginer dans l'ensemble de ces conditions quelle place est laissée à la confusion et au conflit.

Il existe dans chaque culture une distance très précise que deux inconnus maintiendront entre eux s'ils se trouvent face à face [1]. En Europe centrale et en Europe occidentale comme en Amérique du Nord, cette distance se mesure au légendaire « bras tendu », ce que le lecteur pourra aisément vérifier en invitant

---

1. Se tenir côte à côte relève d'une autre règle : dans la plupart des cultures on peut sans problème être très près l'un de l'autre et même se toucher l'épaule, à condition toutefois de ne pas être nu-bras.

deux individus non prévenus à marcher l'un vers l'autre et à s'arrêter à la « bonne » distance. Dans les pays méditerranéens et en Amérique latine, cette distance est beaucoup plus courte. Ainsi, si un Nord-Américain rencontre un Sud-Américain, tous deux tenteront d'établir ce que chacun considère comme la bonne distance. Le Latin se rapprochera; le Nordique éprouvera un vague sentiment d'inconfort et rétablira ce que ses normes culturelles intériorisées jugent être la bonne distance; au tour du Latin de se sentir mal à l'aise; il voudra se rapprocher, et ainsi de suite. Tous deux auront l'impression que c'est l'autre qui se conduit de façon inconvenante et essaieront de « rétablir » la situation, créant ainsi un problème humain caractéristique, où le comportement correctif d'un partenaire inspire à l'autre un comportement correctif inverse [183]. Et comme, selon toute vraisemblance, personne ne se trouve alentour pour leur traduire leur langage corporel réciproque, les voici plus mal en point que les abeilles, car ils se renverront mutuellement la responsabilité de leur malaise.

On en trouvera un exemple dramatique dans le livre de Laing, Phillipson et Lee, *Interpersonal perception* [81] :

> Deux époux décrivent après huit ans de mariage l'une de leurs premières disputes. Cela se passa le deuxième soir de leur lune de miel. Ils étaient tous deux assis au bar d'un hôtel lorsque la femme lia conversation avec un couple assis juste à côté d'eux. A son grand dam, son époux refusa de se joindre à la conversation, se tint à l'écart et demeura sombre et hostile à la fois envers elle et envers le couple. S'apercevant de sa mauvaise disposition, elle lui reprocha d'avoir provoqué une situation sociale embarrassante dans laquelle elle s'était sentie « le bec dans l'eau ». Le ton monta et ils finirent par se disputer violemment, chacun accusant l'autre d'être sans égards.

Huit ans plus tard, ils découvriront qu'ils avaient eu à l'époque deux interprétations fort différentes de la situation « lune de miel », tout en présumant naïvement que, « bien entendu », elle avait exactement la même signification dans le « langage » de l'autre.

La lune de miel était pour la femme la première occasion de pratiquer son rôle social fraîchement acquis : « Auparavant, je n'avais jamais parlé à un couple en tant qu'épouse. J'avais toujours été avant cela une ' petite amie ', une ' fiancée ', une ' fille ' ou une ' sœur '. »

Le mari, lui, interprétait la lune de miel comme une période d'intimité exclusive, une « occasion en or », selon sa propre expression, « d'ignorer le reste du monde pour se consacrer à l'exploration de l'autre ». La conversation de sa femme avec l'autre couple signifiait pour lui qu'il ne suffisait pas à combler ses désirs. Et là encore, il n'y avait aucun interprète qui eût pu pointer l' « erreur de traduction ».

Même dans les cas d'utilisation consciente du langage verbal, un traducteur au sens courant du terme (c'est-à-dire une personne entraînée à transposer le sens d'une langue parlée dans une autre) doit en savoir bien plus que les langues concernées. La traduction est un art, et un traducteur humain, si médiocre soit-il, est encore bien meilleur que la meilleure des machines à traduire. Mais c'est un art frustrant car même la meilleure traduction implique une perte — non tant d'informations objectives que de cette essence intangible propre à toute langue : sa beauté, ses images et ses métaphores pour lesquelles il n'existe aucune traduction littérale.

Les Italiens ont cette formule célèbre : *traduttore, traditore*, une expression qui est en elle-même un exemple savoureux de la difficulté qu'elle décrit. Comme l'a remarqué Roman Jakobson, si l'on devait traduire cet épigramme par « le traducteur est un traître », on le dépouillerait de sa valeur paranomastique [1]. Autrement dit, c'est une traduction correcte, mais dont le sens diffère de l'original.

Il est encore un problème supplémentaire : le langage ne se contente pas de transmettre des informations mais exprime en même temps une vision du monde. Wilhelm von Humboldt constatait au XIXe siècle que les différentes langues ne représentent pas seulement autant de nomenclatures de la même chose : elles constituent différents points de vue sur la chose. Cela devient particulièrement évident dans les rencontres internatio-

---

1. De *paranomasia*, signifiant un léger changement de nom, un jeu sur le corps des mots.

nales où les idéologies s'entrechoquent, et pour l'interprète qui comprend les langues mais non les idéologies, c'est la bouteille à l'encre. Une démocratie n'est pas exactement identique à une démocratie populaire; la détente, dans le vocabulaire soviétique et dans celui de l'OTAN, renvoie à des signifiés tout à fait différents; une seule et même chose peut être appelée « libération » par les uns et « esclavage » par les autres.

Le traducteur, et plus encore l'interprète, devant arrêter sa décision en une fraction de seconde et sans l'aide de dictionnaires, peut ainsi par inadvertance déclencher des conséquences incalculables, que ce soit en commettant une erreur légère ou en voulant tenter un « éclaircissement ». Le professeur Robert Ekvall, interprète de langues orientales qui durant des années participa aux négociations diplomatiques les plus délicates de l'Asie du Sud-Est, en a donné un exemple classique.

Au cours de la dernière session de la Conférence de Genève sur la Corée, qui eut lieu pendant l'été 1954, Paul Henri Spaak était le porte-parole des Nations unies contre l'intransigeance de la Corée du Nord, de la Chine (représentée par Chou En-laï) et de l'URSS. Pour Spaak,

> la portée et l'authenticité de la proposition faite par les Nations unies rendait superflue la prise en considération de toute autre proposition, et il conclut (en français) par cette affirmation : « *Cette déclaration* [: la vôtre] *est contenue dans notre texte.* » La version anglaise simultanée qui entra par mon autre oreille disait : « *This statement is contained in the text of the armistice agreement* » [cette déclaration est contenue dans le texte de l'accord d'armistice]. On découvrit plus tard que l'interprète avait entendu « *dans* l'autre *texte* » au lieu de « *dans* notre *texte* », et que, considérant que « *l'autre* » était vague et demandait une explication, il avait ajouté son propre éclaircissement sous la forme « *of the armistice agreement* ».

A partir de là, les choses se gâtèrent. Chou accusa Spaak d'avoir avancé une affirmation sans fondement, montrant qu'au contraire de ce qui avait été dit, la proposition de la délégation de la République populaire de Chine ne faisait *pas* partie de l'accord d'armistice.

Paul Henri Spaak considérait Chou En-laï d'un œil un peu intrigué où se lisait un mélange d'indifférence et d'étonnement quant à la cause d'un tel tapage. Peut-être pensait-il aussi que les syllabes chinoises aiguës formaient une étrange réponse à la beauté nuancée de ce qui avait été si bien exprimé en français. Désirant néanmoins connaître la signification de ces syllabes inaccoutumées, il ajusta ses écouteurs avec une intention qui partait d'un bon naturel. Mais lorsque leur signification, après avoir cheminé du chinois au français en passant par l'anglais, atteignirent enfin son oreille, ce fut à son tour de se mettre en colère et de demander la parole à toute force.

Les délégués qui avaient écouté l'allocution de Spaak en français étaient confondus par la réaction de Chou, tandis que ceux qui n'avaient à leur disposition que la traduction anglo-chinoise « enrichie » (les Chinois et les Nord-Coréens) trouvaient évidemment déplacée l'indignation de Spaak.

On n'en avait pourtant pas encore fini avec les fautes de traduction. Spaak réussit à faire admettre qu'il n'avait jamais prononcé les mots fatals « *of the armistice agreement* », et comme cela se produit souvent à la suite d'un brouillage de la communication, les deux adversaires tentèrent de se surpasser mutuellement dans l'ardeur d'expliquer et de mettre une fois pour toutes les choses au clair. Chou prit alors la parole :

Si la déclaration formulée par les seize États des Nations unies et la dernière proposition avancée par la délégation de la République populaire de Chine, *bien que comportant quelques différences certaines*, partent d'un désir commun, pourquoi, au lieu d'une déclaration unilatérale des seize, les dix-neuf États représentés à cette Conférence de Genève ne pourraient-ils pas exprimer ce désir commun par un accord commun?

La phrase déterminante de cette déclaration était évidemment celle mise ici en italiques, mais comme c'était maintenant au tour des traducteurs d'avoir chaud, l'interprète de Chou commit une bévue et omit de traduire ces mots clés, qui atténuaient et limitaient l'ensemble de la déclaration.

20

Ce que Spaak entendit finalement fut un appel très général en faveur d'un accord fondé sur un désir commun de règlement. Il est même possible qu'il lui fit l'effet d'un agrément tardif de la part des Chinois au point de vue qu'il avait soutenu avec tant d'éloquence. Peut-être pensa-t-il qu'il avait enfin persuadé Chou de se montrer raisonnable. Dans les échanges véhéments qui avaient suivi la première méprise, il s'était défait de sa pensée froide et rationnelle et, impatient de montrer qu'il savait lui aussi être raisonnable, il laissa parler ses sentiments : « *En ce qui me concerne et pour éviter tout doute, je suis prêt à affirmer que j'accepte la proposition du délégué de la république chinoise.* »

Le résultat ne manqua pas de sensationnel et provoqua un tollé. Spaak, le grand et respecté chef de file du monde occidental, avait « virtuellement » trahi les siens, s'était écarté, pour citer Ekvall,

de l'accord et de l'unité auxquels on avait eu tant de mal à parvenir avant cette dernière session et était passé à l'ennemi. Casey, Premier ministre d'Australie, Garcia, vice-président des Philippines, les chefs des autres délégations, tous demandaient la parole. Le général Bedell Smith, qui conduisait la délégation des États-Unis, essayait de faire deux choses à la fois : obtenir le micro et contenir physiquement la délégation de la Corée du Sud, qui, soudainement convaincue qu'il y avait maldonne, se préparait à quitter la salle. Sir Anthony Eden ignorait dans la confusion si Spaak avait cédé du terrain ou s'il avait obtenu des Chinois une concession de dernière minute. Pas plus qu'il ne pouvait décider auquel des protestataires il devait céder la parole. Et ainsi lui aussi, dans le doute, paraissait céder du terrain [38].

Ekvall laisse entendre que, connaissant toutes les langues utilisées, il fut probablement la seule personne de toute cette rencontre internationale décisive à avoir compris les origines de pareille confusion et les phases de l'escalade qui s'ensuivit. Mais le rôle de l'interprète se cantonnant à un « fidèle écho », selon l'expression modeste d'Ekvall, aucun interprète n'est autorisé à prendre une part active à la procédure ; ce qui bien entendu ne fait pas question tant que les négociations se déroulent *en tant que telles.* Mais en ce qui concerne le flux de la communication, l'interprète est dans une position encore plus importante que celle du président de séance.

Comme tout messager, l'interprète détient une bonne part de pouvoir secret [1]. Les deux parties ont besoin de lui, et aucune ne peut (en principe) le contrôler. La tentation d'être plus qu'un fidèle écho est parfois grande.

Une vieille histoire, qui nous ramène au temps de l'Empire austro-hongrois, raconte la marche d'un détachement armé vers un village d'Albanie. Le commandant a ordre de punir les villageois qui ne se plieraient pas totalement à certaines exigences autrichiennes. Comme on peut s'y attendre, aucun des Autrichiens ne connaît l'albanais, et aucun des villageois ne parle l'une quelconque des nombreuses langues pratiquées dans l'armée austro-hongroise. On découvre finalement un interprète se trouvant être richement pourvu de ce doigté à traiter la nature humaine qui distingue les habitants des terres situées à l'est et au sud de Vienne. Il est à peine une phrase dans l'interminable négociation qu'il traduise correctement. Il préfère dire à chaque partie ce qu'elle veut bien entendre ou bien est prête à accepter, glissant une légère menace par-ci, une promesse par-là, jusqu'à ce que chacune des deux parties trouve l'autre si conciliante que l'officier autrichien ne voie plus de raison de maintenir ses exigences, tandis que les villageois ne veulent pas le laisser partir avant qu'il n'ait accepté ce que l'interprète lui fait passer pour un châtiment volontaire, mais qu'eux considèrent comme un cadeau d'adieu.

A l'époque où cette histoire est censée se situer, le terme psychothérapie n'avait pas encore été inventé, mais il est évident que l'interprète commit un acte thérapeutique. Le lecteur

---

1. Les Parsis donnent un bon exemple. Chassés de Perse, leur terre natale, par l'avancée de l'Islam, ils menèrent la vie d'une minorité isolée parmi la population de langue marathi et gujarati habitant ce qui est aujourd'hui la région de Bombay, et par nécessité apprirent les deux langues. Avec l'arrivée de la Compagnie des Indes orientales et l'avènement de l'administration coloniale britannique, ils jouèrent le rôle de médiateurs entre les Anglais et la population locale, exerçant en particulier les fonctions de fournisseurs, approvisionneurs de navires, marchands, etc., amassant ainsi d'énormes fortunes et acquérant une grande influence sans jamais cesser d'être une petite minorité.

trouvera peut-être étrange l'usage de ce mot car il y a loin d'ici à l'exploration de l'inconscient et à son interprétation. L'histoire décrit en fait un tissu de mensonges, une manipulation calculée et une confusion délibérée. Mais posons-nous cette question : quelle situation était la plus confuse et par conséquent la plus « pathologique »? Celle existant avant ou après l'intervention de l'interprète? A quel prix l' « honnêteté »?

Nous reviendrons plus tard à cette question et à ses réponses discutables, au moment d'aborder ces contextes étranges de la communication où tout est vrai, ainsi que son contraire. Je veux seulement suggérer pour l'instant qu'une meilleure compréhension de la communication non seulement nous donne sur les problèmes humains un point de vue nouveau, mais encore nous oblige à questionner notre façon traditionnelle de les traiter.

2

Paradoxes

*Penser que je ne vais
plus penser à toi
est encore penser à toi.
Laisse-moi par conséquent
essayer de ne pas penser
que je ne vais plus penser
à toi.* Zen

La traduction n'est en aucune façon la source première de la confusion. Celle-ci est parfois inhérente à la structure même du message. Ici encore, on s'en rendra mieux compte à l'aide d'exemples :

1. Selon une histoire très ancienne qui a autant dépité les philosophes que les théologiens, le diable mit un jour en cause la toute-puissance de Dieu en lui demandant de créer un rocher si énorme que Dieu lui-même ne saurait le soulever. Quel choix restait-il à Dieu? S'il ne pouvait soulever le rocher, il cessait d'être tout-puissant; s'il pouvait le soulever, il était donc incapable de le faire assez gros.

2. On raconte qu'un enfant de huit ans, à qui l'on demandait son opinion sur la raison du sourire de Mona Lisa, répondit : « Rentrant un soir de son travail, M. Lisa demanda à sa femme : ' As-tu passé une bonne journée, ma chérie? ' Mona Lisa répondit en souriant : ' Image-toi que Léonard de Vinci est venu peindre mon portrait '. »

3. Sur un autocollant à la mode on peut lire : « Je n'étale pas mes opinions au grand jour. »

4. « Je suis bien content de ne pas aimer le chou-fleur, car si je l'aimais j'en mangerais et je détesterais ça » (anonyme).

5. Le philosophe Karl Popper raconte sans rire qu'il envoya un jour à l'un de ses collègues une lettre ainsi libellée :

> Cher M. G.,
>
> Voulez-vous être assez gentil pour me retourner cette carte, sans oublier d'écrire « oui » ou toute autre mention de votre choix dans le rectangle vide placé à gauche de ma signature, si et seulement si vous vous sentez en mesure de prévoir que je le trouverai encore vide à son retour.
>
> Bien à vous,
> K.R. Popper [134]

Si le lecteur ressent dès maintenant une étrange paralysie s'emparer de son esprit, il s'est du même coup familiarisé avec cette forme de confusion. Tournons-nous encore vers un autre exemple, tiré de *Mary Poppins* de Pamela Travers. Mary Poppins, une nurse anglaise, emmène Jane et Michael dont elle a la garde dans une boutique de pain d'épice tenue par Mrs Corry, une vieille petite femme à l'allure de sorcière, et ses deux grandes filles tristes, Fannie et Annie.

> « Je suppose, ma chère » — elle se tourna vers Mary Poppins qu'elle paraissait fort bien connaître — « je suppose que vous venez chercher du pain d'épice ? »
> « C'est cela, Mrs Corry », dit poliment Mary Poppins.
> « Très bien. Fannie et Annie vous en ont-elles donné ? »
> Ce disant, elle regarda Jane et Michael.
> « Non, mère », dit humblement Miss Fannie.
> « Nous allions le faire, mère... », chuchota craintivement Miss Annie.
> A ces mots, Mrs Corry se dressa autant qu'elle put et de toute sa hauteur couvrit ses deux filles gigantesques d'un regard furieux. Puis elle murmura d'une voix féroce et terrifiante :
> « Vous alliez le faire ? Ah, *vraiment !* Voilà qui est très intéressant. Et puis-je vous demander, Annie, qui vous a permis de faire cadeau de mon pain d'épice ? »

« Personne, mère. Et je n'en ai pas fait cadeau. J'ai seulement pensé... »

« Vous avez seulement pensé! C'est *très* aimable à vous. Mais je vous saurais gré de ne pas penser. *Je* suffis à penser ici tout ce qui doit l'être! », murmura Mrs Corry de sa voix terrible. Puis elle explosa d'un éclat de rire strident. « Regardez-la! Mais regardez-la donc! Crème de couarde! Pleurnicharde! » hurlat-elle en montrant sa fille de son doigt noueux.

Jane et Michael regardèrent et virent une grosse larme s'écouler le long du grand visage triste de Miss Annie. Mais ils n'osèrent rien dire car en dépit de sa petite taille, Mrs Corry les effrayait et leur donnait l'impression d'être plus petits encore.

En moins d'une minute Mrs Corry a réussi à bloquer chez la pauvre Annie les trois dimensions du fonctionnement humain : l'acte, la pensée et le sentiment. Elle sous-entend tout d'abord que la bonne chose à faire eût été de donner du pain d'épice aux enfants. Lorsque ses filles sont sur le point de s'excuser pour ne point l'avoir encore fait, elle leur dénie soudainement le droit d'entreprendre une telle *action*. Annie tente de se défendre en faisant remarquer qu'elle n'a pas réellement agi, mais a seulement pensé à le faire. Mrs Corry lui fait bien vite savoir qu'elle n'est pas censée *penser*. La façon dont la mère exprime sa colère ne laisse aucun doute sur l'importance de l'affaire : sa fille ferait aussi bien de regretter sa conduite. Elle réussit ainsi à faire pleurer Annie pour immédiatement ridiculiser ses *sentiments*.

Ne commettons pas l'erreur de négliger cette anecdote parce qu'elle n'est que littérature; littérature pour enfants qui plus est. La recherche concernant les modes de communication de familles dont l'un des membres a été reconnu malade d'un point de vue psychiatrique, ou bien concernant des conflits humains plus larges, montre que ce modèle apparaît très fréquemment [13, 80, 82, 166, 167, 168, 174, 185]. C'est ce qu'on appelle une double contrainte *(double bind)*. Les exemples précédemment cités ont en commun avec la double contrainte d'être structurés comme les paradoxes, ou antinomies, de la logique formelle. Mais tandis que pour la plupart d'entre nous les paradoxes formels ne sont que d'amusants souvenirs de nos années d'école, les paradoxes contenus dans la communication sont d'une importance pratique incontournable. Très semblablement à l'histoire de Mary Poppins, il existe trois variantes fondamentales du thème paradoxal :

1. Si un individu est puni d'une perception correcte du monde extérieur ou de lui-même par un autre individu significatif (par exemple un enfant par l'un de ses parents), il apprendra à douter des données que lui fournissent ses sens. Une telle situation se produit, disons, quand un père alcoolique exige de ses enfants qu'ils le considèrent comme un père doux et aimant, même ou particulièrement lorsqu'il rentre ivre à la maison et les menace tous avec violence. Les enfants sont ainsi contraints de percevoir la réalité non telle qu'elle se présente à eux, mais telle que leur père la leur définit. Une personne qui a été exposée de façon répétée à ce type de confusion trouvera très difficile d'adopter une attitude appropriée dans beaucoup de situations de la vie et pourra passer un temps démesuré à essayer de trouver comment il « doit » voir la réalité. Examiné hors de son contexte interpersonnel, son comportement satisferait les critères diagnostiques de la schizophrénie.

2. Si un individu attend d'un autre qu'il ait des sentiments différents de ceux qu'il éprouve réellement, ce dernier finira par se sentir coupable de ne pouvoir ressentir ce qu'on lui dit devoir être ressenti pour être approuvé par l'autre personne. Cette culpabilité elle-même pourra être rangée parmi les sentiments qui lui sont interdits. Il se produit très fréquemment un dilemme de ce genre quand la tristesse (la déception ou la lassitude) normale et occasionnelle d'un enfant est interprétée par les parents comme l'imputation silencieuse d'un échec parental. La réaction caractéristique des parents est le message : « Après tout ce que nous avons fait pour toi, tu devrais t'estimer heureux. » La tristesse se trouve ainsi associée au mal et à l'ingratitude. L'enfant, dans ses vaines tentatives de ne pas se sentir malheureux, engendre un comportement qui, examiné hors contexte, satisfait les critères diagnostiques de la dépression. La dépression survient aussi lorsqu'un individu se sent ou est tenu responsable de quelque chose sur quoi il n'a aucune emprise (par exemple un conflit conjugal entre son père et sa mère, la

maladie ou l'échec d'un parent ou d'un frère ou sa propre incapacité à répondre aux attentes parentales qui excèdent ses
ressources physiques et/ou émotionnelles).

3. Si un individu formule à l'intention d'un autre des injonc-
tions qui à la fois exigent et interdisent certaines actions, une
situation paradoxale s'ensuit dans laquelle ce dernier (là encore,
un enfant surtout) ne peut obéir qu'en désobéissant. En voici
le prototype : « Fais ce que je dis, non ce que je voudrais que
tu fasses. » Tel est le message d'une mère qui veut son fils à
la fois tête brûlée et respectueux des lois. Le résultat probable
sera un comportement qui, examiné hors de son contexte, satisfait la définition sociale de la délinquance. D'autres exemples
sont fournis par des parents pour qui tant il importe de vaincre
que la fin justifie les moyens, mais qui disent à leur enfant
qu' « on doit toujours être honnête »; ou par une mère qui
très tôt prévient sa fille des dangers et de la laideur de la vie
sexuelle, tout en exigeant qu'elle ait des « succès » auprès des
garçons [180].

Il existe une quatrième variante de ce thème, probablement
la plus fréquente dans l'interaction humaine. Elle survient
chaque fois que quelqu'un exige de quelqu'un d'autre un comportement qui par sa nature même doit être spontané mais ne peut
l'être en l'occurrence, précisément parce qu'il a été exigé. Les
paradoxes du type « Sois spontané » varient en intensité, depuis
les légers désagréments jusqu'aux blocages tragiques, selon l'importance du besoin qui s'exprime à travers eux. C'est l'un des
inconvénients de la communication humaine que la satisfaction
spontanée d'un besoin ne puisse être obtenue d'une autre personne sans créer cette sorte de paradoxe voué à l'échec. Une
femme qui a besoin d'une marque d'affection de la part de son
mari finira par lui dire : « J'aimerais bien que tu m'apportes
des fleurs de temps à autre. » La demande est tout à fait compréhensible, mais en la formulant, la femme a définitivement
compromis ses chances d'obtenir ce qu'elle désire : si son mari
ne tient pas compte de sa requête, elle se sentira insatisfaite;
elle se sentira tout aussi insatisfaite s'il lui apporte maintenant
des fleurs, car il ne l'aura pas fait de son propre chef.

Une impasse très semblable surgit entre un enfant et ses

parents lorsque ceux-ci trouvent qu'il manque d'assurance. D'une façon ou d'une autre, ils lui signifieront : « Ne sois pas si docile. » Là encore il ne reste qu'une alternative dont les deux termes sont incompatibles : ou bien l'enfant demeure sans assurance (auquel cas les parents seront déçus parce qu'il ne leur obéit pas), ou bien il prend de l'assurance (auquel cas ils lui reprocheront d'avoir bien agi pour une mauvaise raison, à savoir leur obéir). Une personne mise dans une telle situation ne peut s'en tirer à son avantage, pas plus d'ailleurs que celui de qui est venue la demande paradoxale.

Le dessin ci-dessous fournit une variante, ou plutôt le contraire, du thème « Sois spontané », que certains hôteliers considèrent comme une « délicate attention ». Non seulement la mine de la serveuse disqualifie (contredit) la « bienvenue » exprimée dans le badge qu'elle porte, mais l'affirmation elle-même « Nous sommes heureux de votre visite » est encore disqualifiée par la façon dont elle est communiquée. Un souhait de bienvenue n'a de sens que formulé individuellement et spontanément. Sous la forme d'un message écrit, partie intégrante de l'uniforme porté par tous les employés d'un hôtel, il perd toute signification et donne à l'hôte une assez bonne idée du genre de service « personnalisé » susceptible de lui être prodigué. (Le paradoxe n'est pas ici contenu dans la *demande* d'un comportement spontané, mais dans l'*offre* aveugle et générale d'un tel comportement.)

Le modèle « Sois spontané » est un paradoxe universel. Comme l'ont montré de récents progrès de la logique, en particulier dans l'informatique mais aussi dans les mathématiques pures, de nombreux concepts apparemment sans ambiguïté sont en dernière analyse paradoxaux (par exemple calculabilité, démonstrabilité, cohérence, probabilité). Cela vaut aussi pour des concepts plus généraux tels que spontanéité, confiance, équilibre psychique et même pouvoir.

Le pouvoir peut en effet engendrer ses propres paradoxes et doubles contraintes, comme l'illustre un article intitulé « Un Hamlet japonais », étudiant les relations entre les États-Unis et le Japon vers le milieu des années soixante. Son auteur, Peter Schmid, journaliste allemand connu pour ses analyses des relations internationales, y voit le Japon déchiré entre deux idées s'excluant mutuellement : la sécurité et le bien.

> Le pouvoir, selon l'argument en vigueur, est le mal : j'y renonce donc, pas entièrement mais autant qu'il est possible. Un ami me protège. Il est puissant ... et par conséquent mauvais ... Je le méprise, je le déteste pour cela, et je dois pourtant lui tendre la main. Je n'ai aucun pouvoir parce que voudrais être bon ... ce qui implique que mon mauvais ami a barre sur moi. Je condamne ce qu'il fait, lui le puissant, et je tremble néanmoins qu'il ne chute. Car si mon protecteur chute, comme il incombe au méchant, moi, le bon, je tomberai donc aussi [159].

Le pouvoir, dit Lord Acton, tend à corrompre, et le pouvoir absolu corrompt absolument. Il est aisé de voir les effets malfaisants du pouvoir; beaucoup plus difficile est de reconnaître les conséquences paradoxales engendrées par la négation de l'existence du pouvoir. L'idée d'une société libérée du pouvoir et de la contrainte est un vieux rêve utopique qui connaît actuellement l'un de ses retours périodiques. Les idéalistes contemporains ont redécouvert dans Rousseau le concept d'un homme naturel fondamentalement bon mais corrompu par la société. Peu semble leur importer qu'aujourd'hui comme au temps de Rousseau, cette thèse échoue à expliquer comment la somme totale des hommes naturels est parvenue à se changer en ce pouvoir sombre et sinistre responsable de l'oppression, des maladies mentales, des suicides, des divorces, de l'alcoolisme et de la criminalité. Ils persistent à penser que l'humanité peut et doit être ramenée à l'état serein d'une liberté totale, par la force si nécessaire. Mais comme l'indique Karl Popper dès 1945 dans un célèbre ouvrage, *The open society and its enemies*, le paradis de la société heureuse et primitive (qui, soit dit en passant, n'a jamais réellement existé) est pour toujours fermé à ceux qui ont goûté le fruit de l'arbre du savoir : « Plus nous tentons de revenir à l'âge héroïque du tribalisme, plus sûrement nous parvenons à l'Inquisition, à la police secrète, à un banditisme romancé » [135].

Donnons à ce paradoxe un cadre plus concret : on déploie de grands efforts dans les hôpitaux psychiatriques modernes pour éviter tout semblant de pouvoir dans les relations entre les médecins, le personnel et les patients. Le but du traitement est de faire revenir le malade à l'état normal, un but qu'il ne peut atteindre lui-même car, dans le cas contraire, il n'aurait pas eu besoin d'être hospitalisé. Peu importe la définition médicale, psychologique ou philosophique qu'on veuille donner de la normalité; dans la pratique, elle renvoie à des normes de comportement très spécifiques, qui doivent en tout cas être satisfaites spontanément et non parce que le patient ne dispose d'aucun autre choix. C'est là que réside le paradoxe : tant que le patient a besoin d'aide pour se conduire de façon appropriée, il demeure un patient. Il n'est pas bien difficile de montrer le caractère illusoire de la non-coercition, de la spontanéité et de l'égalité. Ainsi, au cours d'un récent pique-nique collectif dans un hôpital psychiatrique, un des malades grillait des steaks. Un médecin vint le trouver et tandis qu'il engageait avec lui une conversation, les steaks se carbonisèrent. Quand l'incident fut plus tard commenté, il apparut que le patient avait considéré que s'ils étaient en l'occasion vraiment égaux, le médecin pouvait et devait aussi bien que lui faire quelque chose pour sauver la viande, alors que le psychiatre avait décidé de ne pas intervenir afin de ne pas donner au malade le sentiment qu'il le pensait incapable de faire cuire un steak.

La tentative la plus audacieuse pour créer dans notre société un environnement véritablement non coercitif est représentée par les centres dits *blow-out centers*, de petites unités de traitement en résidence où un personnel dévoué prend soin des malades graves dans le cadre d'un milieu supposé totalement permissif. Mais il est évident que ces centres ne peuvent pas entièrement faire l'économie d'une structure de pouvoir, et parfois même de règles très strictes concernant certains comportements tels que la violence, l'exhibition sexuelle, l'abus de drogues et les tentatives de suicide. Il n'y aurait absolument rien à redire à ces restrictions si elles n'étaient imposées dans le contexte d'une liberté prétendûment complète vis-à-vis du pouvoir et de la contrainte. Mais l'exigence de non-coercition devant être à tout prix maintenue requiert d'étranges dénégations, presque schizophréniques, de l'évidence et confère à ces lieux un caractère encore plus familial pour les malades que leurs thérapeutes ne songent à l'imaginer. A quoi il faut ajouter qu'un pensionnaire qui a par exemple l'habitude de céder à l'urgence d'une impulsion interne consistant à briser tous les carreaux par une froide nuit d'hiver sera au bout du compte contraint de quitter le foyer et se retrouvera ainsi à la merci de la société qu'on accuse d'être à l'origine de sa maladie [1].

Il est malheureusement beaucoup plus difficile de résoudre les situations paradoxales que d'établir le diagnostic de la confusion qu'elles engendrent; en grande partie parce que leur résolution implique l'usage d'autre chose que le sens commun, une certaine absurdité ou même des actions apparemment malhonnêtes, ainsi que le montrent deux exemples célèbres empruntés à l'histoire.

Philippe II régnait sur un empire où le soleil ne se couchait jamais, ce qui provoquait de fantastiques problèmes de communication pour les représentants de la Couronne gouvernant les lointains territoires d'outre-mer. Ils étaient censés exécuter fidèlement les ordres impériaux qu'on leur envoyait de Madrid, mais s'en trouvaient souvent incapables du fait que ces directives étaient émises dans l'ignorance grossière de la situation locale, ou bien leur parvenaient des semaines sinon des mois après avoir été décrétées, s'étant largement périmées dans l'intervalle. Ce dilemme aboutit en Amérique centrale à une solution très pragmatique : *Se obedece pero no se cumple* (on obéit mais on n'exécute point). Grâce à cette formule, les territoires d'Amérique centrale prospérèrent, non à cause mais en dépit des ordres de l'Escurial.

Deux siècles plus tard, sous le règne de l'impératrice Marie-Thérèse, on gratifia ce genre d'expédient d'une reconnaissance officielle, soit l'ordre de Maria Theresa, précisément, qui demeura jusqu'à la fin de la Première Guerre mondiale la décoration la plus haute de l'armée autrichienne (et même, au mépris de toute

---

1. Rémy de Gourmont devait avoir à l'esprit un paradoxe semblable lorsqu'il écrivit : « Quand la morale triomphe, il se passe des choses très vilaines. »

logique, celle de l'armée hongroise durant la Seconde Guerre). Elle était, avec une absurdité réconfortante, exclusivement réservée aux officiers qui avaient changé le cours d'une bataille en agissant de leur propre initiative par la désobéissance active aux ordres. Ils n'étaient bien entendu pas décorés si les choses avaient mal tourné, mais traduits devant la cour martiale pour désobéissance. L'ordre de Maria Theresa est sans doute l'exemple suprême d'un contre-paradoxe officiel, digne d'une nation dont l'attitude à l'égard des revers du destin a toujours été caractérisée par la devise : « La situation est désespérée mais pas critique. »

On trouve dans le roman de Joseph Heller *Catch-22* (l'Attrape-Nigaud) [66] un paradoxe structurellement semblable quoique plus intenable. Durant la Seconde Guerre mondiale, Yossarian, pilote d'une escadrille de bombardement américaine opérant en Méditerranée, sent que l'épreuve inhumaine des missions de combat quotidiennes commence à lui faire perdre l'esprit. A moins de périr en mission, le seul moyen de s'en tirer est d'être interdit de vol pour raisons psychiatriques. Il commence à étudier cette solution avec le chirurgien d'escadre, le Dr Daneeka, et apprend qu'elle est tout à fait possible. Tout ce qu'il a à faire est de demander à être mis à pied. Vieil habitué de la logique militaire, Yossarian ne parvient pas à croire à une telle simplicité et sur ses intances le Dr Daneeka lui dévoile la vérité : il y a une attrape, à savoir un article du règlement appelé *Catch-22* (attrape 22), fondé sur le fait incontestable que craindre pour sa vie devant le danger est une réaction parfaitement normale. Quiconque veut participer à des missions de combat aéroportées devrait par conséquent être fou; et étant fou, pourrait être interdit de vol pour raisons psychiatriques. Il ne reste qu'à en faire la demande. Mais le processus même d'une demande consistant à ne plus vouloir prendre part aux missions en vol représente une preuve de santé mentale et exclut qu'on soit mis à pied pour raisons psychiatriques. Bref, tous ceux qui participaient aux missions de combat étaient réellement déséquilibrés et auraient pu en conséquence être mis à pied; ils auraient réagi convenablement, normalement, en ne voulant pas voler : mais ils auraient du même coup perdu toute raison de ne pas voler.

Le monde de la guerre, comme tout monde qui utilise la violence totalitaire, est en lui-même déséquilibré; et la raison y devient une manifestation de folie ou de malfaisance. Que la scène se joue dans le cockpit d'un bombardier ou devant un « tribunal populaire » exerçant la justice la plus réactionnaire ou la plus révolutionnaire, les valeurs humaines et les lois de la communication sont mises la tête en bas et l'obscurité du malentendu enveloppe autant les victimes que leurs bourreaux.

3

Les avantages de la confusion

On pourrait croire que rien n'est bon dans la confusion; mais ce n'est pas tout à fait le cas. Imaginons que tout le monde se mette à rire au moment où j'entre dans une pièce. Voilà qui me confond parce que les autres ou bien ont un point de vue très différent du mien sur la situation, ou bien sont en possession d'une information qui m'échappe. Ma réaction immédiate sera de chercher des indices — depuis regarder si quelqu'un se trouve derrière moi jusqu'à me demander s'ils étaient justement en train de parler de moi, depuis aller voir dans une glace si j'ai le visage barbouillé jusqu'à exiger une explication.

Passé le désarroi initial, la confusion déclenche une recherche immédiate de la signification, afin de diminuer l'angoisse inhérente à toute situation incertaine. Il en résulte un accroissement inhabituel de l'attention, doublé d'une promptitude à établir des relations causales, même là où de telles relations pourraient sembler tout à fait absurdes. Si cette recherche peut s'étendre jusqu'à inclure des détails tellement petits ou des éventualités tellement lointaines qu'elle débouche sur un malentendu encore plus grand, elle peut tout aussi bien conduire à des façons neuves et créatrices de conceptualiser la réalité.

Il est vraisemblable que toute personne en proie à la confusion se précipitera sur des conclusions étayées par le premier fait tangible qu'elle aura cru détecter à travers le brouillard des circonstances[1]. Cela aussi est susceptible d'être transformé

1. Ceci peut contribuer à expliquer le fait, souvent rapporté, que l'état de confusion émotionnelle connu par quelqu'un lors de sa première excitation sexuelle et de son premier orgasme s'attache à un facteur sans relation aucune, qui s'est

en avantage positif. Le Dr Milton Erickson, hypnothérapeute célèbre, s'en servit pour une intervention thérapeutique élaborée, dite technique de confusion *(confusion technique)*. Il décrit sa découverte en ces termes :

> Un jour de grand vent... un homme surgit précipitamment à l'angle d'un bâtiment et me heurta avec force au moment où j'essayais de faire face au vent. Avant qu'il ait pu se remettre et m'adresser la parole, je regardai posément ma montre et lui dit avec politesse, comme s'il m'avait demandé l'heure : « Il est exactement 2 heures moins 10 », bien qu'en fait il fût plus de 4 heures. Puis je continuai mon chemin. Quand j'eus franchi la distance d'environ un demi-pâté de maisons, je me retournai et vis qu'il me regardait encore, sûrement encore perplexe, et stupéfait de ma remarque [39].

Erickson a montré qu'en créant une confusion semblable au moyen d'affirmations vagues, ambiguës et intrigantes, on incitait le sujet hypnotique à investir la première information concrète et compréhensible d'un degré inaccoutumé de valeur et d'importance. Et puisque la psychothérapie est fondamentalement l'art de transformer la vision qu'une personne a de la réalité, la technique de confusion constitue une intervention particulièrement efficace. (Inutile de dire que, mise en des mains dépourvues de scrupules, elle peut servir à des fins extrêmement négatives.)

Autrement dit, la confusion aiguise nos sens et notre attention aux détails. En des circonstances inhabituelles telles que la pré-

---

trouvé être co-occurent à l'époque, pour engendrer des fixations et des rituels sexuels particuliers. On raconte par exemple qu'un homme n'était capable d'érection que si sa partenaire lui tirait l'oreille. On en découvrit la raison en remontant à son premier acte réussi de masturbation au cours duquel il se fit prendre par son professeur qui lui tira l'oreille. *Se non è vero, è ben trovato* (si ce n'est vrai, c'est bien trouvé), disent les Italiens. Le film *Casanova 1970* fait un gag de ce mécanisme : le héros, incarné par Marcello Mastroiani, ne parvient à faire l'amour que si la situation présente un grand danger ou s'il dispose de très peu de temps. Malheureusement pour lui, le destin ne cesse de le confronter à des rencontres sans péril aucun avec de belles femmes qui ont tout leur temps à elles. De sorte qu'il se montre impuissant, à moins de recourir à d'hilarantes extrémités pour rendre à la situation danger ou urgence. On trouvera une scène identique dans le film de Woody Allen : *Tout ce que vous avez toujours voulu savoir sur le sexe.*

sence d'un grand danger, on fonctionnera d'une façon qui pourra être différente du comportement normal quotidien. « En une fraction de seconde » et « sans même y penser » on pourra prendre la bonne décision, celle qui sauve la vie. Le même phénomène se produira aussi, comme réaction au malentendu, dans des circonstances moins exceptionnelles; très fréquemment, par exemple, lorsque, pour une raison ou pour une autre, nous nous engageons dans une situation en ayant l'esprit ailleurs. Le fait d'avoir l'esprit ailleurs participe largement des effets positifs de la confusion. Ainsi, un homme pressé enlève sa veste et la jette négligemment dans la direction d'une chaise; à sa grande surprise, elle se met parfaitement en place sur le dossier. S'il tente de répéter la prouesse, il échoue et reste avec l'impression floue que c'est sa volonté consciente de le faire qui est à l'origine de son échec. La littérature sur la question est vaste et pleine d'intérêt, en particulier les textes orientaux. Le concept taoïste de *wu-wei* (« inattention délibérée ») et l'enseignement Zen consistant à laisser aller et libérer son esprit, décrits dans le beau petit livre d'Herrigel : *Le Zen dans l'art chevaleresque du tir à l'arc* [67], en font tous deux partie.

Je ne suis pas compétent pour décider si des puissances « plus hautes » de l'esprit y sont pour quelque chose, mais il ne fait aucun doute qu'un certain degré d'inattention consciente nous rend plus réceptifs aux innombrables indices minimaux non verbaux inhérents à toutes les situations interactionnelles, qu'elles impliquent des humains ou des animaux. Les animaux disposent, en effet, d'une aptitude extraordinaire à percevoir et à interpréter correctement des indices tout à fait infimes, ainsi que le démontre amplement l'histoire de Hans le malin.

Le cas de Hans le malin

En 1904, une vague d'excitation déferla sur la communauté scientifique européenne; l'un des rêves les plus vieux et les plus chers de l'humanité était devenu réalité : on avait pu établir une communication humaine avec un animal. Hans était l'ani-

37

mal, un étalon âgé de huit ans appartenant à Wilhelm von Osten, professeur berlinois en retraite. Si l'on en juge par les témoignages de l'époque (p. ex. [32, 169]), l'enthousiasme s'étendit des savants les plus respectés et les plus circonspects jusqu'au grand public. Zoologistes, psychologues, physiciens, neuropsychiatres, physiologues, vétérinaires, équipes d'experts au complet et comités d'universitaires expressément constitués pour l'occasion se rendirent en pèlerinage dans la prosaïque cour pavée d'une banlieue nord de la ville où Hans le malin — c'est sous ce nom qu'il s'était fait connaître — avait son étable et donnait ses extraordinaires représentations. Beaucoup de ces visiteurs étaient à leur arrivée emplis de scepticisme mais repartaient apparemment pleinement convaincus et littéralement décontenancés par ce qu'ils avaient vu et soumis aux épreuves les plus méticuleuses.

La réussite de von Osten, effet d'une foi sans bornes en sa profession [1], c'était d'avoir dirigé ses talents pédagogiques non plus sur des bambins mais sur son cheval magnifique. Il lui avait appris, outre l'arithmétique, des prouesses telles que dire l'heure, reconnaître sur des photographies des gens qu'il avait rencontrés et bien d'autres tours de force incroyables [125].

Hans le malin communiquait ses réponses en frappant le sol de son sabot. Les réponses non numériques, il les frappait en allemand, lettre par lettre; on lui avait appris l'alphabet : il donnait un coup pour la lettre a, deux pour b, et ainsi de suite. On le soumettait à des expériences scientifiques extrêmement minutieuses, conçues de façon à éliminer la possibilité, fût-elle la plus improbable, d'une sorte de code secret avec son maître. Il les réussissait toutes haut la main, d'autant qu'il se débrouillait

---

1. Dans son introduction à un livre sur le cas de Hans le malin [126], le professeur Carl Stumpf décrit ainsi von Osten :

Ancien professeur de mathématiques dans un collège allemand, cavalier et chasseur passionné, tout à la fois extrêmement patient et très irascible, généreux en ce sens qu'il autorisait qu'on se serve du cheval pendant plusieurs jours d'affilée mais tyrannique à y poser des conditions invraisemblables, usant d'une méthode d'enseignement intelligente, bien qu'il ne possédât pas la moindre notion des conditions les plus élémentaires d'une démarche scientifique : telles sont, avec d'autres, les caractéristiques de l'homme. Sa détermination touche au fanatisme, son esprit excentrique est gavé de théories allant de la phrénologie de Gall à la conviction que le cheval est capable d'un langage intérieur.

presque aussi bien en l'absence de von Osten qu'en sa présence. Le 12 septembre 1904, un groupe composé de treize experts et savants, dont certains appartenaient à l'Académie des sciences de Prusse, d'autres étant professeurs à l'université de Berlin, publièrent un rapport qui rejetait la possibilité d'une supercherie ou de signaux inintentionnels et accordait la plus haute respectabilité et importance scientifique à ce remarquable cheval.

Un autre rapport fut publié moins de trois mois plus tard. Le professeur Carl Stumpf, qui avait fait partie de la commission de septembre, en était l'auteur. Il avait continué à étudier l'étrange animal. C'était apparemment Oskar Pfungst, l'un de ses assistants (il consacra plus tard un livre à l'affaire [124]), qui, n'ayant pu se résigner à la touchante idée d'un cheval génial, avait fait la découverte décisive. Mais Pfungst n'étant qu'un *cand. phil. et med.* (doctorable en philosophie et en médecine), Stumpf avait signé officiellement le rapport, selon la bonne tradition universitaire. La découverte de Pfungst, pour citer le rapport, consistait en ce que

le cheval se trompait dans ses réponses à chaque fois que la solution du problème qu'on lui soumettait était inconnue des personnes présentes. Lorsque par exemple on plaçait devant le cheval un nombre écrit ou les objets à compter en sorte qu'ils fussent visibles de lui seul, et en particulier invisibles du questionneur, il échouait à répondre correctement. Il ne savait par conséquent ni compter, ni lire, ni résoudre des problèmes d'arithmétique.

Le cheval échoua encore à chaque fois que des œillères suffisamment grandes l'empêchèrent de voir les personnes, et en particulier le questionneur, qui connaissaient la solution. Il avait par conséquent besoin d'une sorte de secours visuel.

Néanmoins — et c'est l'aspect étrangement intéressant de ce cas — il n'était pas nécessaire que ces secours lui soient donnés intentionnellement [127].

Le rapport explique plus loin :

Je ne vois en ce qui me concerne qu'une seule explication compatible avec ces faits. Le cheval a dû apprendre, au cours de la longue période de résolution des problèmes, à être toujours plus attentif, tout en tapant du sabot, aux changements imperceptibles de l'attitude corporelle du maître qui accompagnaient inconsciemment les étapes de son propre raisonnement et à les utiliser comme des signaux. La récompense régulière, apportée sous la forme de carottes et de pain, constituait la motivation et renforçait l'attention. Cette sorte inattendue d'activité indépendante, ainsi que l'assurance et la précision de la perception de mouvements infimes ainsi atteintes, sont des plus étonnantes.

Les mouvements qui incitent le cheval à réagir sont dans le cas de M. von Osten si parfaitement imperceptibles qu'on comprend aisément comment il est possible qu'ils aient pu échapper même aux observateurs les mieux entraînés. Cependant M. Pfungst, qui a hérité de son expérience du laboratoire une grande maîtrise dans la perception de stimuli visuels ayant une durée et une étendue très faibles, est parvenu à identifier chez M. von Osten les différents types de mouvements qui étaient à l'origine des diverses performances du cheval. Il a en outre réussi à contrôler ses propres mouvements (dont il n'avait pas jusqu'ici eu conscience) en présence du cheval et est devenu finalement si compétent qu'il a pu rendre intentionnels ces mouvements initialement inintentionnels. Il peut maintenant provoquer à volonté les diverses réactions du cheval en produisant la sorte appropriée de mouvements, sans poser la question qui convient ni donner aucun ordre. M. Pfungst remporte pourtant des succès identiques lorsqu'au lieu de porter attention aux mouvements nécessaires, il se concentre aussi intensément que possible sur le nombre désiré, puisque dans ce cas ces mouvements se produisent, qu'il le veuille ou non [128].

Comme on l'imagine, von Osten (dont l'honnêteté ne fut jamais contestée) fut bouleversé par ces découvertes. Il dirigea tout d'abord sa colère contre Hans, d'une façon que Pfungst qualifie de tragi-comique, mais reprit bientôt confiance en son cheval et n'autorisa plus aucune expérience. Selon un mode de comportement humain caractéristique il préféra à l'incontournabilité des faits, une vision de la réalité conforme à ses convictions — question qui nous occupera encore dans la seconde partie de ce livre.

Le traumatisme de Hans

On trouva à Elbersfeld d'autres chevaux doués d'aptitudes similaires ou même plus grandes, avant que la découverte de Pfungst ne fût connue du public. Il y eut aussi des chiens aboyant-parlant à Mannheim et divers autres animaux, y compris des cochons, qui avaient appris à mener à bien des calculs extra-ordinairement compliqués et, à leurs moments perdus, stupéfiaient leurs interviewers humains par des mots d'esprits ou des considérations philosophiques.

La vérité crue des résultats obtenus par Pfungst mit fin à ce remue-ménage, de sorte que la balance pencha pour l'autre extrême, un extrême dont l'éthologie (nom moderne de la psychologie animale) ne s'est pas encore remise. Le professeur H. Hediger, qui fut directeur du zoo de Zurich, a écrit un excellent article sur ce traumatisme, résumant ainsi ses effets :

> Il est évident que seules des conséquences négatives sont jusqu'ici ressorties de ce grand mouvement, de ce lapsus gigantesque concernant des animaux communiquant par coups frappés qui, après tout, a duré plus d'un quart de siècle et a provoqué une polémique mondiale et une littérature énorme : on a éludé le cas d'Hans le malin en empêchant totalement tout signal involontaire, ce qui signifie pratiquement la stricte élimination de tout contact direct entre l'homme et l'animal dans les expériences psychologiques avec les animaux [64].

Mais, comme l'observe Hediger, c'est là jeter le bébé avec l'eau de la baignoire. On ne prête du même coup plus aucune attention à l'aptitude fantastique qu'ont les animaux de percevoir et d'interpréter correctement des mouvements musculaires (en particulier mimétiques) si petits qu'ils peuvent n'atteindre qu'un cinquième de millimètre (ce que Pfungst avait vérifié expérimentalement dans son travail sur Hans), ni au fait que nous autres humains émettons constamment des signaux dont

nous ne sommes pas conscients et que nous ne maîtrisons pas :
« Nous sommes, affirme Hediger, transparents à l'animal
jusqu'à un point souvent (pour nous) désagréable. Assez curieu-
sement, ce phénomène qui, d'une certaine manière, est embar-
rassant, n'a été jusqu'ici l'objet que d'une répression, mais
jamais le point de départ d'une recherche sur les modes plus
intenses de compréhension de communication » [65].

Bien qu'officiellement méconnus, ces signaux sont au centre
de bien des épisodes charmants et étonnants, mettant en scène
des animaux entre eux ou des hommes et des animaux. Que les
animaux soient experts à lire et à déchiffrer des indices minimaux n'est pas trop surprenant. Ils doivent dans leur vie quotidienne faire face à des situations où la survie dépend d'une
évaluation et d'une décision prises en une fraction de seconde.
Vous êtes un singe, expliquait Ray Carpenter, spécialiste des
primates, à l'anthropologue Robert Ardrey,

> et en courant le long d'un chemin vous vous retrouvez de façon
> inattendue, au détour d'un rocher, face à un autre animal.
> Avant de savoir s'il faut l'attaquer, le fuir, ou l'ignorer, vous
> devez prendre une série de décisions. Est-ce un singe ou un
> non-singe? Si c'est un non-singe, est-il pro-singe ou anti-singe?
> Si c'est une dame, est-elle séduite? Si c'est un mâle, est-il adulte
> ou juvénile? Si c'est un adulte, appartient-il à mon groupe ou
> à un autre? S'il appartient à mon groupe, quel est son rang,
> au-dessus ou en dessous du mien? Vous disposez à peu près
> d'un cinquième de seconde pour arrêter toutes ces décisions,
> avant d'être éventuellement attaqué [8].

Quiconque entretient une relation étroite avec un animal,
en particulier chat, chien ou cheval, sait à quel point il peut se
montrer incroyablement perceptif dès que la charge affective
est en jeu, c'est-à-dire à chaque fois que les humains oublient
certaines de leurs attitudes intellectuelles pour devenir plus
spontanés et ainsi plus compréhensibles aux animaux. Hediger
rapporte qu'au cours d'un combat de la Seconde Guerre
mondiale un ours, mascotte d'une unité de l'artillerie britannique,
s'empara spontanément et sans y avoir été entraîné d'un obus

de 15 mm pour se mêler aux rangs des transporteurs de munitions [57].

Robert Leslie [87] raconte dans « L'ours qui vint dîner » l'histoire charmante et prétendue vraie d'un Texan qui aimait passer ses vacances à escalader les montagnes, pêcher et faire du canoë. Un après-midi, alors qu'il pêchait dans une région sauvage du Canada occidental, un grand ours noir s'approcha de lui. Comme il était seul et sans armes, il avait tout intérêt à convaincre l'ours de ses sentiments amicaux, espérant en retour une sympathie allant jusqu'à lui laisser la vie sauve. Il est clair que dans une telle situation, la raison et l'intelligence sont de peu de secours, puisque aucune expérience antérieure ne peut dicter une ligne de conduite. Dans cet exemple caractéristique de confusion créatrice qu'aucune réflexion inutile n'entravait, l'homme nourrit l'ours de toutes les truites qu'il prit, de sorte que l'ours, qui s'appuyait maintenant sur l'épaule de l'homme, se comporta en excellent camarade tandis qu'ils étaient tous deux assis au bord de la rivière. Peu à peu, en plusieurs jours, une relation des plus extraordinaires s'installa entre eux, principalement fondée sur les besoins et les caprices de l'ours et sur sa confiance croissante que l'homme pouvait et voulait les satisfaire. Hediger, qui entretint avec Leslie une longue correspondance sur tous les détails de cette histoire, la tient pour vraie, d'autant qu'il l'a comparée à beaucoup d'autres comptes rendus semblables du comportement des ours.

Le pouvoir des perceptions subtiles

Le psychologue Robert Rosenthal, qui publia l'édition anglaise de l'histoire de Hans le malin, fut l'un des chercheurs qui réussirent à échapper au traumatisme de Hans. Il perçut pleinement l'intérêt d'étudier les indices minimaux circulant entre les expérimentateurs et leurs sujets. Son nom est lié à des expériences menées à l'université d'Harvard, qui montrent jusqu'à quel point étonnant les présupposés tacites et les préjugés de l'expérimentateur peuvent influencer le comportement des rats, même quand l'expérimentateur est tout à fait certain qu'ils n'entrent pas en ligne de compte.

Rosenthal étudia aussi l'effet de préjugés conscients mais dissimulés chez les humains — et son expérience va nous ramener au thème de la confusion. On montrait aux sujets des photographies de personnes et on leur demandait de juger du degré de réussite (le barème allait de — 10 pour « complètement ratée » à + 10 pour « pleinement réussie ») auquel ces personnes étaient parvenues dans leur vie, en recourant pour ce faire à tout critère qui leur semblait bon. (Les photographies représentaient des personnes inconnues du public et étaient censées, à la suite d'une série de tests de standardisation auxquels on avait soumis de nombreux sujets, susciter essentiellement des réponses « zéro ».) On confia à chaque expérimentateur un jeu de photographies avec, pour chacune d'entre elles, une note arbitraire entre — 10 et + 10, en le chargeant d'induire d'une façon ou d'une autre ses sujets à attribuer aux photos une valeur aussi proche que possible du barème arbitraire qu'il avait en main. On filma en outre l'expérience pour la montrer à un groupe d'observateurs qui en connaissaient l'objet mais ignoraient les notes par l'expérimentateur devait faire choisir par ses sujets : la tâche des observateurs consistait à deviner ces notes à la seule vue du film. Selon Rosenthal, la précision de leurs réponses établit clairement que le barème auquel chaque expérimentateur tentait d'induire ses sujets (sans jamais le leur communiquer directement) était également accessible aux observateurs.

Ainsi, nous le voyons ici encore, dans des situations où nos capacités habituelles de perception et d'intelligence ne suffisent plus à fournir les réponses, nous avons recours à certaines autres capacités qui ne semblent pas être l'objet d'une maîtrise consciente mais sont apparemment réactivées par ce que la situation offre de confusion et de malentendu. Le travail de Rosenthal laisse peu de doute sur le fait que nous sommes à la merci d'influences dont nous n'avons pas conscience et sur lesquelles nous n'exerçons virtuellement aucun contrôle conscient. Plus effrayant encore : nous influençons nous-mêmes les autres, quelles que soient la prudence et la discrétion que nous nous attribuons, par des moyens dont nous ne pouvons qu'être faiblement ou aucunement conscients. Nous pouvons en vérité être inconsciemment responsables d'influences dont notre conscience ignore tout et qui nous paraîtraient, si nous les connaissions, totalement inacceptables.

Cela est particulièrement évident dans l'interaction familiale. Dans les exemples de double-contrainte décrits p. 26-29, la moitié du message paradoxal est souvent donnée non verbalement ou à mots couverts. Ainsi, dans le cas de la mère d'un délinquant juvénile qui déploie deux attitudes très différentes envers son rejeton : l'une « officielle », punitive et répressive, qui exige verbalement bonne conduite et respect des règles sociales; l'autre non verbale, relevant de la séduction, dont elle peut sincèrement ne pas avoir conscience mais que ne manquera pas de remarquer l'observateur extérieur, et au premier chef le garçon, qui n'est que trop sensible à la lueur du regard de sa mère et à l'admiration secrète qu'elle voue à ses contestables exploits. De la même façon, un thérapeute pourra tout à fait involontairement ajouter au problème de son patient si, pour une raison ou pour une autre, il y met désespoir ou répulsion. Cela pourra se produire si le problème est l'un de ceux qu'il ne peut lui-même résoudre dans sa propre vie personnelle : par exemple boire. Il en *parlera* d'une manière positive tout en provoquant à son insu chez son patient des effets très négatifs. (De même les craintes professionnelles d'un thérapeute sont propres à provoquer l'issue redoutée, comme l'illustre le vieux bon mot de l'hypnothérapie : les effets de l'hypnose peuvent présenter un danger si le thérapeute croit que les effets de l'hypnose peuvent présenter un danger.)

Quand Rosenthal et d'autres commencèrent à publier leurs découvertes en la matière, de grandes controverses s'élevèrent autour de la question du mode de transmission de ces indices subtils mais réels. Une chose est d'imprimer une influence générale aux opinions de quelqu'un; autre chose est d'obtenir de lui une réponse aussi concrète qu'une notation entre — 10 et + 10.

Entre-temps, Eckhard Hess menait à l'université de Chicago une nouvelle recherche en ce domaine, extrêmement imaginative, qui fournit certaines réponses. Ce fut un événement fortuit qui engagea Hess dans ce travail :

> Un soir, il y a environ cinq ans, je feuilletais dans mon lit un livre contenant des photographies d'animaux d'une beauté étonnante. A l'occasion d'un regard qu'elle me lança, ma femme dit que la lumière devait être insuffisante car mes pupilles étaient anormalement grandes. La lampe de chevet me semblait donner une lumière abondante et je le lui dis. Mais elle maintint que mes pupilles étaient dilatées [68].

Au cours d'expériences ultérieures suscitées par cet incident, Hess découvrit que la dimension de la pupille n'est en aucune façon déterminée par la seule intensité lumineuse (comme on le suppose généralement), mais aussi en grande partie par des facteurs émotionnels.

Comme c'est souvent le cas, les écrivains semblent l'avoir su depuis longtemps : « ses yeux se rétrécirent de colère », « ses yeux s'emplirent d'amour ». Restait pour Hess à montrer que de telles expressions étaient plus que des images poétiques. Il s'aperçut que les prestidigitateurs étaient souvent attentifs aux variations de la taille de la pupille; lorsqu'on retournera une carte à laquelle une personne pensait, ses pupilles s'agrandiront. Les vendeurs de jade chinois guettent la même réaction dans les yeux d'un acheteur éventuel, pour se faire ainsi une bonne idée des pierres qui lui plaisent et qu'il est prêt à payer d'un prix élevé.

L'une des expériences de Hess consista à soumettre à ses sujets deux photographies représentant le visage d'une jeune femme appétissante. Elles étaient identiques puisque tirées d'après le même négatif, sauf que sur l'une des deux on avait retouché les pupilles pour qu'elles soient beaucoup plus grandes. La réponse moyenne que cette dernière photo s'attira, écrit Hess,

> eut plus de deux fois plus de force que celle provoquée par la photographie non retouchée; cependant, lorsqu'à la suite de l'expérience on interrogea les hommes, la plupart répondirent que les deux photographies étaient identiques. Certains dirent

bien que la seconde était « plus féminine », « plus jolie » ou « plus douce », mais aucun ne remarqua que les pupilles y étaient plus grandes que sur l'autre. Il fut en fait besoin de leur montrer la différence. Il y a bien longtemps, au Moyen Age, les femmes se mettaient de la belladone (de l'italien *belladonna*, belle dame) pour dilater leurs pupilles. Il est clair que les hommes sont attirés par les grandes pupilles, mais la réponse qu'ils y apportent — au moins chez nos sujets — se situe apparemment à un niveau non verbal. On pourra risquer l'hypothèse que les grandes pupilles sont, chez une femme, attirantes parce qu'elles témoignent d'un intérêt extraordinaire pour l'homme avec qui elle se trouve [69].

La recherche à l'intérieur de ces itinéraires extrêmement subtils de la communication n'a jusqu'ici fait que survoler un domaine fertile à coup sûr. Nous savons déjà que la dimension de la pupille n'est qu'un des nombreux modes de la communication non verbale, fondée sur des réactions spécifiques du corps impliquant non seulement la vue et l'ouïe, mais aussi l'odorat et le toucher.

La « *perception extrasensorielle* »

Tout ceci désigne une direction : nous sommes bien plus perceptifs et bien plus influencés par nos perceptions que nous ne le pensons. Autrement dit, nous sommes constamment engagés dans les allées et venues d'une communication dont nous ne savons rien, mais qui fait beaucoup pour déterminer notre comportement [1]. Les lecteurs qui le désirent pourront facilement mettre au point une expérience de type Rhine, qui peut faire pratiquement de n'importe qui un expert de la perception extrasensorielle (PES). On utilise pour ces expériences un jeu de cartes comportant cinq symboles : croix, cercle, carré, penta-

---

1. De nombreux textes sur le comportement non conscient existent, dont une partie a été fort bien résumée dans un article de journal de Joe Adams [5].

gramme et lignes ondulées. L'expérimentateur regarde les cartes l'une après l'autre en s'assurant que le sujet ne peut les voir. Le sujet doit deviner, grâce à la PES, lequel des cinq symboles l'expérimentateur est en train de regarder. Il a droit à une réponse par carte, après quoi l'expérimentateur lui dit si elle était juste ou fausse. C'est là encore une de ces situations où l'impossibilité apparente de la tâche produit cette confusion créatrice qui oblige la plupart d'entre nous à recourir à nos plus subtiles perceptions — probablement à cause d'une sorte de désespoir. Si l'expérimentateur, tout en regardant l'un des symboles, fournissait un indice minimal, ou si un léger bruit particulier se faisait régulièrement entendre juste à ce moment-là dans une pièce voisine, le sujet verrait sa courbe PES monter en flèche et ses chances de succès approcher les 100 %; à condition bien entendu que le même indice minimal corresponde toujours au même symbole. Inutile de dire qu'on pourrait ainsi réussir un bon nombre de supercheries; mais plus intéressant reste le fait que cette sorte de signaux est incroyablement efficace bien que — ou précisément parce que — elle demeure entièrement hors de la conscience du sujet. Il est à parier que bien des tours de lecture de pensée en face à face et de voyance se fondent sur l'aptitude naturelle qu'ont certaines personnes à la perception de ces indices minimaux.

Bien avant que les sciences du comportement n'étudient de tels phénomènes, Edgar Allan Poe avait utilisé cette aptitude pour le *Double Assassinat dans la rue Morgue*. Le narrateur et son ami Dupin, qui y est (comme on sait) décrit comme un fin observateur des faits et des événements, même les plus insignifiants, se promènent à travers Paris. Tout à coup — et sans occasion apparente — Dupin lâche ces paroles : « C'est un bien petit garçon, en vérité; et il serait mieux à sa place au théâtre des Variétés. » L'autre n'en revient pas. Dupin, dit-il gravement,

> voilà qui passe mon intelligence. Je vous avoue, sans ambages, que j'en suis stupéfié et que j'en peux à peine croire mes sens. Comment a-t-il pu se faire que vous ayez deviné que je pensais à...?

Mais je m'arrêtai pour m'assurer indubitablement qu'il avait réellement deviné à qui je pensais.

— A Chantilly? dit-il; pourquoi vous interrompre? Vous faisiez en vous-même la remarque que sa petite taille le rendait impropre à la tragédie.

C'était précisément ce qui faisait le sujet de mes réflexions. Chantilly était un ex-savetier de la rue Saint-Denis qui avait la rage du théâtre, et avait abordé le rôle de Xerxès dans la tragédie de Crébillon; ses prétentions étaient dérisoires : on en faisait des gorges chaudes.

— Dites-moi, pour l'amour de Dieu! la méthode — si méthode il y a — à l'aide de laquelle vous avez pu pénétrer mon âme, dans le cas actuel [1]!

Et Poe de reconstruire par la bouche de Dupin, avec une science convaincante, la chaîne des événements vécus par les deux hommes au cours du quart d'heure précédent, en anticipant sur des concepts inconnus à l'époque tels que libre association, communication non verbale et autres analyses du comportement; en sorte qu'on peut lire cette reconstruction romancée comme un morceau de bravoure de la recherche psychologique moderne.

Avant de conclure ce chapitre sur les avantages de la confusion, une brève remarque concernant le seul côté comique d'une question aussi grave que celle de la psychanalyse ne sera pas superflue. Comme on sait, le patient en analyse doit s'étendre sur un divan pour pratiquer cette sorte particulière de confusion mentale nommée association libre — à savoir, dire tout et n'importe quoi lui passant par la tête. L'analyste est assis derrière lui, hors de sa vue. La raison officielle de cette disposition est de faciliter le libre cours des associations, surtout des plus embarrassantes, en rendant la présence de l'analyste moins immédiate au patient. Mais pour reprendre une métaphore psychanalytique : chassez le naturel, il revient au galop. Loin d'oublier la présence de l'analyste, le patient développe une sensibilité particulièrement aiguë aux indices acoustiques minimaux qui lui parviennent de derrière. La plume du médecin

---

1. Traduction de Baudelaire, Paris, Garnier-Flammarion, 1965.

qui gratte le papier, sa chaise qui grince, le bruit presque imper-
ceptible lorsqu'il se lisse la barbe, tout ceci s'organise progressivement en des messages hautement significatifs, signalant au
patient ce qu'il est censé associer librement et ne pas associer
— jusqu'à ce qu'un certain type de respiration rythmée lui
fasse savoir que son thérapeute a fini par s'assoupir...

2

LA DÉSINFORMATION

4

De la récompense arbitraire à l'émergence de visions du monde

L'ordre est la première loi céleste.

Alexander Pope

C'est la théorie qui décide de ce que nous sommes en mesure d'observer. Albert Einstein

Jusqu'ici, nous avons examiné des situations où la signification d'un message n'est pas « passée », soit à cause d'un événement survenu dans le cours de sa transmission (et/ou de sa traduction), soit que le message fût structuré de telle sorte qu'il se contredise (se disqualifie) pour engendrer un paradoxe. Chacun de ces cas aboutit à une confusion qui, du fait de l'incertitude ainsi provoquée, fournit à la recherche de structure et d'ordre une puissante incitation.

Nous allons voir maintenant comment des états d'incertitude peuvent se produire non par inaptitude, défaut ou paradoxe, mais expérimentalement, de façon qu'il devienne possible d'étudier le comportement d'organismes tandis qu'ils tentent de dissiper l'incertitude.

Nous nous tournerons ensuite vers des situations de la vie réelle, des situations délicates où, en position d' « expérimentateur » — d'organisateur présumé de l'expérience que nous vivons —, on trouve non plus un être humain mais une notion d'ordre assez vague qui, suivant les options philosophiques du lecteur, s'appellera réalité, nature, fatalité ou Dieu. Les exergues ci-dessus, de Pope et Einstein, sont destinés à avertir des conclusions contradictoires qui pourront être tirées de cette recherche d'ordre.

Ceci nous amènera à des contextes où d'une part la communication entre deux partenaires est d'une certaine manière physiquement impossible, mais où il faut d'autre part *absolument* parvenir à une décision concertée. Nous examinerons pour terminer les problèmes liés à la dissimulation de vraies informations et à l'apport actif d'informations fausses, comme dans le cas du contre-espionnage et en particulier du travail des agents doubles.

Que ces blocages de la communication soient provoqués expérimentalement, inhérents à certains obstacles concrets, ou créés délibérément, ils ont un dénominateur commun pour lequel j'ai adopté le terme — emprunté au travail de renseignement — de *désinformation* [1]. Sa signification s'éclairera dans ce qui suit.

Il existe toute une classe d'expériences conçues afin de tester et étudier comment s'y prennent des sujets humains ou animaux pour trouver et introduire un ordre lorsqu'ils sont confrontés à un contexte de désinformation. Ce que ces expériences ont toutes en commun est d'obliger le sujet à mobiliser la plus grande ingéniosité pour trouver un ordre à ce qui n'en a aucun. Les résultats sont d'un intérêt psychiatrique et philosophique très appréciable. L'inexistence d'un lien, quel qu'il soit, entre les performances d'un sujet et la récompense ou la punition qu'il reçoit, les différencie des expériences d'acquisition plus connues; mais cela, le sujet ne le sait pas. Il croit que s'il réussit à répondre « correctement » il sera récompensé, et puni s'il échoue; autrement dit, que la réaction qu'il s'attire est dépendante de sa performance, alors qu'en fait elle ne l'est point, d'où l'expression : expériences à *récompense arbitraire*.

Voici, en ordre croissant de complexité, quelques exemples de désinformation produite expérimentalement :

Le cheval névrosé

Si un cheval, par le truchement d'une plaque métallique disposée sur le sol de son étable, reçoit un léger choc électrique à

---

1. Dans le travail de renseignement, le terme de *désinformation* renvoie à *deux* choses, qui vont réapparaître au long de ce développement : la *non-*information et la *fausse* information (NdT).

chaque fois que tinte une sonnette, il ne tardera pas à associer le tintement de la sonnette à l'imminence du choc, et à lever la patte pour l'éviter. Une fois établi ce réflexe conditionné, on pourra supprimer la production du choc sans que le cheval cesse de lever la patte à tout tintement de la sonnette. A chaque fois qu'il le fera, le « succès » de cette action — c'est-à-dire la *non*-occurrence du choc — le convaincra toujours plus que lever la patte est la « bonne » réaction. Il n'apprendra jamais que la sonnerie n'est plus suivie d'un choc. Il aura acquis à toutes fins pratiques un symptôme névrotique, persistant dans une action qui, si elle fut appropriée, ne l'est plus. Et cette sorte de problème, est-il besoin de le dire, ne se limite aucunement aux animaux [181].

Le rat superstitieux

La superstition est d'habitude considérée comme une tare purement humaine par laquelle nous comptons mettre quelque ordre à l'incertitude capricieuse que le monde déploie autour de nous, espérant gagner ainsi une maîtrise. On peut pourtant assez aisément la susciter chez des animaux, tel le rat de laboratoire (ou les pigeons [115, 165]). On libère un rat de sa cage sur une surface longue d'environ un mètre et comportant un plateau de nourriture à son extrémité. Dix secondes après l'arrivée du rat sur la surface, on laisse tomber de la nourriture sur le plateau. Si le rat atteint le plateau *moins* de dix secondes après sa libération, on ne lui donne rien à manger. Sous peu, le rat, doué d'un esprit pratique, parvient à rapprocher les faits et tirer ses conclusions. Puisqu'il ne lui faut pas plus de deux secondes pour gagner directement le plateau, il devra passer ce qui lui reste de temps d'une façon radicalement étrangère à l'inclination naturelle d'un rat consistant à se précipiter sans délai sur la nourriture. Le délai, dans ces conditions, prend une signification pseudocausale; quelle que soit l'action qu'entreprend le rat durant ces huit secondes, elle devient à ses yeux l'action « nécessaire », celle qui « produit » l'apparition de la nourriture ou est « récompensée » par elle. Bien entendu, ces modèles de comportement varient d'un rat à l'autre : démarche d'écrevisse, nombre de pirouettes à droite ou à gauche, sauts (qui auront pu être initialement purement fortuits), sont fidèlement répétés au cours des expériences. Et chaque fois que le rat trouve à manger sur le plateau, sa conviction se confirme que c'est cette conduite particulière qui procure la nourriture. Ces types de comportement sont l'équivalent évident des superstitions humaines compulsives, souvent fondées sur la croyance incertaine qu'elles sont requises par quelque « expérimentateur divin ».

Plus c'est compliqué, mieux c'est

Spécialiste renommé de l'interaction à l'intérieur de petits groupes, le professeur Alex Bavelas a montré par plusieurs expériences que la même sorte de désinformation a une grande influence sur le sens qu'a un être humain du réel.

Dans l'une de ces expériences, deux sujets, A et B, sont assis face à un écran de projection. Ils sont séparés de manière à ne pouvoir se voir et on leur enjoint de ne pas communiquer. On leur montre ensuite des diapositives médicales représentant des cellules saines et des cellules malades, et on leur demande d'apprendre, par tâtonnements, à les distinguer. Chacun a devant soi deux boutons marqués respectivement « saine » et « malade », ainsi que deux signaux lumineux marqués « vrai » et « faux ». Ils doivent presser l'un des boutons chaque fois qu'apparaît une diapositive, sur quoi l'une des deux lumières s'allume.

Le contrôle de A ne lui ment pas, c'est-à-dire que les lumières s'allument en fonction de la justesse ou de l'erreur réelles de ses réponses. Il est placé en situation de simple discrimination, et la plupart des sujets A apprennent au cours de l'expérience à reconnaître les cellules avec un bon taux de réussite (à savoir environ 80 %).

La situation de B est très différente : son contrôle est basé non pas sur ses propres réponses, mais sur celles de A. Ce qu'il décide de l'état d'une cellule n'a par conséquent aucune importance : la lumière lui dit « vrai » si A a bien répondu, « faux » si A s'est trompé. Cela, B ne le sait pas; on l'a amené à croire qu'il y a un ordre, qu'il doit découvrir cet ordre en donnant des réponses avant d'apprendre s'il a bien ou mal répondu. Mais tandis qu'il questionne le « sphinx », il obtient des réponses déroutantes, parce que ce n'est pas à *lui* que parle le sphinx. Autrement dit, il ne dispose d'aucun moyen pour découvrir que les réponses qu'il obtient sont arbitraires, à savoir qu'elles n'ont rien à voir avec ses questions, et qu'il n'apprend donc rien quant à ses hypothèses. Ainsi il cherche un ordre là où il n'en existe aucun qu'il puisse découvrir lui-même.

On demande finalement à A et B de discuter de ce qu'ils considèrent maintenant comme les règles de discrimination entre cellules saines et cellules malades. A donne des explications simples et concrètes; celles de B sont nécessairement très subtiles et complexes : n'a-t-il pas dû, après tout, former ses hypothèses sur la base d'indices ténus et contradictoires?

Ce qui est étonnant, c'est qu'A, loin de rejeter par un simple haussement d'épaules les explications de B comme trop compliquées ou même absurdes, est au contraire impressionné par leur « éclat » sophistiqué. A tend à se sentir inférieur et vulnérable à cause de la simplicité badaude de ses assertions. Plus les « illusions » de B seront compliquées, plus elles seront propres à emporter la conviction de A. (Ce caractère contagieux des illusions n'étant que trop connu hors du laboratoire de recherches sur la communication, nous en considérerons plus loin quelques exemples éloquents.)

Avant qu'ils ne passent un second test identique (mais composé de nouvelles diapositives), on demande à A et B de deviner lequel d'entre eux réussira mieux que la première fois. Tous les B et la plupart des A répondent B. B en vérité ne fait aucun progrès, mais paraît, comparativement parlant, mieux réussir car A, qui partage maintenant au moins quelques-unes des idées abstruses de B, réussit sensiblement moins bien que la première fois [18].

L'enseignement qu'on tire de l'ingénieuse expérience de

Bavelas comporte des implications étendues : il démontre qu'une fois notre esprit emporté par une explication séduisante, une information la contredisant, loin d'engendrer une correction, provoquera une *élaboration* de l'explication. Ce qui signifie que l'explication devient « autovalidante » : une hypothèse ne pouvant être réfutée [1]. Mais, comme l'a montré Popper [133], la réfutabilité est la condition *sine qua non* de l'explication scientifique. Les conjectures de la sorte que nous considérons ici sont donc pseudo-scientifiques, superstitieuses, et en fin de compte psychotiques au sens strict.

Si nous regardons l'histoire mondiale, nous voyons que des conjectures pareillement « irréfutables » ont été responsables des pires atrocités. L'Inquisition, l'idée d'une supériorité raciale, la prétention des idéologies totalitaires à avoir trouvé l'ultime réponse, sont des exemples qui viennent immédiatement à l'esprit.

Le bandit à bras multiples

Une autre expérience confirme la difficulté de modifier les idées d'une personne lorsqu'une semblable conjecture lui a fait voir le monde d'une certaine façon. Le lecteur sait certainement ce qu'est un « bandit manchot » : une machine à sous

---

1. Armé de la singulière logique d'une hypothèse auto-validante, on atteint au bout du compte une certitude affirmée. Si l'hypothèse est que la prière peut guérir la maladie, la mort d'un malade « prouvera » donc qu'il a manqué de foi, ce qui « prouve » en retour la justesse de l'hypothèse. — Dans une semblable veine, le Prix Lénine Sergeï Mikhalkov expliquait tranquillement dans une récente interview : « Aucun communiste convaincu ne saurait virer à l'anti-communisme. Soljénitsyne ne fut jamais un communiste » [101]. A propos de la revendication de la thérapie comportementale à être un traitement rapide et sûr des phobies, un orateur représentant les psychanalystes résuma les choses, à l'occasion d'une controverse, en disant d'un livre sur l'approche psychothérapique comportementale des phobies que son auteur « définit la condition d'une façon acceptable par les seuls théoriciens du conditionnement et qui ne correspond pas aux critères de la définition psychiatrique du trouble en question. Ses affirmations ne devraient donc pas s'appliquer aux phobies, mais à quelque autre condition » [152]. La conclusion est imparable : une phobie susceptible d'être guérie par la thérapie comportementale n'est *pour cette raison* pas une phobie.

comportant trois ou quatre disques illustrés sur la tranche que le joueur fait tourner en abaissant un levier (le « bras »). Si trois disques ou plus s'arrêtent dans la même position, le joueur gagne ; dans le cas contraire — beaucoup plus probable — la machine avale la pièce qu'il y avait mise. Le joueur joue donc contre le « comportement » capricieux et imprévisible de la machine, et il n'est pas rare qu'il donne cours à des superstitions quant à la vie intérieure du bandit manchot : illusion aussi inoffensive que les contorsions comiques du joueur de bowling *après* qu'il a lancé la boule, contorsions apparemment destinées à rectifier la trajectoire de la boule tandis qu'elle fonce vers le bout de la piste.

Le psychologue John C. Wright a construit une machine apparemment semblable, mais en réalité beaucoup plus subtile, qu'il a appelée le bandit à bras multiples. Elle ne possède pas de bras à proprement parler, mais plutôt seize boutons-poussoirs disposés en cercle sur une plaque inclinée. Leur place mise à part, aucun signe ne les distingue. Au centre du cercle se trouve un dix-septième bouton identique aux autres. Un compteur à trois chiffres est placé au-dessus du cercle, derrière un panneau vertical.

On donne les directives suivantes au sujet assis en face de la machine :

Ceci est une expérience visant à résoudre un problème. Votre tâche consiste à manœuvrer ces boutons de sorte à afficher au compteur le plus grand nombre possible. Bien entendu, vous ne saurez comment vous y prendre au début et il vous faudra commencer par deviner, mais vous devriez pouvoir faire des progrès au fur et à mesure de vos essais. A chaque fois que vous presserez un bon bouton, ou un bouton appartenant à une bonne série de boutons, vous entendrez un signal et votre score au compteur augmentera d'un point. Vous ne gagnerez jamais plus d'un point à la fois ni ne perdrez jamais aucun point. Vous devez commencer par presser une fois un bouton de la circonférence du cercle. Pressez ensuite le bouton du centre pour voir si vous venez ou non de gagner un point. Si c'est le cas, vous entendrez le signal sonore en pressant le bouton-test du centre. Retournez ensuite à la circonférence et pressez un bouton (le même ou un autre) et vérifiez à nouveau en pressant le bouton du centre. Il vous faut donc appuyer sur le bouton du centre une fois sur deux [1].

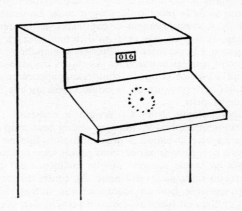

Ce que le sujet ignore, c'est que sa « récompense » — le signal sonore, l'avertissant qu'il a pressé le(s) « bon(s) » bouton(s) — est arbitraire ; à savoir qu'il n'y a aucune relation entre ce qu'il fait et les signaux sonores.

L'expérience consiste en une séquence ininterrompue de 325 pressions de boutons (essais), subdivisée en 13 groupes de 25 essais chacun. Durant les 10 premiers groupes (les 250 premiers essais), le sujet reçoit au hasard un certain pourcentage de récompense. Au cours des groupes 11 et 12 (les 50 essais suivants), il n'obtient aucune récompense. Au cours du groupe 13 (les 25 derniers essais), le signal sonore le récompense à chaque fois.

Mettez-vous à la place du sujet : après qu'il a pressé quelques boutons sans succès, le signal se fait soudainement entendre

---

1. Ces directives, comme la description complète de l'expérience, sont présentées ici sous une forme très abrégée de [189] et [190].

pour la première fois. Les conditions de l'expérience ne vous autorisant pas à prendre des notes, il vous faut donc reconstruire de mémoire et avec précision ce qui vous a conduit à bien faire. Vous essayez encore, sans succès. Au début, l'attribution des récompenses semble être sans rime ni raison. Tandis que vous avancez, quelques règles tentantes paraissent s'offrir à vous. Puis c'est le désastre (groupes 11 et 12); tout d'un coup, rien de ce que vous faites n'est bon. Juste au moment où tout semble perdu, il vous vient une nouvelle idée et dès lors (groupe 13) vous avez bon partout : vous avez trouvé la solution!

A ce stade, on révèle aux sujets les vraies conditions de l'expérience. Ils ne parviennent pourtant pas à y croire. Quelques-uns prétendent même que c'est l'expérimentateur qui se fourvoie, qu'ils ont découvert une régularité dans le dispositif de la machine que l'expérimentateur n'avait jamais remarquée. A d'autres, il est nécessaire de montrer qu'aucun fil ne relie les boutons à l'appareil pour les persuader du caractère arbitraire de l'expérience [1].

Cette expérience relativement simple restitue fidèlement l'essence d'un problème humain universel : une fois parvenus à une solution — par un chemin largement payé d'angoisse et d'attente —, notre investissement devient si grand que nous préférerions déformer la réalité pour la plier à notre solution plutôt que de sacrifier la solution.

Wright put montrer que les illusions les plus élaborées sur la « bonne » façon de presser les boutons surgissaient quand le sujet était récompensé à 50 % au cours des groupes 1 à 10. Les sujets récompensés à plus de 50 % développaient des théories assez simples; ceux qu'on récompensait à un taux nettement inférieur tendaient à considérer la tâche comme impossible et abandonnaient parfois. Là encore, le parallélisme avec la vie réelle est évident et troublant.

---

1. Gregory Bateson, se demandant ce qu'aurait dit dans cette situation un individu dit schizophrène, pensa qu'il devrait parvenir à cette conclusion : « Ces boutons ne veulent rien dire : il y a quelqu'un dans l'autre pièce qui fait tinter le signal quand ça lui chante » [17].

5

Hasard et règles

« La nature a horreur du vide », disait Spinoza après Aristote..
Ceux d'entre nous qui ne sont pas des philosophes considèrent
en général comme vraisemblable que la nature veuille conserver
aux choses un certain ordre. Mais si après avoir battu un jeu
de cartes nous le retrouvions impeccablement classé suivant les
quatre couleurs, chacune commençant par l'as et finissant par
le roi, nous verrions là un peu trop d'ordre pour y croire. Lorsqu'un statisticien nous dit que ce résultat est tout aussi probable
que n'importe quel autre, nous avons du mal à le comprendre,
jusqu'à ce qu'il nous vienne à l'esprit qu'en fait *n'importe quel*
ordre résultant d'un mélange de cartes est aussi probable ou
aussi improbable que celui-là. S'il paraît étrange, c'est pour
des raisons qui n'ont rien à voir avec les probabilités mais plutôt
avec notre définition de l'ordre; nous avons assigné une signification, une importance et une prééminence exclusives à ce
résultat-ci, pour désigner tous les autres en bloc comme n'ayant
pas d'ordre — ou comme étant *aléatoires*, ainsi qu'on les qualifie techniquement.

Vu sous cet angle, le hasard paraît être la règle, et l'ordre
l'improbable exception — ce qui est une contradiction assez
belle pour nous avertir dès le début que des événements plus
étranges pourraient bien s'ensuivre.

Nous pensons généralement qu'une suite de nombres n'est
gouvernée par aucun ordre, qu'elle est aléatoire si aucun chiffre
ou groupe de chiffres ne nous semble apparaître plus fréquemment — ou plus rarement — qu'un autre. C'est une autre façon
de dire que la suite ne livre aucun indice nous permettant de

prévoir le nombre qui va suivre. Si nous considérons d'autre part la suite 2, 5, 8, 11, nous n'avons guère de peine à prédire que le nombre suivant sera très probablement 14, et que la règle gouvernant la suite est une progression arithmétique de raison 3.

Imaginons maintenant que nous sommes confrontés à la suite 4, 1, 5, 9, 2, 6, 5, 3. Autant que nous puissions en juger, cette suite ne possède aucun ordre interne; si nous admettons qu'une quelconque machine lui ajoute constamment des nombres d'un seul chiffre, nous ne pouvons concevoir aucun moyen de prédire le chiffre suivant avec une précision supérieure à une chance sur dix. A peine sommes-nous parvenus à cette conclusion qu'un mathématicien nous montre que la suite en question est une partie de l'écriture décimale π, très exactement entre la deuxième et la neuvième décimale. Il s'avère ainsi que cette chaîne de chiffres, loin d'être arbitraire, est strictement et rigoureusement ordonnée, et que tout chiffre subséquent est entièrement prévisible. Autrement dit, notre conclusion erronée était fondée sur notre ignorance d'un ordre interne.

Soit, disons-nous. Mais les suites réellement aléatoires doivent bien exister, et par « réellement » nous entendons que de telles suites seraient libres de tout ordre interne, quoi qu'en dise Spinoza. Les choses vont dès lors surprendre le profane, car la plupart des mathématiciens s'accordent aujourd'hui à affirmer qu'une telle suite n'existe ni ne peut exister. Leur raisonnement est troublant :

Supposons que nous disposions d'une « machine à produire du hasard [1] » qui imprime des chaînes de nombres d'un chiffre, et supposons de plus qu'en un endroit d'une longue chaîne apparemment sans ordre nous rencontrions la séquence 0123456789. Notre première impression sera que la machine est ici tombée en panne car ces dix chiffres sont « de toute évidence » parfaitement ordonnés et en conséquence non aléatoires. Mais c'est là l'erreur même que nous avions commise à

---

1. Les lecteurs intéressés trouveront une brève description de ces dispositifs dans l'article de Martin Gardner : « Sur la signification du hasard et certains moyens d'y parvenir » (cf. [52]).

propos des cartes : la séquence 0123456789 est tout aussi ordonnée ou aussi aléatoire que n'importe quelle autre séquence de dix chiffres.

L'essence du hasard — écrit G. Spencer Brown dans son beau petit livre *Probability and scientific inference* —

> a été prise pour l'absence de modèle. Mais ce qu'on n'a pas envisagé jusqu'ici, c'est que l'absence d'un modèle exige logiquement la présence d'un autre. Dire qu'une suite n'a pas de modèle est une contradiction mathématique; on peut tout au plus dire qu'elle n'a aucun modèle susceptible d'être recherché. Le concept de hasard ne fait sens qu'en rapport à l'observateur : si deux observateurs ont l'habitude de rechercher chacun différentes sortes de modèle, ils ne manqueront pas d'être en désaccord sur les suites qu'ils attribuent au hasard [23].

Cela nous ramène par la porte de derrière, en quelque sorte, dans le champ de la communication — au moment précis, probablement, où le lecteur commençait à se demander ce qu'avait à faire tout cela avec le sujet de ce livre. Il est pour une fois entendu que, contrairement à l'opinion générale, l'ordre et le chaos ne sont pas des vérités objectives mais — comme tant d'autres choses — déterminés par le point de vue de l'observateur [1]. Il devient dès lors possible de regarder la communication et certaines de ses altérations d'une manière plus intéressante. Et nous devons être préparés à la possibilité que nos découvertes diffèrent énormément des idées reçues de la psychologie, de la philosophie, et même de la théologie.

Mais avant de nous tourner vers elles, une brève incursion dans un autre aspect du phénomène s'impose.

---

1. Il est évident que ce principe a été formulé bien avant Brown; toujours est-il que la pilule est dure à avaler, car elle menace notre foi en la cohérence et l'ordre du monde. Même un génie comme Heisenberg soutint, dans une célèbre conversation avec Einstein en 1926, que seules les grandeurs observables devraient être prises en compte dans l'élaboration d'une théorie. On raconte qu'Einstein, qui avait autrefois lui-même émis ce même postulat, répondit : « Il est tout à fait erroné de vouloir fonder une théorie sur les seules grandeurs observables. *C'est exactement le contraire qui se passe en réalité. C'est la théorie qui décide de ce que nous sommes en mesure d'observer* » (c'est moi qui souligne).

Pouvoirs « psychiques »

Attachons-nous de nouveau à construire de notre mieux une suite aléatoire de nombres en nous servant, disons, d'une machine comportant une grille à dix positions conçue de façon à distribuer au hasard les dix chiffres de notre système décimal. Nous avons vu qu'à mesure que notre chaîne s'accroît en longueur, certaines régularités ne manquent pas de se produire, dont nous sommes obligés de tenir compte à partir d'un certain moment, puisqu'elles menacent la nature aléatoire de notre suite. Si par exemple le nombre 2 devait intervenir beaucoup plus fréquemment qu'un autre, il nous faudrait commencer à éliminer certains de ces 2, de façon à ramener leur probabilité à celle approximative des autres nombres. Nous devons le faire, car la série montrerait autrement une tendance à l'occurrence du 2 : elle ne serait pas suffisamment aléatoire. Nous continuons à *corriger la fortune* — comme diraient les Français d'une telle méthode consistant à rendre l'aléatoire encore plus aléatoire —, nous construisons une assez longue chaîne de chiffres, puis nous la communiquons à un statisticien pour qu'il en examine le caractère aléatoire. Son analyse nous surprend, car elle révèle pour cette suite l'existence d'un modèle étrange et récurrent : certaines régularités produisent des valeurs bien au-delà de leur probabilité avant de revenir soudainement à un taux insignifiant. Il fait bien entendu allusion à notre correction de l'improbablement improbable opérée *aussitôt que nous le répérions*.

On peut trouver exactement le même modèle dans de nombreuses expériences de perception extrasensorielle, notamment dans celles où il s'agit de deviner une carte. Comme nous l'avons vu, ces expériences consistent à faire deviner au sujet une séquence de cartes, dont chacune comporte un symbole, le nombre total des symboles étant de cinq. Au cours de cette interaction bipartite entre expérimentateur et sujet, les réponses de certaines personnes atteignent un taux situé bien au-delà de la probabilité statistique (celle-ci étant évidemment de 1 sur 5, puisque jouant sur cinq symboles). C'est cela qui sert à montrer que le sujet dispose de pouvoirs extrasensoriels. Ces pouvoirs étant néanmoins capricieux, il est impossible de s'y fier : ils tendent à se dissiper presque aussi vite qu'ils sont apparus. A ma connaissance, ce fut G. Spencer Brown qui établit le premier la similitude entre les séquences arbitraires et les expériences de PES. Nous pouvons être confrontés, suggère-t-il,

> au spectacle d'un genre particulier de tendance atteignant d'abord un taux significatif avant de s'estomper progressivement. A vrai dire, c'est une chose qu'on observe couramment dans la recherche psychologique. Mais bien plus dramatique est la sorte d'occurrence significative qui se produit sur une période donnée avant d'être subitement remarquée par l'expérimentateur, après quoi elle disparaît complètement. Cette sorte d'occurrence est devenue si commune que d'ardents chercheurs en psychologie (...) ont essayé de mettre au point dans la préparation de leurs expériences des moyens de la prévenir. Pour l'essentiel, ces moyens consistent à ne jamais chercher à voir avant la fin de l'expérience s'il se produit quelque chose de remarquable [24].

Il est troublant que dans un appendice de son livre, il avance qu'on peut faire fonctionner les expériences de PES avec une table aléatoire de nombres au lieu et place d'un sujet humain, et parvenir à des résultats identiques à ceux obtenus par les chercheurs en psychologie. Comme son hypothèse est assez compliquée, le lecteur se reportera directement à la source [5].

En tout état de cause, que — comme nous l'avons vu plus haut — la signification entière d'une séquence puisse changer du fait de l'ordre qu'on lui a imposé est un aspect important de l'interaction dans la communication; ce qui nous conduit à notre prochain chapitre.

6

Ponctuation

Une histoire connue de presque tous les étudiants en psychologie raconte qu'un rat de laboratoire dit de son expérimentateur : « J'ai fait subir à cet homme un entraînement pour qu'à chaque fois que j'abaisse ce levier, il me donne à manger. » Le rat voit bien sûr la séquence S-R (stimulus-réponse) d'un œil tout différent de celui de l'expérimentateur. Tandis que pour celui-ci l'abaissement du levier par le rat est une réaction conditionnée au stimulus antérieur qu'il lui a administré, ce même abaissement représente pour le rat un stimulus qu'il administre à l'expérimentateur. La nourriture est aux yeux de l'homme une récompense; mais une réaction, à ceux du rat. En d'autres termes, tous deux *ponctuent* [1] différemment la séquence de communication [2].

1. On a dû conserver au mot *ponctuation*, (cf. note 2), un sens assez différent de celui habituellement pratiqué en France. Il s'agit ici moins de la *scansion* et coupure d'un texte que du *point de vue* sous lequel il est déchiffré (NdT).
2. Comme j'ai traité ailleurs et en grand détail de ces phénomènes [176], je me limiterai ici à des exemples moins théoriques. Je laisserai donc de côté la question de savoir pourquoi il est nécessaire de ponctuer (de leur imposer un ordre, ou *Gestalt*) les séquences d'événements environnant et impliquant tout être vivant, et je mettrai seulement le doigt sur l'évidence : sans cet ordre le monde paraîtrait véritablement arbitraire — à savoir chaotique, imprévisible, et extrêmement menaçant. Les psychologues de la Gestalt Theorie montrèrent dès les années vingt que cette ordonnance est enracinée dans les couches les plus profondes de la neurophysiologie de nos perceptions, et que de là son effet peut être suivi jusqu'aux plus hauts niveaux du fonctionnement humain, par exemple dans les activités créatrices et l'humour : comme dans cette histoire où un homme monte au ciel et y retrouve un vieux copain en compagnie d'une appétissante jeune femme assise sur ses genoux. « Ciel ! dit le nouveau venu. C'est ta récompense ? — Non, répond tristement le vieil homme : je suis sa punition. » C'est là clairement une question de ponctuation.

Le fait d'ordonner des séquences dans un sens ou dans un autre crée ce qu'on peut appeler sans exagération des réalités différentes. Certains conflits humains rendent ceci particulièrement évident. Une mère pourra se voir comme une charnière entre son mari et ses enfants : il n'y aurait, si ce n'était elle, aucun lien ni contact entre lui et eux. Loin de partager ce point de vue, le mari la considère comme un obstacle : sans son interférence et son dirigisme constants, il pourrait avoir avec ses enfants une relation bien plus cordiale et étroite. Si nous ne gardons pas à l'esprit qu'il s'agit là d'un problème de ponctuation — et non de l'opposition entre un *comportement* et un autre — nous tomberons dans la même erreur que les deux parents et nous en viendrons à considérer l'un des deux comme méchant ou fou : accusations typiques lorsque la communication se brise du fait de la divergence de ponctuation entre des séquences de comportement éprouvées ensemble. Tout comme le rat et l'expérimentateur, ce ne sont pas les événements eux-mêmes qu'ils voient différemment, mais leur ordre présumé, qui leur donne deux significations diamétralement opposées.

Un mari croit qu'il déplaît à sa femme d'être vue avec lui en public. Il en veut pour « preuve » qu'un jour qu'ils se rendaient en retard à une invitation, elle se maintint à distance derrière lui, comme ils marchaient en hâte après être descendus de voiture. « J'avais beau ralentir l'allure, explique-t-il, elle resta toujours plusieurs pas derrière moi. » « C'est faux, rétorque-t-elle indignée. J'avais beau marcher de plus en plus vite, il restait toujours plusieurs pas devant moi. »

Ici, ce n'est pas la ponctuation individuelle des partenaires qui les a amenés à deux visions différentes du même événement, mais l'inverse : ils divergeaient déjà sur leur relation et tendaient par conséquent à la ponctuer en fonction de leur point de vue respectif, ce qui s'accorde très bien avec la remarque d'Einstein : « C'est la théorie qui décide de ce que nous sommes en mesure d'observer. » Mais dans les relations humaines la « théorie » est elle-même le produit de la ponctuation, et décider qui fut le premier, c'est le problème de l'œuf et de la poule. Les gens persistent à ignorer la divergence de leurs points de vue et imaginent naïvement qu'il n'existe qu'*une* réalité et d'elle qu'*une seule* vision (à savoir la leur); avec la conséquence que quiconque voit les choses différemment doit être ou méchant ou fou. Il fait pourtant peu de doute qu'un modèle circulaire gouverne l'interaction entre organismes : la cause produit l'effet et l'effet retentit sur la cause, devenant lui-même une cause [177]. Le résultat ressemble à s'y méprendre à deux personnes cherchant à communiquer en parlant deux langues différentes, ou à deux joueurs voulant jouer avec deux règles de jeu distinctes.

Pendant les dernières années de la Seconde Guerre mondiale et les premières années de l'après-guerre, des centaines de milliers de soldats américains stationnèrent ou passèrent en Grande-Bretagne, donnant ainsi une occasion unique d'étudier les effets de la pénétration à grande échelle d'une culture dans une autre. Les modèles et façons de faire la cour en furent un aspect intéressant. Les soldats américains et les jeunes anglaises s'accusèrent mutuellement de manque de tact dans la sexualité. L'analyse de cette double accusation mit en évidence un problème de ponctuation. Dans les deux cultures, le comportement durant la cour, depuis le premier contact visuel jusqu'à la consommation ultime, se compose d'environ trente étapes, mais de ces étapes la séquence est différente. Le baiser, par exemple, survient relativement tôt dans le modèle nord-américain (il y occupe, disons, l'étape 5) et relativement tard dans le modèle anglais (disons, à l'étape 25), où il est considéré comme un comportement hautement érotique. Or, quand le soldat US sentait plus ou moins que le moment était bien choisi pour un innocent baiser, non seulement la fille se sentait dépossédée de vingt étapes qu'elle considérait de son côté comme la marche convenable à suivre, mais encore pensait-elle devoir prendre une décision rapide : rompre, ou fuir, ou encore se préparer au coït. Si elle choisissait cette dernière solution, le soldat se trouvait confronté à un comportement qui, à ce stade précoce de la relation, ne méritait selon *ses* règles culturelles que le qualificatif de honteux.

S'il nous fallait commettre l'erreur de considérer le comportement de la jeune fille isolément, sans prendre en compte sa nature interactionnelle, nous n'aurions aucune difficulté à établir un diagnostic psychiatrique : hystérique si elle s'enfuit, nymphomane si elle s'offre. Nous voici encore en face d'un conflit qui ne peut ni ne doit être réduit à la folie ou à la mauvaise nature d'un partenaire puisqu'il réside exclusivement dans l'impasse de leur communication [1]. Il est dans la nature de ces problèmes de désinformation que les partenaires ne puissent les résoudre car, comme l'a remarqué Wittgenstein : « Nous ne pouvons pas penser que nous ne pouvons pas penser; nous ne pouvons donc pas dire que nous ne pouvons pas penser » [187]; ou comme l'a écrit Ronald D. Laing : « Si je ne sais pas que je sais, je pense que je ne sais pas » [83].

1. Cet exemple aurait pu tout aussi bien figurer dans la première partie pour illustrer une erreur de « traduction ».

7

Ponctuation sémantique

La ponctuation touche aussi au champ de la sémantique. Il est parfois impossible, en l'absence d'indices tangibles, de décider où et comment ponctuer une chaîne de mots; il se pourra ainsi qu'on lui attribue plusieurs sens différents. Le professeur Colin Cherry, spécialiste des télécommunications à l'*Imperial College* de Londres, a par exemple fait remarquer que la phrase « Pensez-vous que celui-là fera l'affaire? » [31] peut prendre un éventail de sens, selon le mot accentué : « Pensez-vous que *celui-là* fera *l'affaire?* »; « Pensez-*vous* que celui-là fera l'affaire? »; toutes ces phrases diffèrent complètement dans leur signification.

Dans la langue écrite, nous accentuons les mots en les soulignant ou en les faisant figurer en italiques, mais ce sont là des procédés bien plus grossiers que les riches nuances de la langue parlée : intonation, pauses, gestes. La langue écrite est par conséquent plus ambiguë, surtout si les mots ne son pas reliés à un contexte suffisamment éclairant. En anglais, *growing pains* peut signifier « des troubles croissants » comme « des troubles de croissance ». On trouve souvent cette sorte d'ambiguïté dans les titres de journaux qui doivent être aussi concis et informatifs que possible, et du même coup ouverts à plus d'une interprétation. « *Air Force Bars Sending Parcels to Vietnam* » et « *Topless Club Loses Appeal* », pour prendre deux exemples présentant chacun deux significations très distinctes [1] :

1. Dans le premier exemple, l'ambiguïté concerne le mot *bars* qui peut être interprété au choix comme la 3e personne singulier du verbe *to bar* (« arrêter ») ou le pluriel du substantif *bar* (« bar », « comptoir »). Dans le second, c'est le mot *appeal* (« attrait » *ou* « en appel ») qui porte l'ambiguïté (NdT).

« Les forces aériennes ont suspendu l'envoi des colis au Vietnam » ou « Les comptoirs des forces aériennes envoient des colis au Vietnam », pour le premier; « Les cabarets de strip-tease perdent de leur attrait » ou — ce fut le cas en réalité — « Un cabaret de strip-tease est débouté en appel ». La légendaire pancarte affichée dans les restaurants et disant : « *Customers who think that our waiters are rude should see the manager* » est, elle aussi, sujette à deux interprétations très différentes [1].

Un ordinateur destiné à la traduction d'une langue pourrait aisément commettre pareilles erreurs. D'après ce qu'on raconte, un cerveau électronique traducteur a réussi à détourner le sens apparemment sans ambiguïté de la phrase : « *Time flies like an arrow* » (litt. « Le temps file comme une flèche »). Bien des gens eurent en vérité du mal à imaginer quelle signification [2] l'ordinateur lui avait trouvée [3].

Il est significatif que jusqu'à ce que les sciences de la communication se tournent vers ce type de modèles, les problèmes liés à cette sorte de désinformation soient restés pour la plupart du domaine de la littérature. La fatale et tragique inéluctabilité de ces conflits — où personne n'est à blâmer, mais où chacun blâme tout le monde —, l'impossibilité de concilier des vues inconciliables semblent avoir préoccupé les écrivains depuis l'Antiquité. On en trouve de nos jours un exemple célèbre avec la nouvelle d'Akutagawa *Dans le fourré*, que le lecteur connaît sans doute dans sa version cinématographique *Rashômon*. Une seule et même série d'événements — le viol d'une femme et le meurtre de son mari par un brigand, dont un bûcheron fut témoin — y est dépeinte à travers les yeux de chacun de ces quatre personnages. Akutagawa laisse magistralement voir l'émergence d'autant de « réalités » distinctes — et non le simple

1. Différence qu'on pourrait traduire ainsi : « Les clients qui trouvent nos serveurs mal élevés sont priés de se plaindre au directeur » et « Les clients qui trouvent nos serveurs mal élevés n'ont qu'à regarder le directeur » (NdT).
2. Celle-ci sans doute : « Les mouches du temps aiment une flèche » (cf. n. 3). Ambiguïté sur *flies*, pluriel de *fly* = « mouche », *ou* 3e personne singulier de *to fly* = « voler », « filer » (NdT).
3. Puisqu'on dit bien « fruit flies *like a banana* » (« les mouches à fruit aiment les bananes »), comment l'ordinateur aurait-il pu deviner que des insectes, telles des « mouches du temps », se trouvant aimer une flèche, n'existent pas?

fait banal, qu'ont voulu mettre en relief certains critiques, qu'on ne peut absolument pas se fier à la perception de témoins — amenant imperceptiblement le lecteur à admettre l'impossibilité de déceler laquelle de ces réalités est « réelle ».

Quand tout est vrai, ainsi que son contraire

Hermann Hesse, dans un essai peu connu, intitulé « Gedanken zu Dostojewskis *Idiot* » [70] pense que cette dissolution ultime de la « réalité », sous la forme où nous tendons naïvement à la concevoir, est particulièrement prononcée dans l'œuvre de Dostoïevski. Pour Hesse, le Prince Michkine, le protagoniste de *l'Idiot*, « ne brise pas les Tables de la Loi mais les retourne pour montrer que le contraire des Commandements est écrit de l'autre côté » [70]. Mais c'est avec le Grand Inquisiteur des *Frères Karamazov* [36] que Dostoïevski donne de cette démarche un exemple suprême, peut-être seulement égalé en cela par les deux grands romans de Kafka, *le Procès* et *le Château*.

Ivan Karamazov, un athée, et Aliosha, son très pieux frère, se livrent à un débat métaphysique. Ivan ne peut admettre l'idée de la souffrance, en particulier celle d'enfants innocents. Il parvient à la conclusion que quand bien même cette souffrance serait une condition nécessaire à l'harmonie ultime éternelle, il ne voudrait point d'une telle harmonie : « D'ailleurs, on a surfait cette harmonie; l'entrée coûte trop cher pour nous. J'aime mieux rendre mon billet d'entrée. En honnête homme, je suis même tenu à le rendre au plus tôt. C'est ce que je fais. Je ne refuse pas d'admettre Dieu, mais très respectueusement je lui rends mon billet. » Aliosha réplique en invoquant le seul Etre qui ait le droit de pardonner pour toute la souffrance de l'humanité : le Christ. C'est alors qu'Ivan, qui attendait cette objection, lit en réponse à Aliosha son poème en prose : « Le Grand Inquisiteur ».

L'histoire se situe à Séville, au xvie siècle, à l'apogée de l'Inquisition. Le jour suivant un superbe autodafé, au cours duquel on a brûlé une centaine d'hérétiques *ad majorem Dei gloriam,* Jésus descend une nouvelle fois : il est immédiatement reconnu et adoré par ses fidèles torturés et souffrants. Mais le cardinal Grand Inquisiteur le fait arrêter et jeter en prison. La nuit vient; la porte du cachot s'ouvre à l'entrée solitaire du vieil et ascétique cardinal. Après un silence de quelques minutes, le Grand Inquisiteur se livre à la plus virulente et terrible attaque jamais conçue contre le christianisme :

Jésus a trahi l'humanité, car Il a délibérément rejeté l'unique moyen par lequel aurait pu être assuré le bonheur des hommes. Ce moment unique et capital, c'est celui où « l'Esprit terrible et profond, l'Esprit de la destruction et du néant » L'a tenté dans le désert en Lui posant trois questions « qui expriment en trois phrases toute l'histoire de l'humanité future. Crois-tu », demande le Grand Inquisiteur, « que cet aréopage de la sagesse humaine pourrait imaginer rien d'aussi fort et d'aussi profond que les trois questions que te posa alors l'Esprit? » L'Esprit a tenté d'abord Jésus en Lui demandant de changer les pierres en pains. Mais Il a refusé pour ne pas priver l'homme de la liberté : car quelle serait la valeur d'une obéissance achetée par le pain? Ce faisant, Il a privé l'homme de son aspiration la plus profonde : trouver quelqu'un que l'humanité tout entière puisse adorer, et qui la délivrerait du fardeau terrifiant de la liberté. Lorsqu'Il a refusé la seconde tentation — Se jeter du pinacle du Temple, « car il est écrit que les anges le soutiendront et le porteront, il ne se fera aucune blessure » — Il a rejeté les miracles. Mais l'homme ne saurait supporter l'absence de miracles; si on l'en prive, il s'en forge immédiatement de nouveaux. Jésus voulait une foi librement consentie qui ne fût point fondée sur les miracles. Mais l'homme en est-il capable? L'homme est par nature plus faible et plus vil que ne le pensait Jésus. « La grande estime que tu lui portais lui a fait tort, que c'est pitié. »

Le Grand Inquisiteur en vient à la troisième tentation, le troisième présent que Jésus a rejeté : gouverner le monde, unir l'humanité « dans la concorde en une commune fourmilière, car le besoin de l'union universelle est le troisième et dernier tourment de la race humaine. (...) Nous ne sommes pas avec toi, mais avec *Lui*, depuis longtemps déjà. (...) Nous avons pris le glaive de César et, ce faisant, nous t'avons abandonné pour *Le* suivre. Oh! il s'écoulera encore des siècles de licence intellectuelle, de vaine science et d'anthropophagie. (...) Nous avons corrigé ton œuvre en la fondant sur le *miracle*, le *mystère*, l'*autorité*. Et les hommes se sont réjouis d'être de nouveau menés comme un troupeau et délivrés de ce don funeste qui leur causait de tels tourments. (...) Et tous seront heureux, des millions de créatures, sauf une centaine de mille, leurs directeurs, sauf nous les dépositaires du secret. (...) Ils mourront paisiblement, ils s'éteindront doucement en ton nom, et dans l'au-delà ils ne trouveront que la mort. » En achevant son terrible réquisitoire, le Grand Inquisiteur dit à Jésus qu'il ne Lui sera point permis d'apporter le malheur aux hommes une seconde fois : le lendemain, Il sera Lui-même brûlé sur le bûcher.

Jésus a écouté tout ceci sans mot dire. « Tout à coup, le Prisonnier s'approche en silence du nonagénaire et baise ses lèvres exsangues. C'est toute la réponse. Le vieillard tressaille, ses lèvres remuent; il va à la porte, l'ouvre et dit : ' Va-t'en et ne reviens plus... plus jamais! ' Et il le laisse aller dans les ténèbres de la ville. Le Prisonnier s'en va. »

« Mais... c'est absurde! s'écria [Aliosha] en rougissant. Ton poème est un éloge de Jésus, et non un blâme... comme tu le voulais » [37].

Cette exclamation d'Aliosha n'a cessé d'être répétée depuis la publication des *Frères Karamazov*. Que signifie « réellement » cette histoire écrite par un homme pieux, dont les yeux s'emplissaient de larmes à chaque fois qu'on profanait en sa présence le nom du Christ? Une histoire mise dans la bouche d'un personnage dont l'athéisme est si fort, nous dit Dostoïevski, qu'il représente le dernier stade avant la foi totale.

Il s'agit d'une fiction, mais ses implications sont tout à fait réelles. Jésus et le Grand Inquisiteur ont tous deux consacré leur vie à la disparition de la souffrance, et n'en sont pas moins à l'opposé l'un de l'autre. Entre eux, le paradoxe de qui veut porter secours et du pouvoir inévitablement associé à ce secours surgit dans toute son éclatante contradiction. Nous l'avons rencontré auparavant dans l'histoire banale de l'interprète albanais (p. 22); il nous heurte maintenant de toute sa force métaphysique. Jésus, accuse le Grand Inquisiteur, veut une soumission spontanée, créant ainsi un paradoxe dont la résolution dépasse les capacités humaines. Comment le faible peut-il être libre? Pour le cardinal, l'unique solution consiste à soulager les hommes du terrible fardeau de la liberté. Pour Jésus, le but de l'homme n'est pas le bonheur mais la liberté. Le poème d'Ivan Karamazov prend une signification toute différente selon que nous partageons unilatéralement la vision du monde du Christ ou bien celle du Grand Inquisiteur. Ceux qui embrassent en même temps les deux points de vue se retrouvent en suspens, dans un univers où tout est vrai, ainsi que son contraire.

« On avait sûrement calomnié Joseph K..., car, sans avoir rien fait de mal, il fut arrêté un matin. » Ainsi commence, énigmatique, *le Procès*. Le procès n'a jamais lieu; K. n'est ni libre ni incarcéré; le Tribunal ne lui dévoile jamais la nature des faits qu'on lui reproche; il est censé les connaître, et son ignorance est preuve supplémentaire de sa culpabilité. Lorsqu'il tente d'obtenir du Tribunal quelque information, on l'accuse d'impatience ou d'impertinence; quand il tente d'ignorer l'autorité du Tribunal, ou attend simplement sa prochaine action, on blâme son indifférence ou son impénitence. Dans l'une des scènes finales, où K. s'entretient dans la cathédrale avec l'aumônier de la prison, le prêtre, après l'une des nombreuses tentatives de K. pour acquérir quelque certitude sur son sort, essaie d' « expliquer » la situation de K. par la parabole suivante :

> Une sentinelle se tient postée devant la Loi; un homme vient un jour la trouver et lui demande la permission d'entrer. Mais la sentinelle lui dit qu'elle ne peut pas le laisser entrer en ce moment. L'homme réfléchit et demande alors s'il pourra entrer plus tard. « C'est possible, dit la sentinelle, mais pas maintenant. » La sentinelle s'efface devant la porte, ouverte comme toujours, et l'homme se penche pour regarder à l'intérieur. La sentinelle, le voyant faire, rit et dit : « Si tu en as tant envie, essaie donc d'entrer malgré ma défense. Mais dis-toi bien que je suis puissant. Et je ne suis pas la dernière des sentinelles.

Tu trouveras à l'entrée de chaque salle des sentinelles de plus en plus puissantes; dès la troisième, même moi, je ne peux plus supporter leur vue.

La sentinelle lui donne un escabeau et le fait asseoir à côté de la porte. Il reste là de longues années. Il multiplie les tentatives pour qu'on lui permette d'entrer, ou au moins pour qu'on lui donne une réponse définitive, mais on lui répond toujours qu'il ne peut pas entrer pour le moment. Puis sa fin approche.

Avant sa mort, tous ses souvenirs viennent se presser dans son cerveau pour lui imposer une question qu'il n'a pas encore adressée. Et, ne pouvant redresser son corps raidi, il fait signe au gardien de venir. Le gardien se voit obligé de se pencher très bas sur lui, car la différence de leurs tailles s'est extrêmement modifiée. « Que veux-tu donc encore savoir? demande-t-il, tu es insatiable. » « Si tout le monde cherche à connaître la Loi, dit l'homme, comment se fait-il que depuis si longtemps personne d'autre que moi ne t'ait demandé d'entrer? » Le gardien voit que l'homme est sur sa fin et, pour atteindre son tympan mort, il lui rugit à l'oreille : « Personne d'autre que toi n'avait le droit d'entrer ici, car cette entrée n'était faite que pour toi, maintenant je pars, et je ferme. »

« Le gardien a donc trompé l'homme », dit aussitôt K. Mais l'abbé de lui démontrer méthodiquement que la sentinelle n'est pas à blâmer, et qu'elle a même outrepassé son devoir pour venir en aide à l'homme. K. est dérouté mais ne peut réfuter la force de la longue interprétation du prêtre. « Tu connais mieux l'histoire que moi et depuis plus longtemps, concède-t-il. Tu penses donc que l'homme n'a pas été trompé? » « Ne te méprends pas sur mes paroles », avertit l'abbé. Et il se met en devoir de montrer qu'il existe une autre interprétation prouvant que la personne trompée est en réalité la sentinelle. Cette seconde exégèse est si convaincante qu'à la fin K. est contraint d'être une fois de plus d'accord : « Voilà qui est bien fondé et je crois moi aussi maintenant que le gardien est dupe. » Mais de nouveau le prêtre prend en faute l'acquiescement de K., car douter de l'intégrité du gardien revient à douter de la Loi elle-même.

« Je ne suis pas de cet avis, dit K. en hochant la tête. Car si on l'adopte, il faut croire tout ce que dit le gardien. Or, ce n'est pas possible, tu en as longuement exposé les raisons toi-même. » « Non, dit l'abbé, on n'est pas obligé de croire vrai tout ce qu'il dit, il suffit qu'on le tienne pour nécessaire. » « Triste opinion, dit K., elle élèverait le mensonge à la hauteur d'une règle du monde » [76].

Leur dialogue s'achève ainsi, sur la même réflexion épuisée et ambiguë qui s'attache à toutes les tentatives que fait K. pour comprendre. A chaque fois qu'il pense avoir réussi à mettre en ordre les troublantes séquences d'événements qui l'entourent, on lui montre que ce n'est pas le « bon » ordre. Et le discours du prêtre désigne une fois encore un ordre totalement différent, car ses dernières paroles sont : « La justice ne veut rien de toi. Elle te prend quand tu viens et te laisse quand tu t'en vas. » Joseph K., comme le prince Mishkine de Dostoïevski, vit dans un monde où les Tables de la Loi peuvent être retournées pour révéler que leur contraire est écrit de l'autre côté : derrière Mishkine les portes d'un asile de fous se referment pour toujours et K. est finalement tué par deux émissaires du Tribunal.

8

« L'expérimentateur divin »

K. ne voit jamais la Cour, mais seulement ses messagers, ses agents, ses acolytes. L'Autorité ne se dévoile jamais, ne rend jamais son arrêt contre lui, et pourtant la vie entière de K., toutes ses journées et tous ses actes, sont marqués par sa présence invisible. La même chose exactement se produit dans *Le Château*, ou K., un arpenteur, tente sans succès d'atteindre les autorités du château qui l'emploient, mais le maintiennent au village où elles ne lui font parvenir leurs mystérieux messages que par la voix de représentants d'un rang aussi bas que la sentinelle.

Pure situation de roman? Pas du tout. La plupart d'entre nous sont engagés dans une interminable quête du sens et tendent à imaginer l'action d'un expérimentateur secret derrière les vicissitudes plus ou moins banales de notre vie quotidienne. Peu d'entre nous sont capables de l'égalité d'esprit du Roi de Cœur dans *Alice au pays des merveilles*, qui parvient à assimiler le poème absurde du Lapin Blanc par cette remarque de philosophe : « S'il n'a pas de sens, cela nous débarrasse de bien des soucis, vous savez. De cette façon, nous ne nous fatiguerons pas à chercher à comprendre. »

Un nombre non négligeable de gens ont par exemple sur les feux tricolores une mythologie personnelle. S'ils savent par leur raison que ces feux sont ou bien réglés à demeure pour passer de l'orange au rouge puis au vert avec une régularité constante, ou bien commandés par une cellule encastrée dans le bitume, ils sont par ailleurs convaincus que les feux leur sont hostiles, passant automatiquement à l'orange et au rouge dès qu'ils les approchent. On peut appeler cela de la mini-psychose, mais elle est assez prononcée pour provoquer une réelle amertume chez les tenants d'une telle idée et les convaincre que la vie, le destin ou la nature, ou une sorte d'expérimentateur divin, est contre eux. En conséquence, à chaque fois qu'un feu passe à l'orange ou au rouge, ils « enregistrent » cet événement fortuit, tandis qu'ils ne remarqueront virtuellement pas un feu vert. Un tel ordre (ponctuation), une fois qu'il a été traduit de la séquence d'événements, se renforce lui-même. Le même mécanisme est à l'œuvre dans les distorsions d'ordre clinique de la réalité : une fois formée et enracinée la prémisse, le reste de l'illusion est patiemment construit par déduction apparemment logique sur la base de cette hypothèse absurde. Que de telles hypothèses puissent être contagieuses est encore plus inquiétant. Entendre quelqu'un parler de son problème de feux rouges peut induire la même attention sélective chez celui qui écoute, à qui cette étrange idée n'était auparavant jamais venue à l'esprit. Cela rend compte à la fois des rumeurs et des psychoses de masse, comme le montrent deux récents événements assez remarquables.

Le mystère des pare-brise

La ville de Seattle fut, vers la fin des années cinquante, la proie d'un étrange phénomène : on y trouvait de plus en plus de pare-brise de voitures grêlés par de petites cicatrices dentelées. La situation devint si préoccupante que le président Eisenhower, à la demande du gouverneur de l'État, chargea une équipe d'experts du National Bureau of Standards d'éclaircir le mystère. Pour citer Don D. Jackson, fondateur et premier directeur du *Mental Research Institute* de Palo Alto :

> Deux théories rivales expliquant la cause du grêlement virent rapidement le jour. Les théoriciens des « retombées » étaient persuadés que de récents essais nucléaires effectués par les Russes avaient contaminé l'atmosphère, ce qui, le climat humide

de Seattle aidant, avait provoqué des retombées regagnant la terre sous la forme d'une rosée corrosive pour le verre. Les théoriciens du « macadam » assuraient pour leur part que l'ambitieux programme d'autoroutes du gouverneur Rosollini était responsable d'une dilatation constante du macadam sur les routes récemment recouvertes. Ces routes, encore avec l'aide de l'atmosphère décidément fort humide de Seattle, projetaient des gouttes d'acide sur les pare-brise en question.

Plutôt que de vérifier l'une ou l'autre de ces deux théories, les hommes chargés de l'enquête (qu'ils en soient remerciés) tournèrent leur attention vers une question plus simple : ils établirent le fait que le nombre de pare-brise grêlés à Seattle n'était absolument pas en *augmentation* [75].

C'est une sorte d'hystérie de masse qui était en cause : les cas de pare-brise grêlés attirant l'attention d'un nombre croissant de personnes, celles-ci commencèrent à vérifier leur propre voiture. La plupart le firent en examinant soigneusement le verre de l'extérieur, au lieu de regarder au travers, comme d'habitude : de l'intérieur de la voiture. Cette opération révéla un grêlement résultant presque invariablement de l'usure normale d'un pare-brise. Ce qui avait éclaté à Seattle était donc une épidémie non de pare-brise grêlés, mais de pare-brise *examinés*.

Ici encore un phénomène mineur, parfaitement naturel — si mineur, en fait, que personne auparavant n'avait songé à y prêter attention —, a été soudainement associé à des questions émotionnellement chargées (les « retombées » soviétiques et un programme écologiquement douteux de construction routière), atteignant les proportions d'une autovalidation et impliquant de plus en plus de sujets, par sa propre inertie.

La rumeur d'Orléans

Le deuxième exemple est plus grave. Il fut plus tard soigneusement reconstitué par une équipe de sociologues français dirigée par Edgar Morin, qui écrivit un livre à ce sujet [109].

On se rappellera qu'en mai 1969, la France était aux prises avec l'instabilité politique créée par l'échec de De Gaulle à un référendum politiquement décisif et son retrait final de la vie publique à Colombey-les-Deux-Églises. Les élections furent fixées au 1er juin, dans un climat général d'incertitude. Au beau milieu de cette atmosphère tendue, une rumeur sensationnelle commença à se répandre dans la ville d'Orléans. Lancée par les lycéennes, elle gagna rapidement le reste de la population. Elle insinuait que les magasins de vêtements féminins de cette cité provinciale étaient impliqués dans la traite des blanches; que des clientes étaient envoûtées et droguées dans les cabines d'essayage [1], retenues prisonnières dans des caves jusqu'à la nuit puis emmenées par des passages souterrains jusqu'aux rives de la Loire, où elles étaient embarquées sur un sous-marin [2] avant de subir outre-mer « un destin pire que la mort ». Le 20 mai, une nouvelle information précise commença à circuler : vingt-huit jeunes femmes avaient déjà disparu; on utilisait dans un magasin de chaussures des seringues hypodermiques logées dans les chaussures et actionnées par des ressorts; et ainsi de suite.

Les commerçants, quant à eux, n'eurent connaissance de la rumeur qu'à la veille des élections, le 31 mai, lorsque des foules menaçantes se rassemblèrent dans les rues devant leurs boutiques. Ils avaient reçu d'étranges appels téléphoniques : l'un voulait par exemple savoir l'adresse d'un bordel de Tanger, un autre demandait une livraison de « viande fraîche ».

A mesure que la rumeur s'étendait et devenait de plus en plus précise, deux éléments significatifs apparurent : premièrement, les boutiques incriminées vendaient les nouvelles mini-jupes et étaient ainsi associées dans la mentalité provinciale à un genre spécial d'érotisme; en second lieu, la rumeur s'était résolument faite antisémite, liée au thème séculaire du meurtre rituel. Le

---

1. « On trouve le thème du salon d'essayage piégé, antichambre clandestine du mystère et du danger, dans les basses eaux de la culture de masse : d'une part, dans l'univers de la fiction à bon marché, d'autre part, dans le journalisme à sensation » [110].
2. Morin raconte que le président du comité juif d'Orléans jura ensuite qu'il avait lancé le bruit d'un sous-marin comme une blague qui lui était revenue vingt-quatre heures plus tard comme la vérité crue [111].

30 mai, les chefs de la communauté juive étaient suffisamment inquiets pour presser les autorités d'intervenir. Ces dernières avaient, bien sûr, été informées des étranges développements de l'affaire mais l'avaient considérée jusque-là du point de vue purement factuel de la sécurité publique; elles n'avaient pas trouvé le moindre indice tangible. Pas une seule femme, et encore moins vingt-huit, n'était portée disparue à Orléans. Or, en se limitant aux faits, les autorités avaient perdu de vue le plus important : que le problème n'était pas l'*authenticité* de la rumeur mais son existence. Elles étaient confrontées à une autre de ces situations humaines caractéristiques où « la validité dépend de la foi » [146]. L'éventualité d'un pogrome était indéniable.

Les résultats des élections amoindrirent entre-temps la tension générale, et bientôt les individus sensés de la communauté commencèrent à reprendre le dessus; on combattit la rumeur et on montra son absence de fondements. La presse, des citoyens et des organisations s'unirent pour rejeter résolument l'antisémitisme, et l'histoire prit fin encore plus vite qu'elle n'avait commencé.

Il est clair que cet exemple va plus loin que les précédents, ceux-ci ayant au moins pour point de départ un semblant de réalité. Il est vrai que les feux tricolores passent souvent au rouge à notre approche, que les pare-brise sont parfois grêlés. Mais ce dernier cas montre que l'esprit humain, en construisant telle ou telle « réalité », peut aller même jusqu'à se passer d'une apparence de fait : une superstition bien ancrée suffit, surtout si, comme l'antisémitisme, elle est partagée par un grand nombre. Et même si, comme à Orléans, la rumeur s'avère absurde, celui qui veut y croire trouvera toujours pour sauver la face une maxime [1] telle que : « Il n'y a pas de fumée sans feu. » (« Mais un tas de fumier chaud fera aussi bien l'affaire », ajoutait l'écrivain Roda Roda.)

Un exemple particulièrement éclairant de cette tendance

---

1. De fait, des jeunes Orléanais dirent aux membres de l'équipe de Morin : « Quand toute une ville raconte la même chose, c'est effectivement qu'il y a quelque chose » [113].

mérite d'être brièvement mentionné. Dans les ignobles *Protocoles des Sages de Sion*, marchandise antisémite, l'auteur (anonyme) fait état de la grande stratégie des Juifs, pour dominer le monde, ne laissant pas douter que tel est le but ultime de la communauté juive internationale. Dans ses numéros des 16, 17 et 18 août 1921, le *Times* de Londres publia une série d'articles sur les origines de cet ouvrage, lui révélant pour source un livre de l'avocat français Maurice Joly, édité en 1864 à Bruxelles, sous le titre *Dialogue aux enfers entre Montesquieu et Machiavel*. Comme Joly l'expliqua plus tard dans son autobiographie, le *Dialogue* s'en prenait au pouvoir despotique de Napoléon III sous couvert d'une conversation en enfer entre Montesquieu et Machiavel, le premier plaidant la cause du libéralisme, mais le cédant à la brillante et cynique défense du despotisme par le second. En feignant de prôner ce qu'il voulait combattre, Joly espérait que le lecteur du livre ne s'y tromperait pas. Il ne pensait pas si bien faire : la police secrète française ne s'y trompa pas un seul instant. Elle fit saisir les exemplaires du livre passés en fraude et arrêta son auteur, qui fut jugé et condamné à quinze mois de prison.

L'affaire n'avait jusqu'ici aucun rapport avec les Juifs. Le livre aurait certes pu inspirer un jeune Hitler : il préconisait qu'un souverain moderne feignît d'observer les marques extérieures de la légalité, disposât d'une assemblée populaire servile pour estampiller et légaliser ses décisions, d'une police secrète pour s'occuper de toute opposition, et sût vaincre les réticences de ses sujets par d'éblouissantes victoires militaires sur des ennemis extérieurs.

Le falsificateur inconnu des *Protocoles* s'était simplement approprié tout ceci pour en faire le programme à long terme d'une puissante société secrète : les sages de Sion. Pour citer l'historien Norman Cohn :

En tout plus de 160 passages des *Protocoles*, soit les deux tiers de l'ouvrage, sont de toute évidence fondés sur celui de Joly; dans neuf chapitres les emprunts atteignent plus de la moitié du texte, dans certains les trois quarts, dans un (*Protocole*, VII) le texte presque intégral. De plus, à moins d'une douzaine d'exceptions près, l'ordre des passages empruntés respecte celui du livre de Joly, comme si l'auteur avait plagié mécaniquement le *Dialogue*, recopiant page à page ses « protocoles » au fur et à mesure de sa lecture. Même l'agencement des chapitres est très semblable : les vingt-quatre chapitres des *Protocoles* correspondent en gros aux vingt-cinq des *Dialogues*. C'est seulement vers la fin, là où prédomine la prophétie de l'Ere messianique, que l'adaptateur se permet une réelle indépendance vis-à-vis de son modèle [34].

Les *Protocoles* n'ont cessé de jouer un rôle important à l'appui de l'antisémitisme, et quelles que fussent les tentatives pour révéler leur caractère frauduleux, elles ont elles-mêmes été considérées comme une preuve supplémentaire qu'ils dussent contenir quelque vérité. Pourquoi les Sages s'acharneraient-ils autrement à les démentir? C'est là un exemple classique d'hypothèse auto-validante, à savoir une hypothèse qui est aussi bien justifiée par une preuve que par une réfutation —, cela étant identique à la façon dont un paranoïaque ponctue son interaction avec les autres : il « sait » qu'ils veulent lui faire du mal, et s'ils tentent de l'assurer de leurs intentions amicales ou s'ils lui montrent en particulier que ses soupçons sont sans fondements, ça « prouve » qu'ils lui en veulent — car sinon pourquoi s'acharneraient-ils à le convaincre ?

Quelque chose de très semblable se produisit à l'apogée de la rumeur d'Orléans, lorsque la police déclara que l'affaire était vide de substance, qu'on n'avait signalé la disparition d'aucune femme; ce qui « prouvait » seulement l'implication de la police elle-même. « On a dit », déclare à un journaliste de *l'Aurore* le chef de la Sûreté, « que j'avais touché dix millions de francs. Je crois que plus les choses que l'on raconte sont exagérées, exorbitantes, plus les gens y croient » [114].

Nous sommes maintenant à même d'apprécier précisément comment les deux conclusions qu'on peut tirer de l'expérience de Bavelas (p. 48-51) s'appliquent aux situations de la vie réelle. Comme dans les exemples que nous venons de voir, les événements y contredisant l' « explication » ne conduisent pas à sa correction, mais plutôt à sa plus grande élaboration; et plus la pseudo-explication est abstruse et objectivement incroyable, plus elle se prête à être admise.

Il y a quelque chose de compulsif et de fatal dans l'hypothèse initiale d'un contexte de désinformation, d'où tout le reste suit presque obligatoirement. L'ennui est que la plupart d'entre nous ont du mal à accepter que telle est la façon dont les « réalités » sont engendrées. Nous préférons de loin imaginer derrière le déroulement des choses l'œuvre d'une puissance secrète, ou — si nous sommes plus versés dans la psychologie — de quelque loi de l'esprit. Mais comme l'a fait remarquer Schopenhauer, l'étude d'intentions et de desseins présumés dans la nature

> n'est importée dans la nature que par notre intellect qui s'émerveille ainsi d'un miracle dont il est en premier lieu l'auteur. C'est comme si l'intellect (si je peux me permettre d'expliquer une chose aussi sublime par une comparaison aussi plate) s'étonnait de trouver que chaque multiple de 9 donne à nouveau 9, lorsqu'on additionne les chiffres qui le composent, soit ensemble, soit à un autre nombre dont les chiffres ajoutés un à un de nouveau forment 9 ; et pourtant, il a préparé lui-même ce miracle par le système décimal [160].

Il semble que nous devrons nous résigner à une idée beaucoup moins noble de l'origine des visions du monde que ce que nous ont enseigné la métaphysique et la psychologie — une idée très simplement fondée sur l'interaction de deux composantes élémentaires : le hasard et la nécessité, soit justement la matrice qu'ont proposée à l'origine de la vie des biologistes comme Jacques Monod :

> Les événements élémentaires initiaux qui ouvrent la voie de l'évolution à ces systèmes intensément conservateurs que sont les êtres vivants sont microscopiques, fortuits et sans relation aucune avec les effets qu'ils peuvent entraîner dans le fonctionnement téléonomique.
> Mais une fois inscrit dans la structure de l'ADN, l'accident *singulier et comme tel essentiellement imprévisible* va être mécaniquement et fidèlement répliqué et traduit, c'est-à-dire à la fois multiplié et transposé à des millions ou milliards

d'exemplaires. *Tiré du règne du pur hasard, il entre dans celui de la nécessité, des certitudes les plus implacables.* Car c'est à l'échelle macroscopique, celle de l'organisme, qu'opère la sélection.

Beaucoup d'esprits distingués, aujourd'hui encore, paraissent ne pas pouvoir accepter ni même comprendre que d'une source de bruit la sélection ait pu, à elle seule, tirer toutes les musiques de la biosphère. La sélection opère en effet *sur* les produits du hasard, et ne peut s'alimenter ailleurs; mais elle opère dans un domaine d'exigences rigoureuses dont le hasard est banni. C'est de ces exigences, et non du hasard, que l'évolution a tiré ses orientations généralement ascendantes, ses conquêtes successives, l'épanouissement ordonné dont elle semble donner l'image [103] (c'est moi qui souligne).

9

La désinformation expérimentale

Les états de désinformation provoqués expérimentalement éclairent la manière dont les mêmes situations affectent des individus dans la vie réelle. C'est pour faire une telle expérience qu'il y a des années, au *Mental Research Institute* de Palo Alto, nous demandâmes au Dr Don D. Jackson de consentir à se laisser filmer au cours d'une première entrevue avec un sujet paranoïaque qui s'imaginait être un psychologue clinicien. Puis nous demandâmes à un psychologue clinicien qui prenait des psychotiques en psychothérapie de consentir à se laisser filmer au cours d'une première entrevue avec un sujet paranoïaque qui s'imaginait être un psychiatre. Nous mîmes en fait les deux authentiques docteurs en présence dans une sorte de super-séance de thérapie, où tous deux s'attelèrent rapidement à la tâche, traitant chacun l'autre pour ses fantasmes. En regard de nos intentions, la situation aurait difficilement pu être plus parfaite : dans leur singulier état de désinformation, tous deux se conduisirent d'une façon très appropriée et thérapeutique ; mais plus chacun d'eux se conduisait sainement, plus il paraissait fou à l'autre. L'expérience fut malheureusement interrompue au bout de quelques minutes parce que le psychologue se souvint qu'il existait en effet un psychiatre du nom de Dr Jackson et saisit cette occasion inattendue pour discuter gratuitement de ses propres problèmes, pendant le reste de l'entrevue, avec un véritable expert.

Beaucoup plus réussies que cette petite recherche furent les célèbres expériences du professeur Solomon Asch, de l'université de Pennsylvanie. On y montrait deux cartes à des groupes

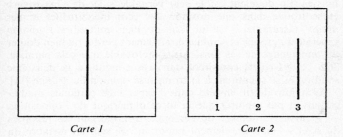

Carte 1   *Carte 2*

de sept à neuf étudiants. Sur la première, il y avait une ligne verticale unique ; sur la seconde, trois lignes verticales de longueurs différentes. On déclarait aux étudiants qu'il s'agissait d'une expérience de perception visuelle, leur tâche consistant à trouver laquelle des lignes de la carte 2 avait la même longueur que la ligne de la carte 1. Asch décrivit ainsi le cours des événements :

> L'expérience commence sans incidents. Les sujets annoncent leur réponse dans l'ordre où on les a assis, et au premier tour chacun choisit la même ligne. Puis on leur montre une deuxième paire de cartes ; là encore, le groupe est unanime. Ses membres semblent être prêts à subir poliment une nouvelle et ennuyeuse expérience. Au troisième essai se produit une agitation inattendue. Un sujet est en désaccord avec tous les autres sur le choix de la ligne. Il a l'air vraiment incrédule, surpris du désaccord. A l'essai suivant, il est de nouveau en désaccord, tandis que les autres restent unanimes dans leur choix. Le dissident s'inquiète et devient de plus en plus hésitant tandis que le désaccord persiste dans la succession des essais ; il pourra marquer une pause avant d'annoncer sa réponse et parler à voix basse, ou bien sourire d'un air embarrassé [9].

Ce que le dissident ne sait pas, explique Asch, c'est que les autres étudiants ont auparavant été soigneusement instruits de donner unanimement à certains moments des réponses fausses. Le dissident est le seul véritable sujet de l'expérience et se trouve dans une position des plus inhabituelles et des moins rassurantes : il lui faut ou bien contredire l'opinion générale du groupe et sembler étrangement perdu, ou bien douter du témoignage de ses sens. Aussi incroyable que cela paraisse, 36,8 % des sujets choisirent dans ces conditions la deuxième solution et se soumirent à la trompeuse opinion du groupe [11].

Asch introduisit ensuite dans l'expérience certaines modifications et put montrer que la force numérique de l'opposition — à savoir le nombre de personnes contredisant les réponses du sujet — était un élément important. Si seul un membre du groupe le contredisait, le sujet n'avait aucune peine à maintenir son indépendance. Dès qu'on faisait passer l'opposition à deux personnes, la soumission du sujet grimpait à 13,6 %. Avec trois opposants, la courbe d'échec atteignait 31,8 %, et à partir de là se stabilisait, toute nouvelle augmentation du nombre des opposants n'élevant le pourcentage qu'aux 36,8 % cités plus haut.

Inversement, la présence d'un partenaire solidaire représentait une aide précieuse pour s'opposer à la pression du groupe : dans ces conditions les réponses incorrectes du sujet chutaient au quart du taux d'erreurs mentionné.

Il est particulièrement difficile d'apprécier l'impact d'un événement tel qu'un tremblement de terre avant d'en avoir réellement fait l'expérience. L'effet de l'expérience d'Asch est comparable. Quand on donna la parole aux sujets, ils racontèrent qu'ils avaient, au cours du test, vécu toutes sortes d'inconforts émotionnels, de l'angoisse légère jusqu'à quelque chose touchant à la dépersonnalisation. Même ceux qui refusèrent de se soumettre à l'opinion du groupe et continuèrent de se fier à leur propre perception le firent au prix de l'idée harcelante qu'ils pouvaient, après tout, se tromper. On trouvait cette remarque caractéristique : « A moi il me semble que j'ai raison, mais ma raison me dit que j'ai tort, parce que je doute de pouvoir être le seul à avoir raison tandis que tant de gens se trompent. »

D'autres recourent à des façons tout à fait typiques de rationaliser ou d'expliquer l'état de désinformation qui brouillait leur vision du monde : ils transférèrent leur inquiétude sur un défaut organique (« Je commençai à douter de ma vision »), ils décidèrent qu'il y avait une complication exceptionnelle (illusion d'optique), ou encore devinrent si soupçonneux qu'ils refusèrent de croire l'explication finale, tenant qu'elle faisait elle-même partie de l'expérience et qu'on ne pouvait en conséquence s'y fier. L'un des sujets résuma ce qu'apparemment la plupart des dissidents ayant bien répondu avaient ressenti : « Cette expérience n'est semblable à aucune autre que j'aie vécue : je ne l'oublierai jamais » [10].

Comme Asch le fit remarquer, le facteur sans doute le plus angoissant pour les sujets était le désir ardent et inébranlable d'être en accord avec le groupe — un désir qui nous ramène aux arguments du Grand Inquisiteur. La volonté de renoncer à son indépendance, de troquer le témoignage de ses sens contre le sentiment confortable, mais déformant la réalité, d'être en harmonie avec un groupe, est bien entendu l'aliment dont se nourrissent les démagogues.

Il reste deux conclusions qu'Asch, à ma connaissance, n'a pas tirées. La première est que la désinformation créée par l'expérience est pratiquement identique à celle qui surgit entre un individu dit schizophrène et sa famille, à ceci près qu'il est encore plus difficile d'être seul et minoritaire au milieu de ses parents les plus proches que parmi ses pairs. Ces familles vivent presque invariablement sur le mythe qu'elles n'ont aucun problème et qu'aucun de leurs membres n'est malheureux, à part qu'elles abritent un malade mental. Pourtant, une rapide entrevue révèle au sein de la famille conflits et distorsions de la réalité. Tout comme le sujet de l'expérience d'Asch, le malade schizophrène, qui est très souvent le plus sensible des membres de la famille, vit dans un monde qu'on ne cesse de lui définir comme normal. Résister à une telle pression, devenir dissident et mettre à nu le mythe familial, serait une tâche presque surhumaine. Une telle action serait, selon toute vraisemblance, simplement considérée comme une preuve supplémentaire de folie. Si le malade est vraiment capable de faire confiance au témoignage de ses sens, ce sera au risque d'être rejeté par sa famille (cette fois pour des raisons morales) alors que, surtout s'il est jeune, c'est le seul endroit où il se sente en sécurité. Comme le sujet de l'expérience d'Asch, il se trouve confronté au dilemme consistant à risquer un rejet ou à sacrifier le témoignage de ses sens; et il est beaucoup plus que le sujet expérimental susceptible de choisir la seconde solution, quitte à demeurer un « malade ».

D'autre part — j'en ai déjà parlé à propos des problèmes interculturels (p. 17 et 69) —, si l'on devait faire abstraction du contexte de communication *interpersonnelle* où s'inscrivit l'expérience d'Asch et centrer exclusivement l'attention sur le comportement du sujet, il serait aisé de formuler un diagnostic psychiatrique sur sa nervosité, son angoisse « anormale » et les « distorsions de la réalité » évidentes dont il est la victime. Cela n'est pas du tout une hypothèse : au contraire, le fait de ne pas prendre en compte le contexte interactionnel dans lequel se manifeste une condition prétendûment psychiatrique est à la base de bien des diagnostics psychiatriques, fondés sur le modèle médical d'un organe malade (cerveau ou intelligence). Le mal ou la folie, dans cette perspective monadique, deviennent l'attribut d'un seul individu qui aurait de toute évidence besoin d'une thérapie : la thérapie devenant elle-même alors un facteur de distorsion de la réalité [1].

La chanson de Herr Slossen Boschen

Bien avant Asch, l'humoriste anglais Jerome K. Jerome imagina un semblable enchevêtrement social où cette fois un groupe se voit victime d'une désinformation délibérément orchestrée. L'histoire se passe dans *Trois Hommes dans un bateau*. Deux étudiants invitent un hôte allemand, le professeur Slossen Boschen, à chanter, au cours d'un souper, une chanson alle-

---

1. La littérature sur cette question est aujourd'hui d'une extrême abondance. En guise d'introduction, le lecteur intéressé se reportera aux articles 13, 40, 80, 84, et 174 de la bibliographie.

mande. Avant son arrivée, ils expliquent aux autres invités que cette chanson est très particulière :

> Elle était si tordante (...) que certain jour où Herr Slossen Boschen l'avait chantée devant l'empereur d'Allemagne, on avait dû l'emporter (l'empereur d'Allemagne) pour le mettre au lit.
> Personne au monde, d'après eux, ne savait la chanter comme Herr Slossen Boschen : il gardait d'un bout à l'autre un sérieux si absolu que c'était à croire qu'il débitait une tragédie, et naturellement c'en était d'autant plus tordant. Pas une fois il ne laissait deviner, à ses intonations ni à ses gestes, qu'il chantât un air drolatique — ce qui eût gâté l'effet.

Arrive Herr Boschen, qui s'assoit au piano pour s'accompagner lui-même, tandis que les deux jeunes gens vont se poster modestement derrière le professeur. Le narrateur raconte la suite :

> Quant à moi, je ne comprends pas l'allemand. (...) Mais je ne tenais pas, dans ce salon, à laisser deviner mon ignorance, et je m'avisai d'un subterfuge qui me parut assez bon. Je ne quittai pas des yeux les deux jeunes étudiants, et je suivis leur exemple. Quand ils gloussaient, je gloussais, quand ils éclataient de rire, j'éclatais aussi ; et de temps à autre j'ajoutais pour mon compte un léger ricanement, comme si j'apercevais un trait d'esprit qui avait échappé aux autres. Cet artifice me semblait particulièrement heureux.
> Au cours de la chanson, je ne tardai pas à remarquer que bon nombre d'autres personnes tenaient les yeux fixés, tout comme moi, sur les deux jeunes gens. Ces autres personnes gloussaient quand les jeunes gens gloussaient et pouffaient quand ils pouffaient, et comme les deux jeunes gens ne cessèrent pour ainsi dire pas de glousser, de pouffer et de se tordre d'un bout à l'autre du morceau, cela marchait parfaitement bien.

Le professeur se montre tout d'abord surpris des rires, puis de plus en plus indigné et farouche. Il achève au milieu d'un complet délire d'hilarité et se lève d'un bond.

Il nous injuria en allemand (langue à mon avis singulièrement appropriée à cet effet), et il trépigna, nous montrant le poing et nous donnant tous les noms qu'il savait en anglais. Il n'avait de sa vie, disait-il, reçu pareil outrage.

La vérité nous apparut. Son morceau n'était pas du tout une chanson comique. Il concernait une jeune fille vivant parmi les montagnes du Harz, et qui avait donné sa vie pour sauver l'âme de son fiancé. A sa mort, celui-ci retrouvait l'âme sœur dans les espaces; mais pour finir, au dernier couplet, il répudiait l'esprit de sa fiancée et s'enfuyait avec un autre esprit. Je ne garantis pas les détails, mais l'histoire était en tout cas des plus navrantes. Herr Boschen ajouta qu'il l'avait chantée un jour devant l'empereur d'Allemagne et qu'il (l'empereur d'Allemagne) avait sangloté comme un petit enfant. Il (Herr Boschen) nous dit que ce morceau était considéré généralement comme un des plus tragiques et des plus émouvants de la littérature allemande [1].

Les invités cherchent les deux étudiants du regard, mais ceux-ci se sont éclipsés dès la fin de la chanson.

La caméra candide

La série télévisée d'Allan Funt, *Candid Camera* (« La caméra candide »), et ses films sont conçus selon des modèles semblables. Ils sont tous fondés sur des situations sociales inhabituelles tout spécialement mises au point ou des événements déconcertants filmés à l'insu du sujet, de façon à garantir l'authenticité de ses réactions. Dans le film *What Do You Say to a Naked Lady?* (« Que dire à une dame nue? »), Funt montre une scène où une porte d'ascenseur s'ouvre pour laisser descendre une jeune dame seulement vêtue de chaussures, d'un chapeau, d'un sac à main judicieusement placé et d'un sourire. Comme si c'était la chose du monde la plus naturelle, elle se tourne vers un homme qui se trouve attendre là, pour lui demander le chemin

---

1. Traduction de Déodat Serval (Société nouvelle des Éditions GP) (NdT).

d'un certain bureau. La même scène est tournée plusieurs fois avec des personnes différentes, et la caméra enregistre des réactions hilarantes : après s'être remis de leur surprise, certains, comme dans le conte des *Habits neufs de l'Empereur* d'Hans Christian Andersen, répondent poliment à la question comme si de rien n'était. Un monsieur s'inquiète et veut envelopper la dame dans son imperméable. Un seul ose faire allusion à la nudité des faits par cette remarque grimaçante : « Joli costume que vous avez là. »

Même ici, la ligne qui sépare le comique de la terreur est extrêmement mince. Dans une émission européenne qui cherche à imiter *Candid Camera*, une automobiliste sans défiance est filmée tandis qu'elle pénètre dans un parking public et qu'elle range correctement sa voiture sur une aire flanquée de deux piliers. Sitôt qu'elle est partie, l'équipe arrive avec un camion-grue qui soulève la voiture, la fait pivoter de 90 degrés et la repose exactement entre les deux piliers, ne laissant que quelques

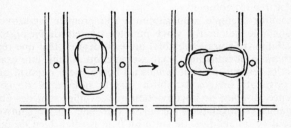

centimètres de part et d'autre des pare-chocs. La femme, à son retour, n'en croit pas ses yeux : non seulement elle ne peut dégager sa voiture, mais de plus l'impossibilité inimaginable de la situation l'effraye visiblement. Elle court chercher de l'aide, et avant qu'elle ne revienne en compagnie de l'employé incrédule, l'équipe a replacé sa voiture dans sa position initiale : en plus du premier choc, il lui faut maintenant douter de sa santé mentale.

10

L'émergence de règles

La terreur pure inhérente à des contextes de désinformation même relativement mineurs met en évidence la nécessité d'imposer un ordre aux événements, de ponctuer leur séquence — une nécessité partagée par les humains et les animaux. Si ces individus se trouvent aux prises avec une situation si totalement inédite que leur expérience passée ne fournit aucun précédent, ils ne la ponctuent pas moins immédiatement, souvent sans s'en rendre compte.

Un simple exemple : un garçon a son premier rendez-vous avec une fille qui arrive vingt minutes en retard. Négligeons la possibilité (très vraisemblable) qu'il ait déjà en tête une règle concernant la ponctualité — par exemple, qu'on doit être exact, ou que les femmes ne sont jamais à l'heure, ou n'importe quel autre postulat. Imaginons plutôt que la nouveauté de cette expérience, doublée de la conviction que les filles sont des êtres surhumains et angéliques, lui laisse voir une loi de l'univers dans tout ce qu'elle fait, de sorte qu'il se gardera bien de faire allusion à ces vingt minutes. En ne commentant pas son retard, il a laissé s'établir la première règle de leur relation [1] : elle a maintenant le « droit » d'être en retard, tandis que lui n'a « aucun droit » de s'en plaindre. En fait, s'il devait plus tard lui reprocher de toujours le faire attendre, elle serait fondée à lui demander : « Comment se fait-il que tu ne t'en sois pas plaint plus tôt ? »

---

1. Bien entendu, une autre règle se serait aussi établie s'il avait fait allusion à son retard.

Cet exemple banal montre qu'il est tout aussi impossible de ne pas ponctuer une interaction que de construire une série arbitraire. Des règles sont *tenues* d'émerger et tout échange, en particulier dans l'interaction humaine, réduit invariablement les possibilités jusque-là ouvertes aux deux partenaires [1].

L'émergence de règles dans un groupe de psychothérapie nouvellement formé donne un autre exemple. Là aussi, certains comportements deviennent règles simplement à cause de leur occurrence et de leur acceptation (ou modification) incontestées par les autres membres du groupe. Dans les recherches sur la communication, ce phénomène est appelé *limitation* et renvoie au fait que chaque échange de messages, quelle que soit sa forme, réduit inévitablement le nombre possible des mouvements suivants [178]. Autrement dit, même si un événement donné n'a fait l'objet d'aucune allusion explicite — sans parler d'une approbation —, le simple fait qu'il se soit produit et qu'il ait été tacitement accepté crée un précédent et par conséquent une règle. La rupture d'une telle règle devient un comportement intolérable ou au moins erroné. Cela vaut tout autant pour les animaux délimitant leur territoire que pour les relations inter-personnelles ou internationales.

Les espions donnent un exemple de choix. Leur existence et leurs activités ne sont pas plus officiellement reconnues par leur pays d'origine qu'elles ne sont officiellement sanctionnées par leur pays d'accueil. Mais une constante se dégage au bout d'un laps de temps : les deux pays tolèrent silencieusement la présence d'un nombre déterminé d'espions « officiels », habituellement désignés par les termes d'attachés dits militaires, de presse, économiques ou culturels. Selon le principe : « Je frappe ton espion si tu frappes le mien », toute action menée par un pays à l'encontre de l'un de ces espions officiels provoque immédiatement une action réciproque de la part de l'autre pays. A ceux-ci s'ajoute, il est vrai, un grand nombre d'espions « officieux », non couverts par cet accord tacite; eux, lorsqu'ils sont pris, peuvent en toute impunité être renvoyés de Caïphe à Pilate.

---

1. Cela montre l'absurdité des arrangements modernes de « mariage libre », où les deux époux sont censés être « libres de faire ce qu'ils veulent ».

L'équipement électronique de surveillance des super-puissances nous offre un autre exemple. Plus ces avions et navires spécialement équipés peuvent approcher le territoire de l'autre nation, meilleur sera le résultat de leur surveillance. Mais à quelle distance est-on trop près, surtout dans un monde où les limites territoriales sont encore sujettes à contestation? La règle tacite mais non officiellement reconnue semble être : si un avion de reconnaissance est abattu lors de sa première approche d'un objectif déterminé, l'incident est étouffé; mais s'il est abattu au cours d'un second survol du même objectif, il s'agit d'un grave incident international. Thomas Schelling, économiste d'Harvard et spécialiste de la théorie des jeux, a décrit ainsi ce phénomène interactionnel :

> Nous semblons avoir une certaine compréhension des règles de circulation concernant les bombardiers patrouilleurs; il existe apparemment certaines lignes que nous ne franchissons pas, lignes que les Russes savent probablement reconnaître et au-dessus desquelles ils peuvent dans une certaine mesure contrôler le passage. C'est là certainement une contrainte que nous respectons unilatéralement de façon à réduire les malentendus et les alertes. Autant que je sache, les règles de circulation ne sont pas communiquées explicitement, mais simplement par le fait qu'on se comporte en accord avec elles (peut-être *manifestement* en accord avec elles) et probablement qu'on a choisi les lignes de démarcation en sorte que leur signification fût reconnaissable. (...) *On peut douter qu'un document écrit soit susceptible de renforcer encore cette compréhension tacite* [158] (c'est moi qui souligne).

Dans les zones où les sphères d'influence entre pays ne sont pas suffisamment définies et reconnues, la situation est dangereusement instable et explosive, par exemple en Asie du Sud-Est et au Moyen-Orient. Dans de telles régions, les protagonistes s'en remettent en général à ce que Hitler appelait la tactique du salami; à savoir créer l'un après l'autre des faits accomplis en veillant soigneusement à ce que chacun soit assez petit pour ne pas obliger la partie adverse à risquer un conflit généralisé.

11

L'interdépendance

Deux Juifs se rencontrent en wagon dans une station de Galicie. « Où vas-tu? » dit l'un. « A Cracovie », dit l'autre. « Vois quel menteur tu fais! s'exclame le premier. Tu dis que tu vas à Cracovie pour que je croie que tu vas à Lemberg. Mais je sais bien que tu vas vraiment à Cracovie. Pourquoi alors mentir? »

Freud, *le Mot d'esprit et ses rapports avec l'inconscient*

Nous savons tous de quoi il s'agit lorsqu'une chose dépend d'une autre. Mais quand l'autre chose dépend de la première à un degré égal, de sorte qu'inévitablement elles s'influencent réciproquement, on dit qu'elles sont interdépendantes. C'est le cas des exemples du chapitre précédent : le comportement de chacune des parties impliquées détermine celui de l'autre *et* en est déterminé. Et nous avons déjà vu que ce renversement de perspective inscrit dans la structure — le fait qu'une interaction est presque toujours circulaire, la cause produisant l'effet et l'effet se changeant en cause pour rétroagir *(feed back)* sur la cause initiale — conduit à des visions du monde très différentes.

Le dilemme des prisonniers

La meilleure introduction au concept d'interdépendance sera sans doute le modèle théorique du jeu « Le dilemme des prisonniers », énoncé et ainsi nommé par Albert W. Trucker, professeur de mathématiques à Princeton. Dans sa version originale, un magistrat d'instruction tient deux hommes pour suspects d'un vol à main armée. Les preuves manquent pour porter l'affaire devant les tribunaux; il fait donc convoquer les deux hommes. Il leur dit avoir besoin d'aveux pour les faire inculper; sans quoi, il peut seulement les poursuivre pour détention illégale d'armes à feu, délit les faisant encourir une peine de six mois de prison. S'ils avouent tous les deux, il leur promet la sentence minimale pour vol à main armée, soit deux ans. Mais si un seul avoue, il sera considéré comme témoin officiel et relaxé, tandis que l'autre prendra vingt ans, le maximum. Puis, sans leur donner l'occasion d'élaborer une décision commune, il les fait enfermer dans des cellules séparées, d'où ils ne peuvent communiquer.

Que faire dans ces conditions peu communes? La réponse paraît simple : puisque six mois de prison est de loin le moindre mal, il vaut mieux pour eux ne rien avouer. Mais à peine ont-ils abouti à cette conclusion dans la solitude de leur cellule, qu'un doute leur vient à l'esprit : « Et si mon compagnon, qui parviendra certainement et avec raison à la même conclusion que moi, profitait de la situation pour avouer? Il s'en tirerait sans autres frais et moi j'en prends pour vingt ans. A bien y réfléchir, je ferais mieux d'avouer. Et si lui n'avoue pas, c'est moi qui suis libre. » Mais alors vient immédiatement une nouvelle pensée : « Si je fais ça, non seulement je trahis la confiance qu'il a en moi, que je prendrai la décision la plus avantageuse pour *tous les deux* (à savoir ne pas avouer et s'en tirer avec six mois), mais en outre, à supposer qu'il soit aussi peu digne de confiance que je le serais en agissant ainsi, il aboutira exactement à la même conclusion : nous avouerons tous deux et nous serons condamnés à deux ans — résultat bien pire que les six mois risqués si nous nions tous deux. »

Tel est leur dilemme et il n'a pas de solution. Même si les prisonniers trouvaient le moyen de communiquer pour prendre une décision commune, leur sort dépendrait encore du degré de confiance qu'ils ont l'un en l'autre : sans confiance, le cercle vicieux ne cessera de recommencer. Et en réfléchissant plus avant, chacun ne manquera pas de se rendre compte que cette confiance *en* l'autre dépend largement de la confiance qu'il inspire *à* l'autre, qui est à son tour déterminée par le degré de confiance qu'ils ont l'un *pour* l'autre, et ainsi de suite *ad infinitum*.

Dans la vaste littérature sur ce modèle particulier d'interaction, le travail faisant le plus autorité reste le livre d'Anatole Rapoport et Albert M. Chammah [139]. On trouvera dans un récent article de Rapoport publié dans le *Scientific American* [140] un excellent résumé, très concis, du « dilemme des prisonniers », son rapport à des notions extra-rationnelles telles que confiance et solidarité, et sa place dans la pensée mathématique moderne.

On présente d'habitude le « dilemme des prisonniers » sous la forme d'une matrice à quatre cellules. Deux joueurs, A et B, peuvent jouer deux coups chacun, à savoir a_1 et a_2 pour le joueur A, b_1 et b_2 pour B. La figure ci-après représentant une telle matrice montre simplement que si A choisit a_1 et B b_1, ils gagneront cinq points chacun. Mais si B choisit l'autre possibilité, b_2, A perdra cinq point et B gagnera huit points. L'inverse se produit si le résultat de leur choix est a_2, b_1. Enfin, s'ils choisissent a_2, b_2, ils perdent chacun trois points. Les deux joueurs connaissent les gains et les pertes définis par la matrice. Puisque leur choix doit être simultané, sans possibilité de communiquer pour parvenir à un accord (que l'autre joueur pourrait bien entendu rompre à n'importe quel moment du jeu), ce simple modèle mathématique contient l'essence et le caractère désespéré du « dilemme des prisonniers », comme le lecteur pourra s'en rendre compte en y jouant avec quelqu'un — de préférence pas un ami.

Des situations réelles de ce type sont beaucoup plus fréquentes qu'on ne pourrait s'y attendre. Elles se produisent chaque fois que deux personnes ou plus sont en état de désinformation pour prendre une décision commune au sujet de laquelle elles ne peuvent communiquer pour une raison ou pour une autre.

Dans les relations humaines, et le mariage en particulier, la communication est d'habitude toujours possible, mais il peut arriver aux partenaires de vivre un « dilemme des pri-

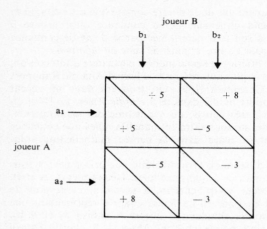

sonniers » chronique, s'ils ne se font pas assez confiance pour choisir les solutions les plus avantageuses pour *tous deux*. Pour reprendre les termes de la matrice, ils se rendent compte que la décision la plus raisonnable et souhaitable serait a_1, b_1, parce qu'elle garantit à tous deux un confortable profit. Mais nous avons vu qu'ils ne peuvent aboutir à cette décision qu'en se faisant mutuellement confiance; en l'absence d'une telle confiance, la seule décision « sûre » est a_2, b_2, qui revient à une vie commune de désespoir tranquille.

C'est exactement le même dilemme qui a empoisonné les pourparlers sur le désarmement, depuis la Société des Nations jusqu'à nos jours. Si l'on suit le cours de ces négociations, il devient évident que toutes les nations sont d'accord sur l'objectif — désarment à grande échelle, sinon total — mais qu'il ne peut être atteint que sous la condition d'une confiance mutuelle. Or, on ne peut imposer la confiance ni la provoquer délibérément. En vérité, on ne peut même pas l'intégrer à un traité comme on intègre le nombre de sous-marins nucléaires ou les détails d'un système de missiles antibalistiques. Une large part de ces interminables négociations semble ainsi gâtée par la tentative de traduire la confiance en un langage qui n'a pas de mots pour elle. L'humanité se trouve, en attendant, menacée d'extinction nucléaire, tandis que la seule solution raisonnable (décision a_1, b_1) est impossible, et que les négociations s'enfoncent dans un cercle vicieux, se déroulant sur les trois autres cellules de la matrice.

Y a-t-il un espoir que les nations montrent jamais ce degré de confiance limité dont sont capables, au moins occasionnellement, les individus dans des situations comparables, pour éviter le piège ultime et mortel de la rationalité pure? On ne saurait le dire, mais il y a une lueur d'espoir : au cours des pourparlers Nixon-Brejnev de juin 1974, le gouvernement des États-Unis montra clairement son intention de ne pas construire la base de missiles antibalistiques (MAB) prévue aux termes du traité de 1972 sur l'armement nucléaire. Face à cette décision unilatérale, les Soviétiques se sentirent, semble-t-il, suffisamment en confiance pour renoncer à la construction de leur seconde base MAB (de l'autre côté des montagnes de l'Oural). Cet épisode fut à juste titre accueilli comme un tournant historique dans les relations entre les deux pays; il n'a été rendu possible qu'après qu'une des deux parties eut unilatéralement abandonné le langage de la pure rationalité, pour avancer d'un pas dans la confiance que l'autre partie n'en tirerait pas avantage. Les États-Unis se sont, autrement dit, exposés à tous les risques comportés par la confiance et qui la rendent si « déraisonnable ».

Cela nous amène à un dernier mot sur le « dilemme des prisonniers ». Quand nous disions tout à l'heure que le paradoxe n'avait pas de solution, nous ne disions vrai que dans le cadre de la situation existant entre le magistrat d'instruction et ses deux prisonniers, à savoir la matrice à quatre cellules. Le mathématicien Nigel Howard [74], de l'université de Pennsylvanie, a introduit à ce paradoxe une étonnante annexe impliquant ce qu'il appelle une théorie des méta-jeux et montrant qu'une solution existe à un niveau supérieur. Présenter la démonstration d'Howard déborderait le cadre de ce livre, mais on ne saurait

103

trop insister sur son importance. Rapoport résume ainsi ses implications pratiques :

> Pour être intuitivement comprise et admise, la solution formelle du « dilemme des prisonniers » a encore besoin d'être transposée dans un contexte social. Cela fait, le « dilemme des prisonniers » méritera alors une place au musée des ex-paradoxes célèbres, aux côtés des incommensurables, d'Achille et de la tortue, et des barbiers tentant de décider s'il leur vaut mieux se raser eux-mêmes [140].

Je laisse aux spécialistes de la théorie des jeux le soin de déterminer si le tournant dans le traité MAB n'est peut-être pas une première transposition de la solution d'Howard dans un contexte social.

Ce que je pense qu'il pense que je pense

A côté de la confiance, un facteur important dans le « dilemme des prisonniers » est l'impossibilité physique de communiquer et par conséquent de se mettre d'accord sur la meilleure décision. S'il *faut* dans ces conditions parvenir à une décision interdépendante, que reste-t-il à faire ? La réponse n'est pas simple, et comme c'est si fréquent avec les problèmes épineux, il vaut mieux se demander : que ne doit-on *pas* faire ?

Il ne faut évidemment pas essayer de prendre une décision sur la base d'un jugement *personnel* (le seul qui compte dans une décision non interdépendante). Ma décision doit au contraire se fonder sur la meilleure prévision possible de ce que l'autre considérera comme la meilleure décision. Et exactement comme dans le cas des deux prisonniers, sa décision sera à son tour déterminée par ce que *lui* pense que *je* pense être la meilleure décision. En l'absence d'une communication libre et ouverte, toutes les décisions interdépendantes sont fondées sur cette rétrogression théoriquement infinie de ce que je pense qu'il pense que je pense que... Thomas Schelling, dont *The Strategy of Conflict* traite de ce modèle, prend en exemple la situation suivante :

> Si un homme et une femme se perdent dans un grand magasin sans qu'ils se soient préalablement mis d'accord sur un lieu de rencontre en pareille éventualité, ils ont de bonnes chances de se retrouver. Chacun pensera vraisemblablement à un lieu évident, si évident que chacun est certain que l'autre est certain qu'il leur est à tous deux « évident ». L'un ne se contente pas de prédire où ira l'autre, puisque l'autre ira où il prédit qu'ira le premier, à savoir tout endroit où le premier prédit que le second prédit qu'ira le premier, et ainsi de suite *ad infinitum*. Non pas « Qu'est-ce que je ferais si j'étais elle? » mais « Qu'est-ce que je ferais si j'étais elle se demandant ce qu'elle ferait si elle était moi me demandant ce que je ferais si j'étais elle...? » [155]

Pour réussir, une décision interdépendante, prise sans communication directe, doit être fondée sur quelque « vision du monde » commune aux parties en présence, quelque hypothèse tacitement partagée, ou quelque élément qui par son évidence, sa prééminence physique ou métaphorique, ou une autre qualité unique, se dégage suffisamment des autres possibilités présentes. Schelling suggère qu'une fantaisie pourra envoyer l'homme et sa femme au Bureau des objets trouvés, mais on a le droit de penser que si l'un des deux ne partageait pas le sens de l'humour de l'autre, ce n'est pas de cette façon qu'ils se retrouveraient.

Supposons, pour prendre un autre exemple, que deux agents secrets doivent se rencontrer pour une mission de la plus haute importance, et que pour une certaine raison ils connaissent le lieu mais pas l'heure de la rencontre. Étant entendu qu'il leur est beaucoup trop risqué de rôder dans les parages pendant vingt-quatre heures, comment vont-ils s'y prendre? Quelle est, devront-ils se demander tous deux, l'heure que l'autre considérera que je considère qu'il considère comme la plus évidente? Dans ce cas, la réponse est relativement simple. Dans le cours d'une journée de vingt-quatre heures, seuls deux moments se dégagent nettement parmi toutes les autres heures : midi et

minuit. Il serait complètement stupide d'attendre la venue de
l'autre à une heure qui paraîtrait à *soi-même* (pour une raison
personnelle, quelle qu'elle soit) la plus évidente ou la plus
pratique — à moins bien sûr d'être averti d'une préférence
de l'autre. Imaginons maintenant que le lieu du rendez-vous
n'a pas été convenu non plus. La tâche des agents s'en trouve
grandement compliquée, mais pas nécessairement impossible.
Même une grande cité, sans parler d'une petite ville ou d'une
région rurale, possède dans sa topographie des endroits qui
sautent littéralement aux yeux et se présentent ainsi d'eux-
mêmes comme les lieux de rencontre les plus évidents : un grand
pont, le plus haut immeuble, le square central. Là encore, les
deux agents devront résister à la tentation naïve d'attendre tout
bonnement à un endroit qui pour des raisons personnelles,
idiosyncratiques, leur semble le mieux convenir.

Il n'est pas aisé de déterminer la prééminence dans des décisions interdépendantes, comme l'a montré Schelling au moyen
d'une expérience simple [156]. On soumet à un groupe d'individus les nombres 7, 100, 13, 99, 261, 555, en leur promettant
une grosse somme d'argent s'ils choisissent tous le même nombre
sans se concerter.

Lequel de ces six nombres est prééminent, et donc le choix
correct pour une décision commune? Il devrait être (mais n'est
pas habituellement) immédiatement évident à tous les parti-
cipants que leurs associations *personnelles* ne peuvent en aucune
façon servir à leur décision interdépendante. Pour certaines
personnes, 7 et 13 sont grandement chargés de superstition, mais
même parmi eux il y a des différences d'opinion quant à savoir
lequel porte bonheur ou malheur. A d'autres plus rationalistes,
le nombre 100 semble s'offrir comme le carré de 10; mais d'autres
encore pourront trouver 555 plus satisfaisant et symétrique.

Alors, lequel est-ce? La plupart des lecteurs protesteront
sans doute avec véhémence; mais il y a en réalité un nombre
et un seul qui dans le contexte des cinq autres est indéniablement
prééminent, quoique *négativement* : 261. C'est le seul des six
auquel ne soit attaché aucune superstition, croyance populaire
ou rationalisation, le seul nombre « sans sens » (à moins qu'il
ne fasse partie, disons de votre adresse ou de votre numéro de

téléphone, ce qui lui conférerait difficilement une prééminence universelle), et c'est cette *absence* de sens particulier qui le désigne. Si le lecteur peut donner son accord à ce raisonnement, il verra que les décisions interdépendantes sont subtiles et demandent beaucoup de réflexion sur la réflexion.

12

Les menaces

Il nous faut donc réclamer, au nom de la tolérance, le droit de ne pas tolérer l'intolérant.

Karl Popper, *The Open Society and Its Enemies*

Considérons la matrice suivante :

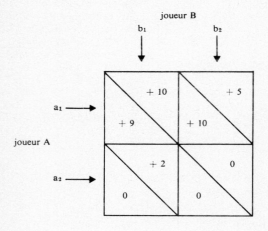

Si, comme précédemment, les joueurs jouent simultanément et sans communication préalable, B gagnera facilement en jouant b_1 puisque A — en admettant qu'il joue rationnellement — devra choisir a_1 (a_2 lui rapporterait 0). Mais si nous imaginons maintenant que les joueurs puissent communiquer et jouer l'un après l'autre, la situation s'en trouve complètement modifiée. A peut annoncer qu'il choisira a_2, sauf si B choisit b_2, de sorte que si A réussit, le résultat sera a_1, b_2 — ce qui rapporte à A le gain le plus important (10), tandis que B s'en tire deux fois moins bien. Bien entendu, A devra communiquer quelque chose en plus de sa simple annonce, à savoir un motif plausible propre à convaincre B qu'il (A) s'en tiendrait vraiment à son choix en quelque sorte suicidaire si B refusait de s'exécuter.

Nous avons ici affaire à l'essence du phénomène interpersonnel, interdépendant, qu'est une *menace* : l'exigence d'un certain comportement, doublée de l'annonce de conséquences spécifiques qui s'ensuivraient si l'autre partie ne se soumettait pas. Il existe, bien sûr, d'autres définitions plus étendues de la menace — je renvoie de nouveau le lecteur au classique de Schelling *The Strategy of Conflict* [154] —, mais je me limiterai à trois aspects fondamentaux qui ont la plus grande incidence sur cette question pratique : quel est le meilleur usage des menaces ? Pour réussir, une menace doit remplir ces trois conditions :

1. Elle doit être convaincante ou suffisamment plausible pour être prise au sérieux.

2. Elle doit atteindre sa cible (entendons par là : la partie menacée).

3. La cible doit être en mesure de s'y soumettre.

Si l'un quelconque de ces traits manque ou peut être éliminé, la menace échouera.

Comment faire pour qu'une menace porte, et comment la neutraliser

Si quelqu'un menace de vous poursuivre en justice parce que vous avez jeté un mégot de cigarette sur sa pelouse, vous n'y prêterez, selon toute vraisemblance, aucune attention. Si d'autre part quelqu'un menace de se suicider au cas où vous ne le laisseriez pas manger votre dessert *et* si vous connaissez cette personne pour avoir commis dans le passé des actes désespérés, il est probable que vous lui tendrez votre morceau de gâteau. Dans les deux cas, l'enjeu pour quoi est proférée la menace est sans grande importance ; mais tandis que dans le premier, la sanction annoncée paraît absurde et la menace vide, la menace contenue dans le second comporte un degré de crédibilité.

Une menace est très efficace si celui qui la brandit a réussi à mettre en œuvre une situation où les conséquences les plus désastreuses, bien qu'initialement liées à son initiative, échappent désormais à son contrôle. Une façon très courante d'y parvenir consiste à s'engager si résolument dans le déroulement de l'action qu'il est impossible de reculer sans « perdre la face » — argument dont le poids diffère énormément selon les cultures. Le refus de perdre la face est particulièrement efficace, puisque par essence intangible : on peut lui faire signifier ou ne pas signifier une foule de choses, toutes destinées à rendre la situation non négociable.

Il existe des façons plus tangibles de montrer que la menace est irréversible, telle la référence à une puissance hors de portée dont les arrêts ne peuvent être modifiés ni autrement influencés. Et aussi étrange qu'il y paraisse, on peut exploiter sa propre faiblesse de manière très contraignante — à preuve l'espèce de coercition inhérente à la situation économique désastreuse de la Grande-Bretagne et de l'Italie ; les autres pays européens sont obligés de leur venir en aide par des prêts massifs, pour éviter à l'ensemble de la communauté européenne d'être entraînée dans la ruine. La même sorte de chantage est partie intégrante de la plupart des dépressions et menaces de suicide : peu de personnes sont assez endurcies pour prendre le risque d'avoir contribué à la perte d'un autre en méconnaissant sa détresse. Dans tous ces cas, la menace est appuyée par une assertion plausible : « Il n'y a rien que je puisse faire pour empêcher ou changer cela » — sauf que, dans ces cas cliniques, le patient ignore totalement qu'il est en train de formuler une menace et croit en toute sincérité affirmer seulement son malaise ou son malheur. Ce faisant, il suscite l'attitude « secourable » de parents et d'amis qui tentent de l'encourager par un optimisme confiant et une attention accrue. Tout cela aboutit à un « jeu » inter-personnel dont l'enjeu ne cesse de s'accroître : en utilisant la menace imparable de son désespoir, le patient exerce sur les autres un chantage à une sollicitude accrue, et plus il use de ce pouvoir, plus les autres y répondent. Mais une fois la solution d'un problème humain fondée sur ce « plus de la même chose » [182], il peut seulement s'ensuivre une escalade lourde de consé-quences tragiques en puissance.

On peut retourner le même mécanisme *contre* celui qui brandit la menace. La défense la plus évidente, à laquelle on a le plus largement recours, est une contre-menace plus sérieuse encore, et par conséquent plus crédible. Là encore, le succès dépend d'une évaluation précise de ce qui apparaîtra contraignant à l'autre (et non plus à soi). On trouve dans l'histoire l'exemple classique de Cortès qui, une fois débarqué à ce qui s'appelle aujourd'hui Veracruz, incendia ses bateaux de façon à prévenir toute pression de ses troupes pour rentrer en Espagne, les for-çant ainsi à conquérir ou à périr. Plus récemment, les Suisses surent riposter aux fortes menaces de Hitler qui voulait leur faire céder le contrôle de leurs cols et de leurs voies ferrées. Joignant le geste à la parole, ils ne laissèrent aucun doute sur leur claire intention de sacrifier leurs régions basses (popula-tion, industrie, tout) et de se retirer dans la forteresse alpine massivement fortifiée, d'où ils pourraient continuer à bloquer les liaisons stratégiques routières et ferroviaires. Tout l'intérêt d'une invasion allemande de la Suisse consistant à gagner la maîtrise des Alpes et de leurs cols, et comme on avait su con-vaincre Hitler que ce serait impossible, l'invasion n'eut jamais lieu. Une philosophie semblable sous-tend la présence de troupes américaines en Europe : les États-Unis savent que les Sovié-tique savent que les États-Unis savent que ces troupes sont trop peu nombreuses pour constituer une menace contre les armées du Pacte de Varsovie, mais leur présence physique représente un engagement virtuellement non négociable des États-Unis à ne pas céder devant une menace militaire de l'Est.

La menace qui ne peut atteindre sa cible

Il est évident qu'une menace qui ne peut parvenir jusqu'à sa cible ou être comprise par elle (par cible d'une menace, on entend ici celui qui en est l'objet) demeure sans effet. Les fous, les fanatiques, les enfants jeunes ou retardés mentaux peuvent tous être imperméables aux menaces, dans la mesure où ils sont incapables (ou feignent d'être incapables) d'en saisir les implications. On le remarquera particulièrement chez les jeunes animaux, de qui est accepté jusqu'à un certain âge une conduite pour laquelle un animal plus âgé serait immédiatement puni. Il vient un moment où le groupe doit leur apprendre, assez laborieusement, la signification d'une menace.

Il s'ensuit qu'une contre-mesure, face à une menace, consiste à rendre impossible sa réception. Il existe de nombreuses manières d'y aboutir : avoir l'esprit ailleurs, être inattentif, sourd ou saoul, éviter un regard d'avertissement en détournant les yeux, prétendre ne pas comprendre le langage dans lequel la menace est formulée, etc. Bien entendu, la communication est ici encore interdépendante : l'inaptitude à recevoir la menace doit être plausible pour celui qui la brandit. Chacun doit deviner ce que l'autre, et non seulement lui-même, considérera comme plausible et convaincant.

D'astucieux employés de banque réussissent parfois à déjouer un hold-up, lorsque par exemple un voleur a silencieusement placé sous leurs yeux un mot exigeant qu'ils remplissent d'argent un sac en papier; ici, la technique va d'une incapacité réelle ou feinte de comprendre la menace, à une réponse à laquelle l'agresseur n'était pas préparé et qui du coup « re-cadre [1] » le sens tout entier de la situation. Pratiquement, tout refus inattendu est susceptible de briser la séquence d'événements espérée sur laquelle le voleur fondait son *modus operandi*, et

1. Cf. [186] pour diverses illustrations du concept de re-cadrage comme technique importante dans la résolution des problèmes.

112

d'annuler ainsi la menace. Le journaliste Herb Caen a publié une liste de tels refus; en voici quelques-uns :

« Vous voulez rire! »

« Je m'en vais déjeuner, veuillez vous adresser à un autre guichet. »

« Je n'ai pas de sac sous la main. Si vous voulez, je vais en chercher un. »

« Désolé, je suis stagiaire et je n'ai pas le droit de toucher à l'argent. Vous allez devoir attendre un employé titulaire » [30].

On trouve la même idée dans le dessin ci-dessous :

Désolé, notre banque a fait faillite ce matin.

Vers la fin des années soixante, on a sérieusement pris en considération le procédé consistant à ne pas laisser une menace atteindre sa cible, comme contre-mesure possible face au nombre croissant des détournements d'avions. En gros, deux procédures très différentes se présentaient. La première méthode, qui fut en fin de compte choisie, consistait en des mesures de sécurité au sol, visant à empêcher d'éventuels pirates d'embarquer. Le fait est que ces mesures ont en grande partie éliminé la piraterie aérienne, quoique au prix d'un système de surveillance et de filtrage vaste, complexe et coûteux. La seconde méthode aurait dû rendre impossible la piraterie aérienne en isolant complètement le poste de pilotage du reste de l'avion par une porte blindée et en coupant tout autre moyen de communication entre les pilotes et le personnel de bord. Quelles que soient les menaces brandies par le pirate dans la cabine des passagers, les stewards pourraient le convaincre qu'il n'y avait pas moyen d'en informer le commandant, et l'avion continuerait sa route normale. La beauté de cette solution aurait été faite de ce que la séparation infranchissable entre le cockpit et la cabine des passagers, loin d'être gardée secrète, devait être portée à l'attention du public par tous les moyens. Cette solution comporte aussi, malheureusement, un inconvénient insoluble : aucune compagnie n'aurait accepté de faire voler des avions dans ces conditions, des dizaines d'incidents — depuis l'incendie couvant dans la poubelle des toilettes jusqu'au passager victime d'une crise cardiaque — requérant une communication instantanée entre la cabine et le cockpit. Il se peut néanmoins qu'on n'ait pas dit le dernier mot sur la question.

Autre technique : créer une situation comportant un tel malentendu que la menace en perd son pouvoir. Le récent chantage à la famille Hearst (grâce au sensationnel enlèvement de sa fille Patricia) nous donne un exemple où de telles occasions furent manquées. Les ravisseurs communiquaient avec la famille au moyen de lettres et de messages enregistrés, qu'ils remettaient entre les mains de la presse. Les journalistes, fidèles à leur tradition de tirer le maximum du moindre événement sensationnel, se précipitèrent sur l'occasion en traitant les messages comme s'il s'était agi de la parole de Dieu et adoptèrent sur le champ le jargon des ravisseurs. Ils répétèrent que Patricia était gardée dans une « prison populaire » ou se référèrent — avec le plus grand sérieux et sans guillemets — au chef du gang en lui donnant le titre de « maréchal » qu'il s'était lui-même attribué. S'il n'existait aucun moyen d'empêcher les menaces des raviseurs d'atteindre leur cible (la famille), leur crédibilité (et par conséquent leur efficacité) aurait pu être largement détruite si les enquêteurs avaient appliqué au cas certaines techniques éprouvées du contre-espionnage. En utilisant les mêmes canaux que les ravisseurs, il leur aurait été relativement simple de remettre à la presse de faux messages contredisant les vrais, tout en menaçant également la vie de Patricia Hearst au cas où l'on ne s'y soumettrait pas. Une situation de confusion totale se serait très vite mise en place. Aucune des menaces ni des exigences n'aurait été digne de foi, tout message aurait été contredit ou brouillé par un autre venant prétendûment des « vrais » ravisseurs et annonçant des conséquences fatales au cas où seraient satisfaites les exigences de l'autre groupe (par exemple décrit comme une faction réactionnaire dissidente, ayant trahi la cause révolutionnaire et devant bientôt être traduite devant la justice populaire). Inutile de dire qu'à notre époque de progrès inquiétants en matière d'électronique, l'enregistrement sur bandes magnétiques de messages d'allure parfaitement authentique n'aurait pas posé la moindre difficulté technique. Une fois créée la confusion, la famille comme les autorités auraient eu beau jeu d'invoquer l'impossibilité de satisfaire toute exigence, n'ayant aucun moyen de distinguer les vraies des fausses. Autrement dit, on aurait ainsi engendré une réalité où *tout est faux, ainsi que son contraire.* Ce n'est pas seulement un vieux truc du travail d'espionnage, d'agent double en particulier, c'est aussi l'application à un contexte social de la technique de confusion d'Erickson (p. 36-37) — sauf bien entendu que le but est ici différent.

La menace à laquelle on ne peut se plier

Même lorsqu'une menace est plausible et a atteint sa cible, tout n'est pas encore perdu pour cette dernière. Si je peux montrer de façon convaincante mon incapacité à m'y plier, la menace restera sans effet. Par exemple, si quelqu'un me menace de mort à moins que je ne lui donne un million de dollars, je n'aurai aucun mal à lui prouver que je ne possède pas la somme et que je ne peux ni l'emprunter ni la réunir. Si par contre il exige seulement cent dollars ou même dix mille, me voilà bien mal parti. De même, si des terroristes s'emparent à l'étranger d'un otage en croyant à tort qu'il est américain, sa valeur en tant qu'otage égale zéro, surtout s'il est citoyen d'un petit pays. Il lui suffira, en principe, dans ces conditions, d'indiquer à ses ravisseurs que les États-Unis ne se jugeront pas concernés par leur menace et que son propre gouvernement n'a pas l'habitude de secourir ses citoyens en danger [1].

La réception même de la menace peut parfois provoquer une situation qui rend impossible la soumission. Un évanouissement, une crise cardiaque, une crise d'épilepsie — vrais ou bien imités — mettent hors circuit non seulement la victime mais aussi l'auteur de la menace. On peut certes menacer un homme inconscient, mais on n'en tirera pas grand-chose. En théorie du moins, une menace de mort se trouvera contrée si la victime, pourvue de nerfs d'acier, parvient à convaincre l'autre qu'elle avait de toute manière l'intention de se suicider, ou qu'un cancer incurable l'a déjà résignée à la mort.

Quand on voyage en avion, on peut être surpris, si l'on prête attention à la démonstration des appareils de sauvetage, d'entendre l'hôtesse ajouter d'une voix innocente : « Veuillez remarquer que la porte arrière de notre Boeing 727 ne peut désormais plus être ouverte en vol. » Cette simple modification a été introduite après une vague d'actes de piraterie aérienne dont les auteurs empruntaient l'issue arrière des 727 pour s'enfuir en parachute avec l'argent de la rançon; le résultat fut que disparut vite ce procédé plutôt sportif. Il est ici encore signi-

---

1. On verra un contre-exemple dans le destin tragique de Guy Eid, né en Égypte et chargé d'affaires à l'ambassade de Belgique à Khartoum, tué par des terroristes d'El Fatah durant leur raid à l'ambassade américaine le 1er mars 1973, avec deux diplomates américains; les assassins, s'étant trompés sur son identité, ne le crurent pas lorsqu'il affirma ne pas être américain.

Bien moins tragique fut le sort de l'épouse d'un diplomate français dans la Chine infestée de bandits de l'entre-deux-guerres. Selon Danièle Varé qui rapporte cet incident, la dame

fut capturée par des bandits en Mandchourie, alors que je me trouvais à Harbin. Mais elle réapparut indemne en ville au bout de quelques jours. Quand nous lui avons demandé comment elle s'en était sortie, elle répondit : « Je suis allée voir le chef de la bande et je lui ai demandé s'il avait vraiment l'intention de m'échanger contre cinquante mille taels. Il répondit que oui. Alors je lui ai dit : ' Regardez-moi. Je n'ai jamais été belle. Aujourd'hui je suis vieille et édentée. Mon mari ne donnerait pas cinq taels pour me récupérer, et encore moins cinquante mille. ' Il a trouvé cet argument raisonnable et m'a laissée partir » [173].

ficatif que la contre-mesure, loin de devoir être gardée secrète, soit portée à la connaissance du plus grand nombre. C'est un bon exemple de la possibilité de déjouer une fois pour toutes une menace par un changement irréversible des conditions matérielles dont dépendait son succès.

Les mesures de sauvegarde contre des menaces font partie de notre vie, à une échelle dont nous n'avons pas conscience. Schelling a fait remarquer que le vote à bulletins secrets remplit dans les démocraties une semblable fonction. Ce n'est pas le secret seul, écrit-il,

> mais l'*obligation* du secret qui lui [l'électeur] dérobe un certain pouvoir. Non seulement il *peut* voter en secret, mais pour que le système fonctionne il *doit* le faire. Il doit être privé de tout moyen de prouver la façon dont il a voté. Et ce qu'on lui vole ainsi est certes un bien négociable mais aussi davantage : on le dépouille encore du pouvoir d'être intimidé. On le met dans l'incapacité de satisfaire les exigences d'un chantage. La violence dont on le menacerait éventuellement risquerait de n'avoir pas de limites s'il était libre de marchander son vote : puisqu'à être assez effroyable pour le persuader, elle n'aurait du même coup pas à être mise à exécution. Mais quand l'électeur est impuissant à prouver qu'il s'est plié à la menace, lui-même comme ceux qui le menaceraient savent que tout châtiment resterait sans rapport avec le vote réel. Ainsi la menace se perd-elle en perdant son objet [157].

On remarquera que même les Nazis prévoyaient des isoloirs pour leurs « élections », mais que tous les vrais Nazis rejetaient avec indignation ce résidu archaïque de l'ère démocratique et votaient en public. L'avantage était double : on maintenait une dérisoire apparence de secret, mais quiconque utilisait l'isoloir était immédiatement soupçonné d'émettre un suffrage dissident. Cela décourageait en outre les dissidents et améliorait les résultats, toujours extraordinaires, des élections.

Bien des divisions de police disposent aujourd'hui de brigades d'urgence spécialement entraînées pour traiter les affaires d'enlèvement, les tentatives d'extorsion, les détentions d'otages, etc., par l'usage de confusions, de contre-propositions, l'astucieuse invention d'innombrables difficultés et circonstances impossibles à maîtriser, qui retardent la mise en œuvre de la procédure à quoi est suspendue la levée de la menace, ou encore le retournement de la tension psychologique liée à la situation contre les maîtres chanteurs eux-mêmes, avec l'emploi délibéré de malentendus et d'ambiguïtés.

Les menaces sont tout autant un phénomène d'interdépendance, elles constituent tout autant des figures de modèles spécifiques de la communication, que les structures examinées plus haut à propos du « dilemme des prisonniers ». Leur image inversée est la *promesse;* et j'invite le lecteur à faire l'expérience d'échanger tous les traits négatifs d'une menace contre leurs contraires, pour atteindre ainsi à une compréhension — à la fois structurale et pragmatique — de cet aspect de l'interdépendance.

13

La mystification
dans le travail de renseignement

Le travail des services de renseignements comporte deux volets : *obtenir* des informations sur l'ennemi (espionnage) et *empêcher* l'ennemi d'obtenir des informations (contre-espionnage)[1]. Il en existe aussi un troisième : fournir à l'ennemi de *fausses* informations. Cette dernière fonction, parce que la considération fondamentale demeure : « *Que pense-t-il que je pense qu'il pense...?* », appartient au registre de l'interdépendance; sauf qu'il s'agit dans ce cas de faire penser à l'autre une chose *fausse*, de lui fournir une « fausse réalité » et de prendre bien soin qu'il ne s'aperçoive de son erreur que lorsqu'il sera trop tard. On renverse ainsi les règles normales de la communication en faisant de la désinformation le but ultime.

Ce furent les services de renseignements britanniques et allemands qui au cours de la Seconde Guerre mondiale firent de ce jeu de mystification presqu'un art. Les Allemands étaient particulièrement brillants dans ce qu'ils appelaient *Funkspiele* (mystification par transmission radio). Selon Walter Schellenberg, qui dirigea l'AMT VI (le service extérieur d'information politique), ils eurent à un moment donné en leur pouvoir soixante-quatre agents soviétiques transmettant à Moscou de fausses informations.

Quant au double jeu britannique, on en trouvera la plus complète description dans *The Double-Cross System in the War*

1. Il existe d'autres activités secrètes, la plupart du temps d'espèce moins noble, telles que le sabotage et autres opérations spéciales, mais seules l'information et la désinformation nous intéressent ici.

of 1939 to 1945, de Sir John C. Masterman [96], ancien membre du conseil dit « Double-Cross Committee of the British Intelligence Service ». Écrit en 1945, c'était un manuel réservé à un public restreint en vue des crises à venir; il fut réédité pour le grand public en 1971, pratiquement sans modifications. Les Britanniques étaient si incroyablement efficaces qu'aucun espion allemand en Grande-Bretagne n'échappait à leur contrôle — ceci ne s'étant pourtant révélé qu'à la fin de la guerre : ces agents, soit avaient été appréhendés et « retournés », soit avaient volontairement proposé leurs services aux Britanniques, tout en continuant de rendre compte à leurs supérieurs en Allemagne.

Dans l'univers de la désinformation délibérée, la règle de base est, pour paraphraser Masterman, que de préférence à la destruction de tous les agents ennemis — qui contraint l'ennemi à reconstruire son réseau —, il est plus économique de « les retourner [1] ».

Cela facilite la détection des agents nouveaux venus, puisqu'ils ont généralement pour instruction de contacter un espion en fait déjà identifié; et cela fournit de très précieuses indications tant sur le *modus operandi* de l'ennemi, que sur les codes qu'il utilise. Les missions qu'il assigne à ses agents révèlent en outre la nature et la direction des intentions de l'ennemi. Par exemple, quand cessèrent les questions sur leurs défenses côtières, les Anglais conclurent que les Allemands avaient abandonné leur projet de débarquement en Angleterre. Enfin, en fournissant à l'ennemi, par l'intermédiaire d'un agent retourné, la bonne sorte de mauvais renseignements — ceux qui sont à la fois erronés et plausibles —, il est possible d'influencer ses plans.

Masterman définit comme suit cette dernière fonction, peut-être la plus importante, de la désinformation :

> Nous sommes finalement en position de tromper l'ennemi. Il
> est clair que la nécessité d'envoyer des renseignements comporte

---

1. Popov (nom de code : Tricycle), l'un des meilleurs agents doubles britanniques, raconte à cet égard ses expériences exaspérantes avec le FBI en général et J. Edgar Hoover en particulier. Seule l'arrestation d'agents ennemis les intéressait; ils oubliaient que l'ennemi les remplaceraient immédiatement par de nouveaux agents et qu'on aurait bien de la peine avant de les reconnaître et de les arrêter [131].

le pouvoir de désinformer, quoiqu'il faille garder en mémoire que ce pouvoir dépend de la réputation de l'expéditeur et qu'une longue période de renseignement véridique est en général un indispensable préliminaire pour passer au mensonge [98].

Nous avons déjà examiné certains des effets provoqués par la communication paradoxale sur le sentiment qu'a le destinataire de son existence « réelle ». Qu'un agent double souffre d'un haut degré d'irréalité n'est pas surprenant, car plus son double jeu est réel et convaincant, plus il se sent irréel. Si c'est un espion retourné, il est un prisonnier pour les uns, mais reste un agent actif et efficace pour les autres. Et tant que ceux qui l'ont capturé devineront sans se tromper ce dont ils peuvent convaincre leurs ennemis, le jeu se prolongera, indéfiniment, jusqu'à devenir bien plus réel que l'espion lui-même. Tant qu'on croit que ses messages viennent effectivement de lui, il est indifférent qu'il en soit personnellement l'auteur. Et même s'il a été exécuté, il peut continuer à exister pour l'ennemi qui l'avait envoyé. L'ultime raffinement de ce jeu est l'agent dit notionnel qui, selon l'expression de Masterman, « n'existe jamais, sauf dans l'esprit ou l'imagination de ceux qui l'ont inventé et de ceux qui y croient [1] » [97]. C'est encore un exemple frappant de ces nom-

1. Durant le second semestre 1943, les Alliés soupçonnèrent le renseignement militaire allemand (l'*Abwehr*) de diriger depuis Lisbonne un groupe d'espions composé d'au moins trois membres. Les noms de code des agents étaient Ostro 1, Ostro 2 et Ostro 3, les deux premiers travaillant en Grande-Bretagne et le troisième aux USA. Le renseignement britannique dépêcha à Lisbonne le fameux agent Kim Philby (dont la renommée s'étendit plus tard au monde entier, lorsqu'il passa à l'Union soviétique, en 1963) pour enquêter, et bientôt il en sut plus long que l'*Abwehr* sur les agents Ostro et leur maître-espion, qui avait le nom de code assez bizarre de Fidrmuc :

Ostro était un magnifique canular. Fidrmuc opérait seul. Ostro 1, 2, et 3 étaient des fantômes. C'étaient ce que dans le métier on appelle des agents notionnels. De plus, Fidrmuc ne se livrait jamais à aucun véritable espionnage. Il fondait ses rapports sur des rumeurs, sur ce qu'il pouvait recueillir dans des périodiques, et par-dessus tout sur sa fertile imagination. Et pour cela, il traitait royalement et habilement l'*Abwehr*, n'acceptant en espèces qu'une partie du paiement, le reste étant constitué d'objets d'art qu'il revendait très cher [132].

Comme il y avait un réel danger que les élucubrations de Fidrmuc approchent un jour la vérité, ou qu'elles démentent les informations dont les Anglais voulaient convaincre les Allemands, il fut éliminé par la communication aux Allemands d'informations contredisant ses rapports et dont ils pouvaient vérifier l'authenticité.

breux contextes où la valeur de la communication dépend de la croyance [146].

Bien entendu, les institutions d'espionnage ne reculent devant rien pour se protéger contre ce genre de duperie. Une mesure de sauvegarde relativement sûre réside dans le fait que chaque opérateur se distingue par son propre style dans la manipulation d'un émetteur-radio, une sorte d' « empreinte digitale » qui n'est pas facile à imiter, aussi reconnaissable pour un expert que le toucher particulier d'un interprète en musique. De plus, les agents qui envoient par radio leurs messages ont généralement pour consigne, dans le cas où ils seraient pris et retournés, d'omettre au début de tout message un certain groupe de trois ou cinq lettres (le « contrôle de sécurité »). L'absence de ces lettres vise à avertir le destinataire : « J'ai été capturé ; ne faites plus confiance à mes messages. »

Il y a cependant un remarquable défaut humain qui est susceptible de rendre vaincs de telles précautions. Nous l'avons déjà rencontré lorsque nous avons parlé de la ténacité avec laquelle les sujets adhèrent aux systèmes de croyances créés par des expériences à récompense arbitraire. Ils répugnent à abandonner la confiance dans les visions de la réalité qu'ils ont laborieusement construites, même lorsqu'aucun lien ne s'avère entre résultats et récompenses. Il en va de même dans le travail de renseignement ; la fabrication de l'identité fictive d'un agent, son entraînement, sa mission particulière et finalement son expédition en territoire ennemi, ont absorbé tant de réflexion et d'organisation, tant d'espoirs et de craintes, que même les responsables des missions de renseignement, à l'esprit apparemment calme et sans passion, se trouvent pris à leur propre jeu, à la fois intellectuellement et affectivement, et deviennent incapables de voir ce qu'ils se refusent à voir. Masterman écrit :

Il était extrêmement, presque extraordinairement difficile de « griller » un agent solidement établi. Une fois, on fit délibérément travailler un agent à montrer aux Allemands qu'il était sous notre contrôle, le but étant de leur donner une idée fausse de notre façon d'opérer un tel agent et ainsi de les convaincre que les autres agents étaient authentiques. Le raisonnement était sain, les gaffes commises grossières et flagrantes, mais le but ne fut pourtant pas atteint, pour la bonne raison que les Allemands continuèrent à considérer l'agent comme authentique et digne de confiance! [99]

Les Anglais n'étaient pas non plus à l'abri de ce mode de pensée, comme le montre l'*Englandspiel* [161], encore connu sous le nom de code Opération Pôle Nord. Cinquante-trois de leurs agents furent parachutés puis arrêtés, l'un après l'autre, à leur arrivée en Hollande occupée, et retournés. Le premier d'entre eux omit, suivant la consigne, d'envoyer avec son message le « contrôle de sécurité », mais Londres passa outre, probablement parce que les responsables de l'opération étaient trop ravis de leur « succès ». Les Allemands exploitèrent la situation jusqu'au bout en demandant l'envoi successif d'agents (dont ils s'assuraient immédiatement) et de quantités substantielles de matériel [1]. Londres commençait à avoir des soupçons, lorsque finalement trois des agents retournés réussirent à échapper à la surveillance allemande pour avertir Londres; les Allemands durent alors cesser leur mystification. Le dernier message qu'ils adressèrent à Londres disait :

Nous savons que depuis quelque temps vous travaillez en Hollande sans notre aide. Comme pendant longtemps nous avons été vos seuls représentants, nous trouvons cela assez déloyal. Quoi qu'il en soit, ceci n'exclut nullement que, dussiez-vous décider de nous accorder une plus ample visite, vous rencontreriez la même hospitalité que vos agents. [163]

Une autre remarquable impasse surgit dans ces jeux de mystification au cas où des agents ennemis désertent. Ils arrivent d'habitude en possession de toutes sortes d'informations précieuses sur leur propre service et ses opérations. En des circonstances normales, l'arrivée d'un tel déserteur représente une

1. L'un dans l'autre, les Britanniques parachutèrent gracieusement en Hollande 570 containers et 150 emballages contenant 15 200 kilogrammes d'explosifs, 3 000 fusils-mitrailleurs, 5 000 pistolets et quantités d'autres matériels, ainsi que 500 000 florins hollandais [162].

véritable aubaine : selon la quantité et la qualité des informations, on pourra éventuellement détecter des réseaux d'espionnage entiers. Mais dans le monde à l'envers des agents doubles, où les signes de toute communication sont inversés, c'est exactement le contraire qui se produit, et la désertion d'un ennemi peut causer une immense catastrophe : le pays d'origine du déserteur sait, bien entendu, ce que sait le déserteur. Comme ce dernier détient des informations sur beaucoup des espions de son bord, ces agents seront vraisemblablement « retournés » et mis hors de combat. Cela veut dire que ceux des agents ennemis qui sont réellement des agents doubles sont neutralisés par la désertion d'un des leurs; car en continuant d'envoyer des messages, ils éveilleraient à leur sujet les soupçons de qui les mandait.

Un autre problème inhabituel se pose dans le cas de l'agent double saboteur. Si l'ennemi lui ordonne de mener à bien un acte de sabotage, il ne saurait se contenter d'envoyer un rapport fictif; car selon toute vraisemblance, d'autres agents inconnus de lui seront instruits de vérifier l'exécution de sa mission. De même, il est très difficile d'empêcher la presse de rendre compte d'une importante explosion, ou autre accident. Si le réseau d'espionnage ennemi (dont une fonction est d'analyser scrupuleusement la presse de l'autre partie) ne trouve aucune mention du sabotage rapporté, il en concevra des soupçons. Quelque chose *doit* se produire pour rendre l'agent double saboteur crédible aux yeux de son mandant, et ce quelque chose doit être assez gros pour que la presse en parle. Ce n'est pas si facile; on ne peut faire joyeusement sauter les ponts et les usines de son pays, dans le seul but de faire bonne impression à l'ennemi. Une telle opération, menée par les Britanniques en 1941 sous le nom de code de Plan Guy Fawkes [1], comprenait l'aménagement d'une explosion légère dans un entrepôt de nourriture

1. Du nom d'un soldat catholique entré dans la légende pour avoir été démasqué juste avant l'exécution d'un complot (la conspiration des poudres) qu'il projetait contre Jacques Ier d'Angleterre en 1605. Il a donné son nom à une fête annuelle, le *Guy Fawkes Day*, au cours de laquelle les enfants promènent des épouvantails à son effigie en demandant une pièce aux passants *(a penny for the guy)* avant de rassembler et de brûler les mannequins le soir, en place publique. D'où aussi l'argot américain *a guy* : « un mec » (NdT).

situé près de Londres. Masterman décrit la nature presque bouffonne de cette opération top-secret :

> A cette occasion, on dut mettre dans la confidence un haut fonctionnaire du ministère de l'Alimentation, ainsi qu'un commissaire de police de Scotland Yard, ce qui n'empêcha pas d'en passer par nombre de moments épineux avant la réussite de l'opération. Ce ne fut qu'au prix de grandes difficultés que les deux vieux pompiers du magasin purent être tirés de leur torpeur et écartés de l'endroit où l'on avait placé la bombe incendiaire. Un policier local trop zélé parvint presque à arrêter nos agents, et il fallut déployer force énergie pour assurer que l'incendie résultant de l'explosion serait suffisamment violent pour provoquer dans le quartier un début de panique, tout en ne l'étant pas assez pour causer de gros dégâts avant que les brigades de pompiers ne le circonscrivent [100].

L'un des charmes du travail avec les agents doubles, réside dans le fait qu'ils sont rémunérés par l'ennemi. Mais c'est aussi une source de soucis; car si l'argent n'arrive pas, il est impossible à l'agent de continuer à fonctionner d'une façon qui soit crédible pour l'autre partie. (On rapporte qu'un agent allemand parachuté en Angleterre se suicida justement pour cette raison : il ne recevait pas son argent et n'avait pas vers qui se tourner.) Au cours de la Seconde Guerre mondiale, l'existence d'au moins quelques pays neutres et inoccupés, comme l'Espagne, le Portugal et la Suède, rendait possibles les transactions d'argent. Certains agents doubles britanniques recevaient régulièrement de l'argent d'Allemagne grâce à l'arrangement que voici : des importateurs espagnols de fruits en Angleterre les payaient (ou plutôt, payaient les services de renseignements britanniques), en échange de sommes équivalentes versées à eux en pesetas par l'*Abwehr*.

Mais peut-être encore plus importante est la nécessité de fournir aux agents sur le sol ennemi les instruments dont ils ont besoin. Dans le travail de l'agent double, ceci donne une élégante occasion de faire livrer par l'ennemi, sans autres frais, des exemplaires d'à peu près tout ce que comprend sa panoplie d'appareils de renseignement : codes et nouveaux procédés d'encodage, émetteurs, contrefaçons révélant les dernières évolutions de cet art, gadgets de sabotage, instruments de surveillance et bien d'autres choses.

Dans les contextes de communication très particuliers du travail de l'agent double, il est possible de créer dans l'esprit de l'ennemi pratiquement n'importe quelle sorte de « réalité », à condition que la mystification contienne juste assez de vérité, ou au moins de probabilité, pour être plausible. On peut par exemple écouler à l'ennemi de fausses informations sur le développement d'un nouveau système d'armement et ainsi influencer ses programmes d'armement ou sa tactique de combat. Dans les années qui ont précédé la Seconde Guerre, une rumeur persistante circula à travers l'Europe : en un certain lieu, situé à proximité d'un terrain d'essais militaires allemand, tous les véhicules à moteur calaient régulièrement. Tandis que les conducteurs regardaient sous leur capot, un SS venait leur dire de ne pas s'inquiéter car dans une demi-heure leurs voitures marcheraient à nouveau. Et « effectivement », toutes les voitures démarraient sans difficulté exactement à l'heure dite. Nous savons aujourd'hui qu'aucune arme secrète de cette sorte ne fut jamais construite, mais la rumeur contribua à soutenir l'idée que de grands desseins étaient en cours.

Une rumeur peut parfois se déclencher par inadvertance et devenir l'objet de tenaces efforts d'espionnage. Entre mars et juin 1942, les Allemands tentèrent à cinq reprises d'obtenir des renseignements sur ce qu'ils appelaient le tank « broyeur ». Les Alliés n'avaient à l'étude aucun tank de ce type et n'avaient aucune idée de ce que cherchaient les Allemands. A l'apogée de la Guerre froide, les Soviétiques laissèrent de même filtrer vers l'Ouest des renseignements, déguisés en témoignages oculaires, sur une gigantesque et effroyable expérience au cours de laquelle, grâce à quelque dispositif secret, on aurait précipité la température atmosphérique et gelé un lac entier au beau milieu de l'été [1].

---

1. Toute initiative de ce genre peut certes entraîner des retours de flamme si, après avoir effrayé l'autre partie, elle la plonge dans une paranoïa encore plus grande et conduit à une escalade des armements.

L'*Opération* Mincemeat

Le 30 avril 1943, des pêcheurs ramenèrent le corps d'un major des *Royal Marines* au large du port espagnol de Huelva, sur la côte atlantique. Des documents et d'autres indices les confirmant, trouvés sur sa personne, ne laissèrent pas douter qu'il fût un courrier parti de Londres pour rejoindre le quartier général de la XVIIIe Armée en Tunisie, et que son avion se fût abîmé en mer.

Lorsque les autorités espagnoles chargées de l'enquête parvinrent à ouvrir plusieurs lettres trouvées sur le corps sans en briser les sceaux, elles se rendirent tout de suite compte qu'il s'agissait de documents militaires de la plus haute importance. Il y avait une lettre du chef-adjoint de l'état-major impérial au général Alexander, le commandant adjoint du général Eisenhower en Afrique du Nord, où il était question de la campagne en Méditerranée : on désignait assez imprudemment la Grèce comme l'une de deux cibles d'invasion. Une autre lettre plus personnelle de l'amiral Mountbatten à l'amiral Cunningham, le commandant en chef des forces navales alliées en Méditerranée, contenait encore des allusions assez précises sur ce point.

Presque immédiatement, le vice-consul britannique à Huelva et l'attaché naval britannique à Madrid entamèrent une enquête, d'abord très discrète puis de plus en plus ouverte, dans le but évident de récupérer le corps et les documents. L'inertie intentionnelle des Espagnols dura suffisamment pour permettre à l'agent de l'espionnage allemand à Huelva d'extraire jusqu'à la dernière parcelle de renseignement de cette superbe aubaine, et de replacer les lettres dans leur enveloppe avant qu'on n'accède à la requête des Anglais. Dans le cimetière de Huelva, il est une simple pierre tombale comportant cette inscription : « William Martin. Né le 29 mars 1907. Mort le 24 avril 1943. Fils bien-aimé de John Glyndwyr Martin et feue Antonia Martin de Cardiff, pays de Galles. *Dulce et decorum est pro patria mori.* R.I.P. »

En fait, le major William Martin n'a jamais existé. La création de cette personne fictive fut probablement la mystification la plus réussie de la Seconde Guerre mondiale, avec Opération *Mincemeat* [1] pour nom de code. Comme un récit détaillé de cette opération a été publié par son principal architecte, le lieutenant-général Ewen Montagu, dans *L'homme qui n'existait pas* [104], je me bornerai à en faire ressortir quelques aspects apparemment mineurs qui intéressent directement notre propos.

Après que les Alliés eurent occupé la côte nord-africaine en 1943, les préparatifs se mirent en train concernant un débarquement sur ce que Churchill appelait « le tendre bas-ventre de l'Europe » : la Sicile. Toute opération de ce type implique un processus de décision interdépendante mais pour ainsi dire inversé; tandis que dans une interdépendance, normale, le résultat de la décision devrait être l'accord et la coordination, le but recherché était ici la mystification et la confusion. Les stratèges alliés devaient répondre à la question : que penseront les Allemands que nous pensons être la meilleure cible? Un coup d'œil sur la carte montre que trois réponses étaient possibles : la Grèce, la Sicile et la Sardaigne. Des trois, la Sicile était de loin la cible la plus proche et la plus importante. Les choses étant ainsi, l'attitude la plus raisonnable pour le haut-commandement de l'Axe était de fortifier les côtes sud et est de l'île et d'assigner le gros de ses troupes à leur défense — *à moins* de recevoir une information plausible selon laquelle, précisément parce qu'un assaut de la Sicile était si évident, les Alliés projetaient de débarquer ailleurs [2].

La question essentielle était pour les Alliés : qu'est-ce qui constituerait une information plausible aux yeux du haut-commandement allemand? Dans tout contexte de communication, la sûreté d'une information dépend de deux facteurs : la qualité de l'information proprement dite et la crédibilité de sa source. Une information contredisant des faits établis

---

1. *Mincemeat* = « viande hachée » (NdT).
2. Dans ces conditions ou dans d'autres semblables, l'élaboration d'une décision acquiert rapidement certaines des caractéristiques d'un *paradoxe de prévision* : plus l'action d'un ennemi paraît vraisemblable, plus elle devient invraisemblable; mais moins elle devient vraisemblable, plus il est vraisemblable que l'ennemi s'y résoudra. (On se reportera à [179] pour plus ample étude de ce type de paradoxe de la communication.)

a un taux de probabilité très faible. Une information provenant d'une source notoirement peu digne de confiance, ou bien d'une source dont la sûreté ne peut être garantie parce qu'aucune information n'en a été reçue jusqu'ici, ou encore d'une source qui ne devrait en aucune façon être entrée en possession d'une telle information, est considérée comme incroyable. Pour les responsables de l'Opération *Mincemeat*, cela voulait dire :

Premièrement, l'information remise entre les mains des Allemands devait faire sens par rapport à *leur* cadre de référence et aux informations qui *leur* étaient accessibles, et pas nécessairement du point de vue des Anglais. De même que pour d'autres décisions interdépendantes, le succès dépendait d'une évaluation correcte de ce qui semblait juste aux Allemands (non pas aux Alliés) et de ce qu'*ils* pensaient que les Alliés pensaient. Bien entendu, une fois l'ennemi en possession d'une information importante, il est vraisemblable qu'il en cherchera confirmation, ce qui signifie, pour citer Montagu, que

> il faut vous demander quelles recherches *il* entreprendra (et non quelles recherches *vous* entreprendriez) et lui donner des réponses qui le satisfassent. Autrement dit, il faut se souvenir qu'un Allemand ne pense pas et ne réagit pas comme un Anglais et se mettre à sa place [106].

Ironie du sort, il s'avéra plus difficile pour les responsables de l'opération de faire admettre cet impératif fondamental à leurs propres supérieurs que de tromper les Allemands [1].

---

1. Il y a plus de cent ans, Edgar Poe a dépeint magistralement une semblable décision interdépendante inversée. Dans *la Lettre volée*, son détective Dupin parvient à retrouver une lettre volée d'une extrême importance pour le Préfet de police. Le Préfet sait qu'elle est cachée dans l'appartement de son adversaire, le ministre D., mais les fouilles même les plus minutieuses exécutées par ses agents échouent à la découvrir. Expliquant comment il a résolu l'affaire, Dupin indique exactement la même nécessité à laquelle Montagu dut faire face, et qu'il trouva si difficile de faire apprécier par ses supérieurs. Les agents du Préfet, écrit Poe,

> ne voient que leurs propres idées ingénieuses; et, quand ils cherchent quelque chose de caché, ils ne pensent qu'aux moyens dont ils se seraient servis pour le cacher. Ils ont fortement raison en cela que leur propre ingéniosité est une représentation fidèle de celle de la foule; mais, quand il se trouve un malfaiteur particulier dont la finesse diffère, en espèce, de la leur, ce malfaiteur, naturellement, les *roule*.

Deuxièmement, il était clair, en ce qui concernait la crédibilité de la source, que les Allemands n'ajouteraient pas foi au rapport d'une décision d'une telle importance stratégique et de conséquences si fatales, si l'information émanait d'une source subalterne ou n'était qu'une simple rumeur. Seule une fuite caractérisée aux plus hauts échelons du commandement suprême allié ferait l'affaire — par exemple, un document qui indubitablement proviendrait directement d'une telle source. Cela excluait d'entrée de jeu une information reçue par les canaux ordinaires du travail de renseignement : espion, prisonnier de guerre ou déserteur; aucune de ces sources ne pourrait jamais être en possession d'une information de si haut niveau [1].

L'Opération *Mincemeat* réussit à satisfaire ces deux conditions préalables :

1. Ses responsables se demandèrent tout d'abord jusqu'à quel point les Allemands étaient renseignés sur la logistique d'un

---

Cela ne manque jamais quand son astuce est au-dessus de la leur, et cela arrive très fréquemment même quand elle est au-dessous. Ils ne varient pas leur système d'investigation; tout au plus, quand ils sont incités par quelque cas insolite, par quelque récompense extraordinaire, ils exagèrent et poussent à outrance leurs vieilles routines; mais ils ne changent rien à leurs principes.

Dans le cas de D..., par exemple, qu'a-t-on fait pour changer le système d'opération? Qu'est-ce que c'est que toutes ces perforations, ces fouilles, ces sondes, cet examen au microscope, cette division des surfaces en pouces carrés numérotés? — qu'est-ce que tout cela, si ce n'est pas l'exagération, dans son application, d'un des principes ou de plusieurs principes d'investigation, qui sont basés sur un ordre d'idées relatif à l'ingéniosité humaine, et dont le préfet a pris l'habitude dans la longue routine de ses fonctions?

Ne voyez-vous pas qu'il considère comme chose démontrée que tous les hommes qui veulent cacher une lettre se servent — si ce n'est précisément d'un trou fait à la vrille dans le pied d'une chaise — au moins de quelque trou, de quelque coin tout à fait singulier dont ils ont puisé l'invention dans le même registre d'idées que le trou fait avec une vrille.

Sur la foi de son évaluation correcte de ce que D. pensait que les agents du Préfet penseraient que D. pensait, Dupin n'a aucun mal a retrouver la lettre en un endroit nullement secret, à savoir « un misérable porte-cartes, orné de clinquant, et suspendu par un ruban bleu crasseux à un petit bouton de cuivre au-dessus du manteau de la cheminée ». [Le traducteur se permet de renvoyer ici au célèbre commentaire qu'a fait de ces mêmes pages de Poe Jacques Lacan, dans ses *Écrits*.]

1. Cette règle a parfois des exceptions. En témoigne Ilya Basna, dit Cicéron, valet de chambre de l'ambassadeur britannique à Ankara. Il s'empara — comme on sait — tout simplement de la clef du coffre de l'ambassade pendant le sommeil de son maître et fournit aux Allemands les informations les plus secrètes et les plus complètes, y compris sur les détails de la Conférence de Téhéran. Il fut royalement payé en coupures anglaises équivalant à un million et demi de dollars dont la plupart étaient fausses.

assaut amphibie engageant de grandes quantités d'hommes et de matériel sur un bras de mer relativement large. Il semblait probable qu'ils le fussent très peu, et donc pas en bonne position pour distinguer la réalité de la fiction. De plus, la supériorité aérienne des Alliés en Méditerranée les empêchait d'obtenir des renseignements décisifs, en particulier sur le nombre de bateaux de débarquement et autres navires dont disposaient les Alliés. Il paraissait donc possible de leur faire croire que les deux armées alliées en Afrique du Nord envisageaient deux assauts séparés et simultanés contre la Grèce et la Sardaigne — exploit stratégique dont les Alliés n'auraient été en réalité capables qu'avec l'aide du Père Noël.

Pour rendre la mystification encore plus plausible et ajouter une couverture à la véritable opération (l'invasion de la Sicile), les responsables de l'Opération *Mincemeat* inclurent dans la « fuite » une allusion à ce qu'ils allaient tenter de convaincre les Allemands que leur véritable cible était la Sicile. La beauté de ce renseignement supplémentaire (pour ainsi dire, une métamystification) était que, dès lors, toute fuite réelle concernant le véritable plan d'invasion — qui étant donné son ampleur semblait pratiquement inévitable — apparaîtrait comme une astuce délibérée et ancrerait encore plus fermement dans l'esprit de l'ennemi la conviction que le renseignement « secret » en sa possession était authentique. Pour rendre cela toujours plus crédible, on laissa croire que le nom de code du véritable plan d'invasion de la Sicile, « Husky », était le nom de code de l'invasion (fictive) de la Grèce. Ainsi, si jamais des agents allemands devaient entendre parler d' « Husky », ils n'en seraient que mieux convaincus que la Grèce était l'une des deux cibles (l'autre étant la Sardaigne [1]).

2. De quelle manière crédible pouvait-on remettre cette information crédible entre les mains du haut-commandement allemand? Les plans d'invasion ne restent pas là à attendre que les

---

1. On remarquera que cette situation reproduit en miroir notre « séance de thérapie » entre le Dr. Jackson et le psychologue clinicien (p. 88). Tandis qu'il s'agissait là d'un contexte où chaque partenaire tentait de se montrer sain d'esprit, plus il semblait fou à l'autre, le cas est ici inverse : plus la vérité était présentée comme une mystification, plus la mystification devenait plausible.

espions les ramassent; ils sont très jalousement gardés, et il faut rien moins qu'un acte divin ou un grand désastre pour les rendre accessibles à des étrangers. L'information devait, en outre, être acheminée de telle manière qu'elle parvienne à coup sûr dans les « bonnes » mains, tout en étant perdue et récupérée par les Alliés dans des conditions qui les « fonderaient » à « croire » que l'ennemi n'avait *pas* pu en prendre connaissance — car aucun stratège digne de ce nom ne donnerait suite à un plan dont il a des raisons de penser qu'il a été dévoilé à l'ennemi. En prenant bien soin de ne pas éveiller les soupçons des Britanniques, les services de renseignements espagnols et allemands furent assez aimables pour que ce soit possible : ils firent en sorte que les lettres parussent intactes et les retournèrent aux Anglais avec le corps, sans trop de délai. Autrement dit, ils jouèrent dans le jeu de mystification le rôle qu'on attendait d'eux, dupes alors qu'ils croyaient duper. Et ainsi, comme il arrive si souvent dans les contextes de mystification, deux « faux » égalèrent un « vrai ».

Le succès de l'Opération *Mincemeat* surpassa les espoirs de ses responsables. Selon Montagu lui-même :

En ce qui concerne la Méditerranée orientale : nous fûmes la cause d'un immense effort engagé dans la défense de la Grèce, avec la création de champs de mines, de batteries côtières, etc.; nous provoquâmes une telle concentration de troupes en Grèce qu'Hitler en confia le commandement à Rommel; ces troupes comprenaient une division blindée qui avait dû être acheminée depuis l'autre bout de l'Europe. Tout cela fut un effort totalement vain, du point de vue allemand, qui affaiblit le potentiel de défense de la Sicile et de l'Italie.
En ce qui concerne la Méditerranée occidentale : nous provoquâmes une plus grande fortification de la Corse et de la Sardaigne aux dépens de celle de la Sicile; grâce à nous, les préparatifs de défense de la Sicile furent massivement déviés des côtes où les Alliés débarquèrent en réalité, vers les côtes où ils ne débarquèrent point; grâce à nous enfin, les Allemands envoyèrent de la Sicile en mer Égée des escorteurs, ouvrant ainsi dans leurs défenses une brèche qui « nuisit à la défense de la Sicile » tout en créant une pénurie de vaisseaux d'escorte [108].

On se rendit bientôt compte de ces résultats grâce aux rapports des agents de renseignements, et ils furent objectivement confirmés lorsque après la guerre on ouvrit les documents secrets du haut-commandement allemand. Les Alliés avaient bel et bien réussi à créer une fausse « réalité ».

Pour ajouter au vraisemblable de toute l'opération, le *Times* du 4 juin 1943 rapporta dûment la mort du major Martin, afin que le renseignement allemand (connu pour étudier très soigneusement la presse britannique dès son arrivée à Lisbonne, Madrid, ou Stockholm) trouvât une « preuve » supplémentaire de son authenticité. Ce qui causa en Angleterre d'inattendus tracas : « Le service naval des testaments voulut savoir s'il avait laissé un testament — et où, le cas échéant. Le service général de la médecine militaire voulut savoir si le major Martin était mort au combat, des suites de ses blessures, en service actif, ou autre, pour pouvoir tenir ses statistiques à jour » [107]. Il fallut donc encore se servir de mystification à usage domestique, pour que les esprits bureaucratiques fussent tranquillisés.

Quand, après la guerre, on eut accès aux documents allemands, on s'aperçut qu'en dépit de sa préparation méticuleuse, l'Opération *Mincemeat* aurait pu facilement échouer à la suite d'erreurs commises, non par les Britanniques, mais par les *Allemands!* Lorsque les documents photographiés avaient été traduits en allemand, plusieurs dates avaient été mal retranscrites, rendant ainsi très invraisemblable la soigneuse chronologie des événements censés précéder et aboutir à l' « accident d'avion ». Mais pour une raison inconnue, ces incohérences plutôt flagrantes échappèrent à l'attention des Allemands. Là encore, deux faux égalèrent un vrai : une fois la mystification assimilée, nous restons aveugles à toute preuve du contraire. Et cela nous amène à un autre jeu célèbre de désinformation : l'Opération Neptune.

L'Opération Neptune

En fait, Neptune ne fut pas tant un jeu de mystification, au sens de ce qui précède, que ce qu'on nomme, dans le jargon du renseignement soviétique, une *opération d'influence*. Contrairement aux services de renseignements occidentaux, le bloc soviétique distingue trois grandes formes de mystification : la désinformation, la propagande, et les opérations d'influence. La première — la désinformation — est pratiquement ce qu'on a décrit dans les pages qui précèdent. La propagande n'a guère besoin d'une définition. Les opérations d'influence, quant à elles, sont des actions souterraines utilisant dans le pays visé des courants politiques ou sociaux, ou bien (à leur insu) des personnalités en vue, à des desseins spécifiques. Les émeutes survenues à Panama en 1964 sont un bon exemple : il y eut là, si on s'en tient à ce qui est manifeste, une explosion spontanée du nationalisme de la jeunesse latino-américaine, dirigé contre l'impérialisme US; mais elles paraissent, plus souterrainement, avoir été orchestrées, contre toute attente, par des agents du renseignement tchécoslovaque opérant normalement au Mexique [20].

L'Opération Neptune fut, elle aussi, un produit du renseignement tchèque. Elle eut lieu au cours du printemps 1964, et son but était triple : rallier l'opinion publique européenne contre l'expiration alors imminente, en Allemagne de l'Ouest, de la loi sur les crimes de guerre; raviver la rancune et les sentiments anti-allemands en présentant au public des faits prétendûment nouveaux sur les atrocités nazies; lancer une désinformation destinée à faire obstacle aux opérations du renseignement ouest-allemand en rendant publics les noms de citoyens tchécoslovaques ayant collaboré avec les Allemands pendant la guerre, et qu'on pouvait soupçonner de travailler encore pour les services de renseignements de la République fédérale allemande.

Depuis la fin de la Seconde Guerre mondiale, on n'avait cessé de découvrir, dans toute l'Europe, des documents, des chefs-d'œuvre volés et autres butins de guerre, surtout dans les zones qui étaient restées sous contrôle allemand jusqu'à la reddition. Que des officiers nazis aient réellement élaboré des plans visant à cacher d'importantes archives au cours d'une conférence d'état-major qui eut lieu à Strasbourg le 10 août 1943, cela n'est pas certain. Du moins des cachettes de documents furent-elles aménagées en grand secret et soigneusement dissimulées afin, de toute évidence, qu'on les aie à portée de main à l'avènement du

IVe Reich. Des histoires d'anciens soldats allemands essayant secrètement de récupérer des trésors cachés circulaient sans cesse à cette époque, et elles attirèrent l'attention du monde entier lorsque les autorités autrichiennes trouvèrent au fond du lac Toplitz, près de Bad Aussee, du matériel expérimental de la marine allemande ainsi que plusieurs caisses de faux billets anglais — de la même sorte dont avait été payé Cicéron. La mort accidentelle d'un « touriste » allemand en plongée sous-marine avait alerté la police.

Bien que cet incident soit advenu en 1959, une rumeur persistante voulait que dans les régions frontalières de la Haute-Autriche, de la Bavière et de la Bohême, le fond des lacs, les mines abandonnées et les souterrains des vieux châteaux, renfermassent d'importants documents du temps de la guerre ainsi que de fabuleux trésors.

Ce fut bien évidemment un choc, en cette fin de mai 1964, d'apprendre des autorités tchèques que leur service de renseignements avait retrouvé dans le lac Noir, près de Susice, en Bohême du sud, quatre grandes caisses recouvertes de goudron. On sait maintenant, grâce à la défection d'un responsable de cette opération, Ladislav Bittman, que ces caisses avaient été préparées et jetées dans le lac par le service de renseignements tchèque quelques semaines avant leur sensationnelle découverte par une équipe de télévision qui « se trouvait » tourner dans le lac un film sous-marin. Les caisses furent transportées à Prague avec d'infinies précautions, destinées à attirer l'attention du public, et leur contenu comme le film de leur découverte furent finalement dévoilés au cours d'une conférence de presse. L'Opération Neptune fut tenue pour une grande réussite.

Mais le fut-elle ? Selon Bittman, ce fut un travail assez médiocre. Il y avait eu auparavant une fuite, qui avait failli annuler le projet. En outre, après la récupération des caisses, les responsables de l'opération n'arrivaient pas à décider quels documents elles étaient censées renfermer. Peu de choses, dans les archives tchécoslovaques, demeuraient inconnues des historiens ; mais Moscou avait promis de céder des documents allemands inédits empruntés à ses propres dossiers. Ceux-ci arrivèrent moins d'une semaine avant la conférence de presse et s'avérèrent pour le moins décevants : non seulement certains documents étaient annotés en cyrillique, mais ils formaient une espèce de pot-pourri apparemment issu de sources très diverses. Entre autres informations, ils contenaient des rapports d'enquête sur les causes de l'échec du putsch nazi de juillet 1934 en Autriche, des documents italiens ayant trait à l'envoi d'espions allemands d'Italie en Amérique latine, quelques comptes rendus d'intérêt limité sur des opérations du renseignement militaire allemand en France après le débarquement en Normandie, plusieurs journaux de guerre tenus par des unités allemandes du front est, et d'autres matériaux hétérogènes. Pourquoi cet assemblage bigarré aurait-il été initialement constitué (par les Allemands) à partir de sources aussi complètement disparates que l'armée, la Commission historique SS, et le *Reichssicherheitshauptamt* (l'organisation de renseignements d'Himmler, qui avait pris le relais de l'*Abwehr* de l'amiral Canaris)? Quelle utilisation aurait-on pu compter en faire? Pourquoi aurait-on cherché à le conserver? Ces questions restèrent sans réponse.

L'Opération Neptune, malgré ces défauts éclatants, fut pourtant digérée sans piper mot; ce qui montre que le contenu d'une communication est relativement peu important en face de l'empressement du destinataire à y croire, qu'elle convienne à son système de croyance ou du fait du contexte dans lequel elle se présente. Peu de ceux qui crurent à l'authenticité des *Protocoles des Sages de Sion* ressentirent jamais le besoin de les lire, peu de nazis convaincus mirent le nez dans *Mein Kampf*, et guère plus d'Américains ont fait plus que parcourir rapidement les *Dossiers du Pentagone*. Ce qui n'empêcha pas tout ce monde de prendre bruyamment parti à l'égard de ces différentes révélations.

Les effets concrets de l'Opération Neptune, malgré l'accueil passionné du public, paraissent avoir été négligeables. Non seulement les documents ne révélaient rien de particulièrement nouveau, mais ses responsables furent victimes de leur propre propagande selon laquelle la République fédérale allemande égale en bonne logique l'Allemagne nazie et dont ils attendaient que tous fussent également convaincus. C'est dès lors un exemple de décision interdépendante fondée sur une évaluation erronée de « ce que nous pensons qu'ils pensent que nous pensons... ».

14

Les deux réalités

Puisque nous voici à la fin de cette deuxième partie, il est sans doute utile de mettre un peu d'ordre dans la diversité kaléidoscopique de nos exemples, pour montrer qu'ils ont bien un dénominateur commun.

Le lecteur aura remarqué que je n'ai pu éviter l'emploi de mots comme « réellement », « vraiment », « en réalité », contredisant ainsi la thèse essentielle de ce livre : qu'il n'existe pas de réalité absolue, mais seulement des conceptions subjectives et souvent contradictoires de la réalité.

Très fréquemment — et tout spécialement en psychiatrie où le degré d' « adaptation à la réalité » d'un individu joue un rôle prépondérant comme indicateur de sa normalité —, on fait une confusion entre *deux* aspects différents de ce que nous appelons la réalité. Le premier a trait aux propriétés purement physiques, *objectivement* sensibles des *choses*, et est intimement lié à une perception sensorielle correcte, au sens « commun » ou à une vérification objective, répétable et scientifique. Le second concerne l'attribution d'une *signification* et d'une valeur à ces choses, et il se fonde sur la communication.

Avant l'avènement des vols spatiaux, par exemple, il y avait parmi les astronomes un vif désaccord quant à dire si la surface de la Lune était assez résistante pour supporter le poids d'une sonde spatiale, ou bien si elle était recouverte d'une épaisse couche de poussière qui engloutirait le vaisseau. Nous savons aujourd'hui que la première hypothèse correspond au *réel* et par conséquent que certains savants avaient objectivement raison tandis que d'autres avaient tort. Ou pour prendre un exemple

137

bien plus simple, on peut répondre objectivement à la question de savoir si la baleine est un poisson ou un mammifère, à condition d'être d'accord sur les définitions de « poisson » et de « mammifère ». Nous utiliserons donc le terme de *réalité de premier ordre*, chaque fois que nous entendons ces aspects accessibles à un consensus de perception et en particulier à une preuve (ou une réfutation) expérimentale, répétable et vérifiable.

Il reste que cet ordre de la réalité ne dit rien de la *signification* ni de la *valeur* de son contenu. Un petit enfant pourra percevoir un feu rouge tout aussi nettement qu'un adulte sans pour autant savoir qu'il veut dire : « Ne traversez pas. » La réalité de premier ordre de l'or — à savoir, ses propriétés physiques — est connue et peut être vérifiée à tout instant. Mais ces propriétés ont peu ou rien à voir avec le rôle — *réalité de second ordre* — joué par l'or depuis le commencement de l'histoire humaine, ni surtout avec le fait que sa valeur est déterminée deux fois par jour par cinq hommes installés dans un petit bureau de la City de Londres, et que cette attribution de valeur influence profondément bien d'autres aspects de notre réalité quotidienne.

Les conflits interpersonnels étudiés au long des chapitres précédents, ceux causés par la divergence des rôles et des normes culturels, montrent avec encore plus d'acuité la différence entre ces deux ordres de réalité. Il n'existe bien évidemment aucune distance objectivement « correcte » à respecter entre deux personnes, et selon les normes d'une culture donnée, un baiser sera « correct » aux premiers ou seulement aux derniers stades de la cour. De telles règles sont subjectives, arbitraires, et n'ont rien à voir avec l'expression de vérités métaphysiques éternelles. Dans le domaine de la réalité de deuxième ordre, il est donc absurde de discuter de ce qui est « réellement » réel.

Mais nous perdons trop facilement de vue cette distinction, ou pire, nous n'avons aucune conscience de l'existence de deux réalités franchement distinctes. Nous croyons naïvement que la réalité est la façon dont *nous* voyons les choses, quiconque les voit autrement devant par nécessité être méchant ou fou. Or, c'est une illusion de penser qu'il existe une réalité de deuxième ordre « réelle », et que les gens « sains » en sont plus conscients que les « fous ».

3

LA COMMUNICATION

> *C'est une propriété de l'homme d'être suscep-*
> *tible d'apprendre la grammaire.*
>
> Aristote, *Topique 1,5, 102 a 20*

Jusqu'ici, nous avons considéré qu'existaient toujours et partout les conditions préalables de la communication. Les problèmes qui se posaient étaient tous dus à diverses circonstances entravant l'*échange* d'informations : une fois levée cette entrave, la communication reprenait libre cours. A condition, par exemple, de trouver un interprète, il est possible d'établir un pont entre deux langues différentes, parce que ces deux langues existent déjà et sont toutes deux utilisées par des êtres humains à des fins et dans un environnement pratiquement identiques. On peut de même résoudre les paradoxes, en recourant si nécessaire à des contre-paradoxes fondés sur la même logique. Hans le Malin se servait d'indices existants, qui lui étaient évidents, même s'ils ne l'étaient pas pour ses expérimentateurs. Deux personnes prises dans le « dilemme des prisonniers » en connaissent les gains et les pertes : le maître chanteur et sa victime parlent la même langue. Dans le renseignement, la réussite d'une entreprise de désinformation dépend d'une estimation soigneuse de la façon qu'a l'opposant de se représenter la réalité (*sa* réalité de deuxième ordre), et de ses desseins à l'intérieur des limites et des possibilités d'un univers physique commun aux deux parties (*leur* réalité de premier ordre).

Il s'agira dans ce qui va suivre de contextes où *la base commune de communication*, n'existant pas encore, *doit être inventée*, pour être ensuite présentée à l'autre partie de telle sorte que celle-ci puisse en découvrir le sens. C'est-à-dire que les questions abordées ici concernent la mise en place d'une base pour l'échange d'informations, l'échange proprement dit étant secondaire. Restant qu'une fois cet échange établi, il pourra révéler à chacune des deux parties la vision la plus inattendue et pour elle inimaginable de la réalité de deuxième ordre de son partenaire.

Ce problème nous fera toucher à deux des plus vieux rêves de l'humanité : communiquer avec les animaux et avec les extra-terrestres.

Nous verrons que, pour les animaux, on a fait des progrès très intéressants — sans retomber dans les erreurs du cas Hans — vers l'élaboration de langages pouvant être partagés à la fois par l'homme et son partenaire animal.

Et grâce aux avancées de la science, la communication avec des extra-terrestres ne sera peut-être plus un rêve pour la génération qui nous suivra. Ses aspects techniques, bien entendu, retiendront peu notre intérêt. Nous nous attacherons surtout à la question de savoir comment, une fois que la technologie aura rendu la communication matériellement possible, établir un terrain de compréhension commun. Nous verrons que les problèmes à résoudre sont une fois de plus de nature fondamentale.

Nous pénétrerons pour finir dans un autre domaine — que beaucoup de mes lecteurs refuseront sans doute d'associer à la communication, mais qui me semble-t-il rentre bien dans les aspects les plus ésotériques de la recherche sur la communication, et qui prend de l'importance au fur et à mesure que la science se fait de moins en moins accessible au sens commun. Nous ne ferons là encore que survoler un territoire vaste et inexploré, nous limitant à quelques exemples de problèmes intrigants : ceux qui émergent d'une interaction purement imaginaire entre des êtres imaginaires ou dans le cadre de situations imaginaires.

15

Le chimpanzé

De tous nos proches cousins du règne animal, aucun ne paraît aussi humain que le chimpanzé. Mais s'il existe bien de fortes ressemblances physiologiques, et si le comportement social du chimpanzé présente beaucoup d'affinités remarquables avec le nôtre, cette proximité trompeuse ne doit pas nous faire perdre de vue les différences existant entre eux et nous. Quiconque observe le comportement des chimpanzés — mouvements, manifestations émotionnelles, expression du faciès — est tenté d'en conclure qu'ils seraient pratiquement nos égaux si seulement on leur apprenait à parler. Et ils sont en vérité tout à fait habiles à acquérir la *compréhension* de notre langage — mais il en va de même pour le chien et plusieurs autres mammifères supérieurs.

En fait, l'histoire des relations entre l'homme et le chimpanzé est assez riche en tentatives visant à enseigner notre langage à l'animal. Ces expériences ont la plupart du temps consisté à élever chez soi de très jeunes chimpanzés dans des conditions identiques à celles de l'éducation d'un petit d'homme. Keith et Catherine Hayes [62, 63] [1] des laboratoires Yerkes de biologie des

---

1. On trouvera dans le livre de Catherine Hayes *The Ape in Our House* [59], écrit pour un large public, une profusion d'incidents charmants et éloquents. Deux d'entre eux en particulier révèlent la gentillesse naturelle du chimpanzé et sa capacité à partager la réalité — même imaginaire.

Viki, quand elle était toute petite, jouait parfois avec les chats et les chiens. Un chat qu'elle connaissait, un jour qu'il était malade, prenait le soleil sur le perron d'une maison voisine. « Viki, qui lui jetait des coups d'œil de temps à autre, finit par aller le trouver. Le chat resta immobile. Viki se pencha et le regarda droit dans les yeux. Puis elle l'embrassa et s'éloigna doucement » [61].

Une autre fois, Viki inventa un jouet à ficelle imaginaire, à savoir qu'elle se

143

primates, en Floride, firent la tentative la plus célèbre et probablement la mieux documentée. A l'instar de plusieurs autres chercheurs, ils s'aperçurent que l'aptitude du chimpanzé à acquérir et à utiliser notre langage était extrêmement limitée. Viki, leur petite pupille, vécut six ans dans leur maison; bien qu'autant en contact avec la parole humaine qu'un enfant du même âge, et bien que comprenant de nombreux ordres, elle ne parvint jamais à dire plus de quatre mots : « maman », « papa », « tasse » et « haut ». Encore avait-elle bien du mal à les prononcer et s'en servait-elle mal à propos.

L'échec de Viki semblait confirmer l'opinion courante selon laquelle les humains sont seuls capables d'engendrer et d'apprendre un langage allant au-delà de la vocalisation d'émotions, des cris d'avertissements, etc., et incorporant des réalisations aussi complexes que l'utilisation de symboles ou de sons (mots) choisis arbitrairement pour désigner objets et concepts, former des phrases et les réassembler en de nouvelles combinaisons. Comme l'indique l'exergue de ce chapitre, ce point de vue remonte à Aristote. Mais nous avons appris depuis qu'en ce qui concerne les chimpanzés, leur inaptitude à la parole est essentiellement anatomique : ils ne possèdent tout simplement pas un appareil phonatoire suffisamment différencié. Comme l'ont noté voilà cinquante ans Robert Yerkes et Blanche Learned, leurs tendances à l'imitation, par ailleurs remarquables, n'incluent pas les sons : « Je ne les ai jamais entendus imiter un son et rarement

comportait comme si elle était en train de faire le tour de la salle de bains en tirant un jouet par une ficelle. Elle finit par pousser ce jeu au point où elle prétendit que la ficelle s'était emmêlée et qu'elle n'arrivait pas à en démêler son jouet imaginaire. Elle leva les yeux vers Madame Hayes et cria : « Maman! Maman! »

Je fus soudain effrayée par l'étrangeté de toute cette affaire, mais je sentis que je devais continuer le jeu pour préserver notre entente future. Je lui dis en souriant : « Attends, je vais t'aider. »
Exécutant une pantomime étudiée je lui pris la corde des mains et, après force tirages et manipulations, je la démêlai de la tuyauterie. Je n'osai pas croiser son regard avant de lui avoir tendu cette corde qu'aucune de nous deux — je crois — ne voyait. « Tiens, petite », lui dis-je.
C'est alors que je vis l'expression de son visage. S'il s'était agi d'un enfant muet, on l'aurait dit un regard de total dévouement, de gratitude pour tant de compréhension, d'autant qu'un petit sourire parcourait ses lèvres. Son visage tout entier reflétait l'émerveillement propre à celui des enfants lorsqu'à leur surprise une grande personne, dans une évasion enthousiaste, joue à faire semblant [60].

prodüire un son donné, qui leur soit propre, en réponse au mien » [191].

Par ailleurs, ils ont des mains très développées qui leur confèrent une grande dextérité. Il suffit pour s'en rendre compte de les observer au zoo ou de lire le beau livre de Jane van Lawick-Goodall, *Les chimpanzés et moi* [86], et de regarder les photographies qu'il contient. Il existe aujourd'hui une documentation abondante montrant que les chimpanzés disposent d'une grande variété de gestes communicatifs (saluer, mendier, embrasser, étreindre, rassurer, jouer) d'allure étonnamment humaine, et aussi qu'ils se servent très adroitement de certains outils, ils sont même capables d'en confectionner de nouveaux si besoin est. Des chercheurs se sont donc tournés, ces dernières années, vers des langages recourant aux mains et à d'autres parties du corps. Ces langages ont l'énorme avantage, contrairement à la parole, de pouvoir être facilement partagés par les hommes et tous les grands singes.

Le langage par signes

En juin 1966, Allen et Beatrice Gardner, tous deux psychologues à l'université du Nevada, à Reno, commencèrent à travailler avec un chimpanzé femelle né en liberté, alors âgé d'environ un an, qu'ils appelèrent Washoe. Leur but était d'établir la communication grâce à l'*American Sign Language* (ASL — « langage par signes américain ») pour voir jusqu'où celui-ci pourrait devenir un moyen de communication entre les hommes et les singes [47, 56].

Comme d'autres langages par signes créés par les sourds à leur propre usage, l'ASL a un vocabulaire de 5 000 à 10 000 signes, basés principalement sur des gestes des mains, des bras et de la tête. Beaucoup de ces signes sont figuratifs ou iconiques, c'est-à-dire que le geste est en rapport direct avec ce qu'il désigne. Par exemple, le signe pour « fleur » est exactement le geste que ferait quiconque tient une fleur entre ses doigts, la porte à son nez et la sent, d'abord de l'une puis de l'autre narine. D'autres signes sont plus arbitraires : on signifie par exemple « chaussures » en frappant l'une contre l'autre les tranches de ses poings. On peut néanmoins dire que tous les signes sont, jusqu'à un certain point, un mélange d'éléments iconiques et arbitraires; comme dans d'autres langages iconiques, l'usage constant produit, en outre, de nombreuses imprécisions et simplifications. Incidemment, ceux qui ne sont pas familiers avec les langages par signes pourront être surpris du fait qu'ils sont susceptibles de nommer non seulement des objets et des actions concrets, mais aussi des concepts et des réflexions abstraits.

L'expérience Washoe prit fin en octobre 1970, lorsque Washoe elle-même fut transférée à l'Institut des études sur les primates de l'université de l'Oklahoma, à Norman. Elle avait acquis dans l'intervalle un vocabulaire de 130 signes et on l'avait vue utiliser 245 combinaisons (« phrases ») de trois ou plus de ces signes.

Les Gardner apprirent beaucoup de ces signes à Washoe en les lui faisant patiemment répéter. Étant donné l'aptitude bien connue des singes pour l'imitation, ce résultat n'est pas pour nous surprendre. Beaucoup plus intéressante fut la capacité fréquemment observée chez Washoe de créer des signes *nouveaux* dont elle agréait l'usage par les humains qui s'en servaient comme elle. Elle introduisit, par exemple, le signe « se dépêcher », en agitant vigoureusement une main ouverte avec les muscles du poignet. Pour « drôle », elle reniflait en appuyant son index sur son nez : ce signe fut assimilé à travers l'interaction avec les humains. Comme l'expliquent les Gardner, « il apparut tout d'abord comme un babillement spontané se prêtant à un simple jeu d'imitation : Washoe signifia [1] ' drôle ', nous l'imitâmes, puis elle nous imita, nous l'imitâmes encore, et ainsi de suite. Nous répondions par rires et sourires aux échanges dont elle prenait l'initiative, et nous prenions nous-mêmes l'initiative du jeu quand il se passait quelque chose de drôle. Washoe finit

---

1. *Signifie :* le mot sera employé dans tout ce développement au sens de : « fait savoir par signes » (NdT).

par utiliser spontanément le signe ' drôle ' presque toujours à-propos [1] » [56].

Les fautes que commettait Washoe étaient au moins aussi éloquentes que ses succès. On lui montrait des reproductions ou des diapositives d'animaux, d'aliments ou d'articles divers qu'elle devait nommer. (On prit bien soin d'éviter un phénomène du type Hans le Malin en empêchant que les expérimentateurs pussent fournir une quelconque indication.) Washoe faisait le signe « chien » à l'image d'un chat, « brosse » lorsqu'on lui montrait celle d'un peigne, ou « nourriture » à la place de viande. Toutes ces erreurs sont significatives car, loin d'être dues au hasard, elles dénotent un bon groupage conceptuel. La dernière — « nourriture » au lieu de « viande » — est particulièrement intéressante car elle semble indiquer qu'un chimpanzé est capable de penser en termes de classes d'objets — faculté longtemps considérée comme exclusivement humaine et qui put être vérifiée expérimentalement, nous n'allons pas tarder à le voir, par les Premack, deux autres spécialistes des primates. De même, Washoe signifia longtemps « bébé » de façon indifférenciée pour des jouets représentant des chats, des chiens et autres animaux, mais jamais pour le vrai animal ou son image.

Washoe se mit bientôt à combiner les signes dans des phrases, passant d'une simple nominalisation (l'un des modes les plus archaïques qu'a un individu pour ordonner son monde) à des communications avec et à propos de son monde. Ses premières « phrases » furent des demandes : *gimme sweet* [2] (« donne-moi bonbon ») et *come open* (« viens ouvrir »). Elles devinrent vite plus complexes, incluant par exemple le nom de la personne à qui s'adressait la demande : *Roger you tickle* (« Roger toi chatouille »). L'histoire du signe pour « ouvrir » ne manque pas d'intérêt. Tout comme un enfant, Washoe exigeait d'abord l'ouverture d'une porte en la martelant des deux mains. Comme c'est

---

1. Il faut ici préciser que les Gardner et leurs collaborateurs se servaient exclusivement, en présence de Washoe, de l'ASL pour communiquer entre eux et avec elle. On recourait cependant librement à des vocalisations telles que rires ou soupirs, comme aux sifflements ou battements de mains.

2. *Gimme* est la contraction de *Give me* dans la langue familière et enfantine, et est conservé sous cette forme, c'est-à-dire en un signe unique, dans l'ASL (NdT)

aussi l'amorce du signe « ouvrir » en ASL, les Gardner lui
apprirent à le compléter en écartant les mains tout en tournant
les paumes vers le haut. Washoe transféra rapidement ce signe à
d'autres contextes appropriés : réfrigérateur, armoires, tiroirs,
boîtes, malettes et même bocaux, robinets enfin. Ceci montre
clairement qu'elle ne s'était pas contentée d'apprendre un truc :
elle avait bien dû saisir la signification du signe et avec elle le
concept abstrait d' « ouvrir quelque chose qui est fermé ». Elle
commença ici encore à utiliser des combinaisons de signes, et on
la vit à douze reprises distinctes émettre ces phrases à l'adresse
d'une porte verrouillée : *gimme key*, *more key*, *gimme key more*,
open key, *key open*, *open more*, *more open*, *key in*, *please*, *open
gimme key*, *in open help*, *help key in*, *open key help hurry* (donne-
moi clef, clef encore, donne-moi clef encore, ouvrir clef, clef
ouvrir, ouvrir encore, encore ouvrir, clef dedans, s'il te plaît,
ouvrir donne-moi clef, dedans ouvrir aide, aide clef dedans,
ouvrir clef aide dépêche) [48].

Ces exemples pourraient donner l'impression que Washoe
rattachait les signes sans grande discrimination ; mais les Gardner
rapportent qu'elle était parfaitement capable de leur donner un
ordre sémantiquement correct, comme la phrase : *you me go out
hurry* (« toi moi sortir dépêche ») le montre. Plus impressionnante encore est la juste distinction entre le sens de *you tickle me*
(« toi chatouiller moi ») et celui de *me tickle you* (« moi chatouiller toi ») [50]. Washoe participait aussi à ce qu'il faut
incontestablement appeler des dialogues :

> Washoe : *Out out!* (Dehors dehors!)
> Interlocuteur : *Who out?* (Qui dehors?)
> Washoe : *You* (Toi)
> Interlocuteur : *Who more* [*else*]*?* (Qui [d'autre] encore?)
> Washoe : *Me* (Moi) [49]

Elle a pu même se « parler » à elle-même : les Gardner l'ont
observée qui signifiait « se dépêcher » lors d'une retraite précipi-
tée vers son pot de chambre.

Les communications de Washoe dépassèrent les simples
demandes, ce qui est un développement significatif — car les

demandes sont après tout courantes chez les animaux, surtout chez ceux vivant ensemble en groupes socialement organisés. Dans de tels groupes, c'est l'ordre des relations entre les membres qui compte : comme y a insisté Gregory Bateson [15], une demande à manger sera ainsi transmise par un comportement qui évoque un certain registre de relation ; c'est-à-dire qu'elle signifiera *be mother to me now* (sois mère pour moi maintenant) plutôt que le *I want food* (je veux manger) d'un humain. Lorsque Washoe, entendant un chien qu'elle ne voyait pas aboyer au dehors, apprit à signifier *listen dog* (écoute chien), ou qu'à la sonnerie d'un réveil marquant l'heure du repas elle signifia spontanément *listen eat* (écoute manger), il est évident qu'elle allait au-delà de simples nominalisations et de simples demandes. Elle touchait à ce qu'on pourrait peut-être appeler des énoncés dénotatifs (à savoir des énoncés portant sur les objets de sa perception, et par conséquent sur sa réalité de deuxième ordre).

Washoe a encore fait des progrès depuis son transfert à l'Institut des études sur les primates de l'université de l'Oklahoma, à Norman. Le Dr Roger Fouts, directeur des recherches, rapporte qu'elle signifia une fois : *gimme rock berry* (Donne-moi fruits cailloux) ; c'était une nouvelle combinaison, et apparemment incorrecte ; mais il s'avéra qu'elle faisait allusion à une boîte de noix du Brésil. (De même Lucy, autre chimpanzé du Dr Fouts, un jour qu'on lui avait pour la première fois donné un radis, le croqua, le recracha et l'appela *cry hurt food* (aliment pleure avoir mal). Fouts raconte encore que Washoe fit une de ses « remarques » les plus comiques à la suite d'une bagarre avec un macaque rhésus. Elle l'appela *dirty monkey* (sale singe), bien qu'elle eût jusque-là seulement utilisé le signe « sale » comme substantif et pour se référer aux fèces. Elle s'en sert depuis en bonne logique, comme d'un adjectif dont elle qualifie les gens qui n'accèdent pas à ses demandes [43].

L'emploi fait de l'ASL par les chimpanzés de l'Institut entre eux est un autre phénomène très intéressant. Fouts et ses collaborateurs l'ont observé fréquemment, à l'occasion de taquineries, de jeux, de réconforts mutuels et de partages. Comme les chimpanzés continuent en même temps de recourir dans ces contextes à leurs modes naturels de communication, il ne paraît

149

pas exagéré de dire qu'ils sont bilingues : tout comme des enfants élevés à l'étranger se servent entre eux à la fois de leur langue maternelle et de la langue du pays.

L'instauration d'une réalité commune au travers de la communication avec les grands singes n'en étant qu'à ses débuts, les observations ont jusqu'ici soulevé plus de questions qu'elles n'ont apporté de réponses. Nous ne connaissons pas encore les limites du vocabulaire ASL dont peut disposer un chimpanzé; et nous en savons fort peu sur deux très importants aspects du langage : l'emploi de questions et celui de négations par les animaux eux-mêmes. Il existe néanmoins dans les études récentes quelques faits indiquant que ces deux concepts grammaticaux sont à la portée des chimpanzés. Ainsi Lucy joue-t-elle parfois avec son chat en peluche en lui demandant des noms d'objets [44]. Évidemment, on pourra toujours prétendre que, ce faisant, Lucy se borne à imiter les expérimentateurs; autrement dit qu'elle joue « à l'expérimentateur » en demandant à son jouet : *What is this? What is that?* (Qu'est-ce que c'est? Et ça?), tout comme on le lui demande à elle-même. Pour ce qui est des négations, je connais deux épisodes où l'on en a observé l'usage dans la communication d'un gorille femelle de trois ans, Koko, que Penny Patterson initie à l'ASL à l'université de Stanford. Koko signifie *cannot* (« pas pouvoir ») quand elle est sur son pot, sans parvenir à faire. La seconde négation est plus indirecte : lorsque Koko se balance et que Mlle Patterson désigne la pendule en signifiant *Time to eat* (« l'heure de manger »), Koko parfois ne s'arrête pas et lui signifie en retour : *time to swing* (l'heure de se balancer) [122].

L'expérience Sarah

Dans le domaine de la communication entre homme et chimpanzé, l'expérience probablement la plus élaborée est aujourd'hui menée par David et Ann Premack, de l'université de Californie, à Santa Barbara. Sarah, leur chimpanzé d'origine africaine, était âgée de six ans lorsqu'ils commencèrent leur étude. Ils lui apprirent à communiquer au moyen de pièces en matière plastique pourvues d'une face aimantée et pouvant être disposées à volonté sur un tableau métallique. Les recherches des Premack ont déjà éclairci de nombreuses questions liées à l'acquisition du langage ; de plus, elles paraissent destinées à mettre fin à bien des présomptions ethnocentristes sur l'aptitude des animaux au langage. Premack a publié un compte rendu détaillé de ce travail dans la revue *Science* [136].

Cette recherche concerne les mots, les phrases, les questions, les négations, la métalinguistique (l'utilisation du langage pour enseigner le langage), les concepts classificatoires (couleur, forme, taille), les verbes (ce qu'on appelle les copules, qui relient un sujet à son prédicat), les quantificateurs *tous*, *aucun*, *un* et *plusieurs*, enfin l'importante trame logique *si-alors*, qui est à la base de toute pensée en termes de cause et d'effet.

On commença par entraîner Sarah à associer à chaque mot une pièce en plastique. La forme non plus que la couleur de ces pièces n'avaient pas de similitude avec l'objet qu'elles représentaient. C'étaient des conventions arbitraires, comme la plupart des mots du langage humain n'ont aucune ressemblance avec ce qu'ils signifient. (Ainsi que l'ont un jour écrit Bateson et Jackson : « Il n'y a rien qui ressemble particulièrement à cinq dans le nombre cinq, comme il n'y a rien qui évoque particulièrement une table dans le mot table » [14].) Pour établir l'association entre l'objet réel et le symbole choisi pour le représenter, les Premack mettaient, par exemple, un fruit devant Sarah et la laissaient le manger. Puis ils plaçaient devant elle un autre fruit de la même sorte accompagné de son symbole. Enfin, ils ne posaient sur la table que le symbole et gardaient le fruit hors de sa vue. Quand Sarah plaçait le symbole sur le tableau, ils la récompensaient avec le fruit. Elle acquit ce mécanisme presque immédiatement.

Cette méthode simple, consistant à établir des associations entre un symbole spécifique et un fruit spécifique, fut étendue à d'autres types de fruits « nommés » par d'autres symboles. On l'utilisa pour apprendre à Sarah les noms de ses compagnons humains, et enfin des mots autres que des noms. Sarah apprit de cette façon l'emploi des verbes, parvenant à des phrases telles que

« Sarah donner pomme Mary » lorsqu'on lui proposait un morceau de chocolat en échange de sa pomme.

En construisant patiemment et méthodiquement son répertoire langagier, les Premack ont montré qu'un chimpanzé est capable d'opérations mentales telles que l'emploi de questions, de négations, des comparaisons *même* et *différent*, du concept métalinguistique *nom de* et *pas nom de* — comme par exemple dans la question : « ? nom de plat » signifiant « Quel est le nom de ce plat ? »; ou dans : « ? ' banane ' nom de pomme » signifiant « Est-ce que le symbole ' banane ' est le nom de l'objet pomme ? », question pour laquelle la réponse ne peut être exprimée que par les signes « oui » ou « non ». Mais le résultat à mes yeux le plus surprenant de cette étude réside dans le fait que le chimpanzé peut ordonner son univers en classes logiques. Sarah assigne correctement une pastèque soit à la classe des fruits, soit à la classe des aliments, soit à la classe des objets ronds suivant la question qu'on lui pose. Ce qui veut dire que tous les problèmes rencontrés avec des humains dans le travail clinique et qui proviennent de la confusion à effet paradoxal d'une classe avec un membre de cette classe sont aussi, au moins potentiellement, présents chez les grands singes. On peut se demander si les logiciens et les philosophes, depuis les Grecs jusqu'à Whitehead et Russell, ont jamais songé à cette possibilité !

La façon dont je traite ici du domaine de la communication entre l'homme et l'animal est par nécessité très sommaire, et je n'ai pas fait état de maints travaux en cours : l'entraînement par ordinateur de Lana, par exemple, le chimpanzé de Rumbough, Gill et von Glaserfeld [147]. Mais j'espère avoir montré qu'indépendamment de ce que l'avenir nous apprendra sur les limites de la communication entre l'homme et les singes, notre anthropocentrisme est déjà sérieusement ébranlé : ce n'est pas nous mais eux qui ont été les premiers à apprendre le langage d'une autre espèce.

Dans ces recherches, il reste à considérer une importante question. L'environnement naturel des singes est tel qu'ils sont rarement, sinon jamais, appelés à mettre en œuvre les aptitudes remarquables que nous leur connaissons aujourd'hui. Autrement dit, leurs facultés mentales sont potentiellement bien plus grandes que ce que semble solliciter leur vie en liberté ; mais elles peuvent être développées à travers des contacts tout à fait « non naturels » avec les humains. La même question peut donc se poser à notre égard : combien de notre propre potentiel utilisons-nous réellement ? Quels éducateurs surhumains pourraient nous aider à le mieux développer ?

16

Le dauphin

J'ai entendu par hasard une histoire, véridique quoiqu'elle ait l'air d'une fable, tout à fait digne de l'exubérance et de l'élévation de ton génie poétique. On l'a racontée lors d'un souper où l'on discutait de part et d'autre toutes sortes d'événements miraculeux. L'homme dont je la tiens mérite pleine confiance. Du reste la confiance importe-t-elle à un poète? Pourtant, même si tu étais historien, et non poète, tu pourrais te reposer sur cet homme.

Il y a en Afrique une colonie romaine du nom d'Hippone, située tout près de la mer. Elle s'étend au bord d'une lagune navigable; de là s'ouvre sur la mer un estuaire semblable à celui d'une rivière dont les eaux, suivant les marées, sont emportées vers la mer ou repoussées dans la lagune. Des gens de tous âges aiment à y pêcher, à y naviguer, à s'y baigner aussi, surtout les jeunes garçons que le jeu et le loisir attirent. Pour eux, la gloire et le courage, c'est d'être entraînés vers la haute mer : le vainqueur est celui qui laisse le plus loin derrière lui la côte et ses compagnons de nage. Durant l'une de ces épreuves, un garçon plus hardi que les autres parvint à gagner le large. Un dauphin apparut qui nagea devant lui avant de le suivre, de jouer à tourner autour de lui, de passer ensuite sous lui, de l'abandonner et de passer encore sous lui. Il chargea sur son dos le jeune homme, effrayé, pour l'emmener d'abord au large. Mais il retourna bientôt vers la côte où il le restitua à la terre ferme et à ses compagnons.

La nouvelle de cet incident se répandit dans la colonie; tout le monde accourut pour voir le garçon comme s'il s'était agi de quelque miracle. On le questionna, on écouta son histoire et on la raconta [130].

154

Cette lettre, écrite par Pline le Jeune au poète Caninius, en 98 après Jésus-Christ, reflète l'étrange fascination exercée sur les humains, depuis des millénaires, par les dauphins — ces fabuleuses créatures des hautes mers.

Fascination difficile à cerner. Il y a quelque chose chez le dauphin [1] qui séduit plus, et différemment, l'esprit humain que le charme de tout autre animal. L'observation de Pline, selon laquelle les gens s'attroupèrent autour du garçon comme devant une sorte de prodige, n'est probablement pas exagérée. La plupart de ceux qui ont observé le dauphin ou ont travaillé avec lui, s'accordent à dire que son influence sur les hommes est assez peu commune. Une histoire en particulier, racontée par Anthony Alpers [6], ressemble à une version moderne de la lettre de Pline :

En 1955, les habitants de la petite ville d'Opononi, située dans l'île nord de la Nouvelle-Zélande, s'aperçurent qu'un jeune dauphin femelle venait presque tous les jours dans leur port et commençait à suivre les bateaux et les nageurs. Elle finit par se lier d'amitié avec quelques enfants et permit qu'on la touchât. Elle paraissait particulièrement éprise d'une petite fille de treize ans, qu'elle prenait parfois sur son dos sur de courtes distances. Tout comme à Hippone dix-huit siècles plus tôt, l'histoire du dauphin se répandit rapidement et les gens venaient de toutes parts pour la voir. Il y eut bientôt des milliers de personnes à s'entasser dans le village, embouteillant la route côtière et campant sur la plage. Le dauphin, qu'on avait surnommé Opo, semblait apprécier leur présence et ne manquait jamais de se montrer. Mais le plus remarquable fut, pour citer Alpers, que « le gentil dauphin faisait sur cette humanité grouillante et bronzée l'effet d'une bénédiction ». Les villageois remarquèrent que contrairement aux années précédentes, il n'y eut cette année-là ni bagarres, ni disputes, ni saouleries. « Certains étaient si excités à la vue d'Opo », écrivit l'un des villageois, « qu'ils n'hésitèrent pas à rentrer dans l'eau tout habillés, rien que pour la toucher ».

---

1. Comme la majeure partie de ce chapitre traite de l'hyperoodon, dit « dauphin à grand nez » *(Tursiops truncatus)*, j'emploierai le terme dauphin de préférence à celui de marsouin. Avec les baleines — dont ils partagent de nombreuses caractéristiques —, les dauphins et les marsouins appartiennent à l'ordre *Cetacea*.

Le soir, comme il faisait trop frais pour rester plus longtemps dans l'eau, tout le monde parlait du dauphin, qui était alors reparti. Dans les tentes qui, telles des lanternes, brillaient sous les pins d'une lueur vert pâle, les campeurs échangeaient leur peu de savoir sur la merveille, parlant à voix basse pour ne pas réveiller les enfants. Ils se rendaient visite d'une tente à l'autre, devenant les amis de ceux qui un instant plus tôt étaient des étrangers. De tout cela, le dauphin était la cause. Dans la salle à manger de l'hôtel, tout le monde parlait à tout le monde. On aurait dit, tant débordaient ces élans d'amitié, que les gens qui formaient ces foules avaient quelque chose à se faire pardonner — peut-être la méchanceté générale des hommes envers les animaux sauvages. Le dauphin, qui jamais ne chercha à mordre, semblait apporter de tout le pardon [7].

Même les froides données scientifiques, concernant les dauphins, sont remarquables. Il y a en premier lieu l'énorme taille de leur cerveau; voici là-dessus quelques renseignements élémentaires indispensables à la suite de notre exposé :

Plus le cerveau d'un organisme est grand et par conséquent complexe, plus complexe et élaboré sera son fonctionnement. Cette progression n'est cependant pas continue : l'apparition de nouvelles fonctions supérieures se fait par paliers. Il existe, par exemple, une limite critique : c'est à partir d'environ 1 kilogramme que la richesse de l'organisation d'un cerveau (les interconnections) permet à l'animal de se servir de symboles et autorise par conséquent le développement du langage [1]. (Avec un cerveau pesant en moyenne 375 grammes, le chimpanzé adulte se place bien en deçà de cette limite, ce qui pourrait expliquer son incapacité à développer spontanément aucune sorte de langage.) Le cerveau humain adulte pèse en moyenne 1 450 grammes, dépassé de six fois par celui des gros cétacés et de quatre fois par celui de l'éléphant. Cependant, chez la baleine comme chez l'éléphant, la taille *relative* du cerveau (à savoir le rapport du

1. Ceci donne un bon exemple d'une loi générale des systèmes, à savoir que des accroissements de leur complexité amènent une croissance étagée, discontinue, de leur fonctionnement. Ces accroissements sont pratiquement impossibles à prévoir. Nous reviendrons brièvement sur ce phénomène en discutant de la complexité éventuelle des civilisations extra-terrestres (p. 194 *sq.*).

poids du cerveau à celui du corps) est de loin inférieure à celle du cerveau humain. Quant au dauphin, l'un des petits cétacés, non seulement il dispose d'un cerveau dont le poids absolu (environ 1 700 grammes) dépasse celui du cerveau humain, mais encore la taille de son corps est-elle comparable à celle de l'homme.

Si l'on admet que le dauphin est retourné à la mer il y a des millions d'années *après* qu'il se fut adapté à la vie sur terre, comme le croient les chercheurs, la question de savoir pourquoi cette créature est pourvue d'un si gros cerveau reste toujours sans réponse. On peut imaginer que si les dauphins étaient restés sur terre, ils auraient pu former une espèce supérieure à la nôtre. Mais ils retournèrent à la mer et renoncèrent ainsi à une certaine évolution, que nous devons considérer jusqu'à preuve du contraire comme fondamentale pour l'apparition d'une race civilisée. Les mains des dauphins se sont mutées en nageoires (leur structure squelettique est toujours celle d'une main), et sans mains il ne saurait y avoir ni invention ni usage d'outils, ni influence directe sur l'environnement, ni écriture, ni accumulation d'information, ni tradition.

Les dauphins n'ont, bien sûr, pas eu à évoluer dans cette direction; ils vivent dans l'apesanteur due à la densité de l'eau, ils n'ont besoin ni d'abris ni de vêtements et la nourriture est en général abondante, de sorte qu'ils n'ont aucune raison d'apprendre à cultiver et à stocker. L'homme mis à part, ils ont peu d'ennemis naturels; ce sont surtout les requins et les épaulards, qu'ils ont l'habitude de combattre (les premiers) ou de fuir (les seconds). A quoi leur cerveau leur sert-il donc? Vivre dans la mer ne demande guère d'intelligence. Le requin blanc a, par exemple, survécu des millions d'années avec un cerveau grand comme celui d'un singe dans un corps pesant jusqu'à vingt tonnes.

Il n'est donc pas surprenant que les dauphins soient l'objet d'une intense curiosité scientifique. Il est tout bonnement insensé d'admettre que tout ce qu'ils peuvent faire de leur excès d'intelligence consiste à sauter dans le sillage des navires, exécuter des tours aussi inutiles qu'indignes dans les parcs d'attractions, ou aider la Marine à faire sauter les navires ennemis. Ajoutons que, de tous les animaux doués d'un cerveau supérieur, seuls les dauphins sont pour les humains des objets d'étude maniables :

travailler avec des baleines ou des éléphants pose d'écrasants problèmes techniques.

Les dauphins respirant au moyen de poumons, ils doivent remonter chercher de l'air à la surface et courent donc autant que les hommes le risque de se noyer. (On estime en fait que chaque année des centaines de milliers d'entre eux se noient après s'être empêtrés dans des filets de pêche.) Ceci explique les étonnants et touchants secours qu'ils se prodiguent entre eux, et prodiguent aux hommes mis en danger par la mer. Il existe de nos jours nombre de témoignages oculaires de ce que, voici des siècles, Aristote, Plutarque et Pline ont observé : que les dauphins viennent en aide aux individus en difficulté, hommes ou dauphins, en remontant leur corps à la surface. Se relayant sans cesse, ils peuvent le faire des heures durant. Grâce à des recherches minutieuses utilisant des hydrophones (des microphones sous-marins), nous savons aujourd'hui qu'un dauphin en difficulté émet ce que nous serions peut-être tentés d'appeler un « signal de détresse international », qui amène immédiatement d'autres dauphins à son secours. Les humains peuvent imiter ce signal [1]; je connais un jeune étudiant en zoologie qui l'a essayé : il plongea au fond du bassin des dauphins, et émit l'appel de détresse : les deux dauphins ramenèrent immédiatement son corps à la surface. Cela fait, les dauphins constatèrent qu'il allait bien et se rendirent, semble-t-il, tout de suite compte qu'il avait abusé du signal de détresse. Ils lui donnèrent ce qu'en langage humain on appellerait une bonne raclée, le frappant de leur museau osseux et le giflant de leur queue. Aussi différent que leur monde soit du nôtre, voici une règle qui a cours dans les deux : l'abus d'un signal vital est une conduite grave, qui — dans l'intérêt de tous — ne saurait être tolérée. En toute autre circonstance connue, l'amitié du dauphin pour les êtres humains est proverbiale, même en face d'une provocation ou d'une menace.

Les dauphins, en captivité surtout, ont une étonnante conscience du comportement humain et de ses limites. Ils semblent, par exemple, pouvoir évaluer la capacité d'un homme

1. Lilly le décrit comme « un très bref sifflement aigu et pénétrant, composé de deux parties, un crescendo et un decrescendo » [88].

à la nage. On a observé que des dauphins en captivité repoussaient certains nageurs vers le bord du bassin et tentaient de les soulever au-dehors. Ils devaient considérer que l'homme ne nageait pas assez bien pour un bassin si profond — du moins est-ce l'interprétation qu'on a faite car ils ont évidemment pu être guidés par d'autres raisons. Les vocalisations des dauphins — sur lesquelles on s'étendra plus loin — se situent généralement bien au-dessus de la fréquence accessible à l'oreille humaine. Aussi incroyable que ce soit, les dauphins captifs s'en rendent très vite compte, et abaissent leur hauteur de son jusqu'à une fréquence que nous pouvons percevoir. Ils découvrent aussi que nous ne pouvons les entendre sous l'eau (à moins bien sûr de recourir aux hydrophones) et sortent la tête de l'eau le cas échéant.

Je viens de faire allusion aux jeux. S'il est vrai que les jeunes dauphins, en particulier, sont naturellement joueurs et qu'on a observé chez eux des formes extrêmement complexes de comportement ludique, de nombreux chercheurs pensent qu'il y a là un intéressant problème de ponctuation : car l'étonnant n'est pas tant que les dauphins soient susceptibles d'exécuter des tours d'adresse (comme l'indiquent les représentations qu'on leur fait donner dans les parcs d'attraction), mais plutôt qu'ils aient découvert que *nous* sommes capables d'apprendre à en faire autant. Forrest Wood, des « Marine Studios » de Floride, raconte :

> Tous les jeunes animaux nés dans le cadre du bassin sont devenus là-dessus des experts. Ils se sont aperçus que s'ils lancent le cerceau en caoutchouc à une personne se tenant à la barre d'appui, elle apprendra vite à le leur relancer, et ainsi de suite jusqu'à ce que le marsouin s'en lasse. Que deux créatures aux habitudes et à l'habitat si différents aient appris à partager une activité de plaisir mutuel en dit long, à mon avis, sur le marsouin comme sur l'homme [188].

D'où une autre impression, qui s'impose presque inévitablement : les dauphins paraissent désireux de communiquer avec nous, et semblent contents lorsqu'ils y parviennent. Peut-être serait-il plus juste de dire qu'ils s'impatientent quand ils y échouent. Ou peut-être est-ce seulement l'observateur humain qui retire cette impression de leur comportement, trop pressé de se laisser entraîner par la beauté et le charme de ces créatures à un fantasque anthropomorphisme. (Soit dit en passant, on sait que ce danger toujours présent fonctionne aussi en sens inverse : les animaux « zoomorphisent », c'est-à-dire qu'ils nous voient dans les termes de leur réalité.)

Ce qui nous ramène au cœur de notre thème — l'instauration d'une communication avec une intelligence non humaine. Nous voici en présence d'un organisme jouissant d'une intelligence égale — et peut-être supérieure — à la nôtre, vivant dans un monde complètement différent (la mer), prenant apparemment autant d'intérêt à nous que nous lui en témoignons, et désirant entrer en communication avec nous. Quelles sont dès lors les possibilités d'une telle communication?

J'ai bien peur que la réponse ne soit décevante. Malgré l'énorme travail accompli, les chercheurs n'ont pas encore percé le code qu'utilisent les dauphins pour communiquer entre eux. Il ne fait aucun doute qu'ils ont des modes extrêmement complexes pour communiquer entre eux, mais — ceci apparaîtra comme une plate contradiction — les experts sont en désaccord même quant à savoir s'il existe réellement un « langage » dauphin. A tout le moins, même en l'absence d'une langue naturelle chez les dauphins, on devrait pouvoir mettre au point un langage artificiel que les humains partageraient avec eux. Il y a pour cela deux voies d'approche.

La première serait de se servir de la parole humaine comme véhicule de base, ce qui équivaudrait pratiquement aux tentatives initiales d'enseigner notre langage aux chimpanzés. On a observé et enregistré des imitations de la voix humaine faites par des dauphins en captivité. Le lecteur intéressé se reportera à une conférence enregistrée sur cassette du Dr John Lilly, ancien directeur du laboratoire de recherches sur la communication de Nazareth Bay, à Saint-Thomas, dans les îles de la Vierge [91]. Sur cette cassette, on entend ce que Lilly affirme être la phrase *All right, let's go* (bon, allons-y!) prononcée par l'un des dauphins, au début d'une séance d'entraînement, après que l'expérimentateur l'eut criée. A part que ce haut fait eût pu être accompli par un perroquet ou un merle d'Asie, le malheur, avec ces drôles de cris, est que l'auditeur est incapable de les identifier, à moins d'être prévenu à l'avance de leur signification présumée. Il serait tout aussi prompt à admettre que le dauphin a dit : *I swear, it's cold* (Mon Dieu, il fait froid) si on lui avait affirmé que tel était le sens [1]. L'appareil phonatoire du dauphin — l'évent — semble encore moins propre à la production de la parole humaine que les cordes vocales du chimpanzé.

L'autre possibilité consisterait à fonder la communication entre homme et dauphin sur un système convenant aux vocalisations naturelles du dauphin. Pour les rendre audibles à l'oreille humaine, on ramènerait ces signaux à une fréquence contenue dans le spectre sonore humain [2]. Ceci ne présente aucun obstacle technique, mais ralentirait les signaux d'un coefficient d'environ huit. En conséquence, même quelques secondes seulement après le début d'un test, les observateurs auraient déjà accumulé un retard irrémédiable. A moins d'une ingénieuse prise de vues sous-marine de l'ensemble du comportement permettant d'étudier le film à une vitesse lente synchrone avec la bande son, il serait pratiquement impossible de relier une conduite donnée à la vocalisation l'accompagnant.

Il faut aussi garder à l'esprit qu'une large part des émissions acoustiques des dauphins ne relève pas des communications que nous avons considérées jusqu'ici, mais de leur système très élaboré d'écho-repérage. Le lecteur sait probablement que les chauves-souris peuvent voler dans l'obscurité en émettant des sons aigus (généralement bien au-delà de la perception acoustique humaine) qui leur sont renvoyés par les obstacles se trouvant sur leur chemin, si bien qu'elles les évitent. Les systèmes radar et

---

1. Lilly ne nie pas la possibilité d'une telle source d'erreurs. Dans une publication antérieure, il raconte qu'un soir quelqu'un dit à haute voix dans le laboratoire : *It's six o'clock* (Il est six heures). L'un des dauphins se trouvant dans le bassin émit alors un son que certains observateurs entendirent comme une pâle imitation de cette phrase, mais qui aux oreilles de Lilly ressemblait à quelque chose comme *This is a trick* (« C'est un piège »), prononcé avec un chuintement particulier. Plusieurs autres de ses collègues en vinrent à la même conclusion en entendant la bande [88].
2. La parole humaine s'étend d'une fréquence de 100 à 5 000 hertz. Les dauphins vont de 3 000 à 20 000 hertz, et on observe même parfois des fréquences allant jusqu'à 120 000 hertz.

sonar utilisent le même principe pour la navigation maritime et spatiale. Il constitue de même chez les dauphins le principal mode sensoriel. C'est leur système de communication avec le monde externe, à cela près que son code est unilatéral : il est à la fois question et réponse. L'eau est un excellent conducteur du son, et en y évoluant les dauphins émettent des signaux de haute fréquence, qui leur sont renvoyés par les objets qui les entourent, en leur fournissant ainsi trois types de données :

1. La position de l'objet, avec la direction et la vitesse de tout déplacement de cet objet;

2. Sa distance;

3. Sa taille, sa forme et sa composition.

Autrement dit, grâce aux échos de haute fréquence (les « réponses ») des signaux qu'ils lancent (les « questions »), les dauphins construisent constamment une image très précise de leur environnement. Pour y parvenir, ils recourent évidemment au décalage entre l'arrivée respective des signaux dans l'oreille droite et l'oreille gauche, de façon à calculer la position de l'objet (tout comme nous identifions le lieu d'une source sonore); ils se servent du retard entre l'émission du signal et le retour de son écho pour estimer la distance avec certitude; enfin, ils semblent posséder beaucoup d'informations sur les distorsions typiques de l'écho, qui leur permettent d'identifier la nature, la composition, la dureté et d'autres propriétés de l'objet réfléchissant le son. Grâce à cette dernière aptitude, ils sont capables non seulement de chasser dans l'obscurité ou en eau trouble, mais aussi d'identifier différentes sortes de poissons — étant certainement tout à fait avertis de ce à quoi un type de poisson donné « ressemble » acoustiquement. En fait, il y a de bonnes raisons de penser que leur système sonar est si efficace qu'il les pourvoit d'une espèce de « vision radiographique » acoustique, c'est-à-dire d'informations qui pénètrent la surface des objets réfléchissants. On croit savoir que les mamans-dauphins décèlent les troubles intestinaux de leurs enfants, probablement parce que la congestion d'un bébé provoque une perturbation significative de son système sonar. On a observé des mamans en train de tapoter gentiment le ventre de leurs bébés dauphins pour les faire éructer, tout comme ferait une mère humaine.

Tout cela nous indique que les dauphins vivent dans un monde essentiellement acoustique, alors que notre image de la réalité est surtout visuelle, ce qui complique l'instauration d'une réalité commune ; et, comme nous l'avons dit, on n'a pas encore découvert comment, sur cette base acoustique, les dauphins communiquent entre eux : on sait seulement qu'ils disposent d'un code unilatéral d'écho-repérage.

Il serait d'autre part difficile de négliger la grande masse de faits circonstanciés montrant que la communication des dauphins va au-delà des simples appels de détresse, avertissements et autres signaux émotifs presque universellement présents parmi les membres d'une même espèce. R. B. Robinson, auteur de *On Whales and Men*, en rapporte un exemple des plus impressionnants à propos de l'épaulard, grand cousin du dauphin. Il raconte qu'une flotte de pêche opérant dans l'Antarctique était harassée par l'invasion de milliers d'épaulards qui banquetaient de poissons à l'entour des bateaux. La flotte de pêche demanda l'aide d'une flotte de baleiniers se trouvant à proximité. Les deux flottes se composaient d'embarcations de même type, à savoir des corvettes de la Marine modifiées dont les coques et les moteurs étaient identiques. L'un des baleiniers tira un seul coup de canon-harpon et tua une orque. En moins d'une demi-heure, les orques avaient complètement disparu d'une zone de quelque cinquante milles carrés autour des seuls baleiniers, alors que dans les autres endroits ils continuaient à faire obstacle à la pêche [144].

Les conclusions qu'on doit tirer de cette anecdote ont une grande portée. Pour les épaulards, les deux types d'embarcations ne différaient qu'en ce que les baleiniers étaient munis à leur proue de canons-harpons bien en vue. S'ils s'éloignèrent des baleiniers mais non des chalutiers, c'est que l'épaulard touché avait dû communiquer cette information vitale. Voilà qui est nettement plus élaboré que les habituels signaux de danger qu'utilisent les animaux. Il *faut* que le message de cette orque ait contenu des renseignements détaillés, factuels et dénotatifs — exploit dont on pensait, et dont on pense souvent encore, capables les seuls humains. Une chose est d'exprimer une émotion, telle que la peur, d'une façon qui avertit d'un danger immédiat d'autres membres de la même espèce ; tout autre chose est de spécifier l'aspect physique et l'effet de l'objet dangereux. Pour y parvenir, est requis plus que la simple expression d'émotions : il faut quelque chose de semblable au langage humain. Pour le formuler d'une manière plus pragmatique : hurler : « Ouille! » est une chose; crier : « Enlève ton grand pied de dessus mes orteils! » fait appel à un type de communication tout différent.

Si l'incident des épaulards a bien eu lieu tel que le raconte Robinson, il renforcera l'idée que les cétacés, et donc aussi les dauphins, sont vraiment doués d'une intelligence supérieure et possèdent un langage. Mais nous restons confrontés à la question de savoir ce qu'ils font de cette intelligence. Il se peut très bien que nous soyons partis pour rentrer déçus, car s'ils sont indubitablement très intelligents, leur conduite en captivité ressemble au mieux à celle d'hébéphréniques aux sous-entendus énigmatiques mais vides de sens et aux clowneries sans humour, et il nous reste alors à nous demander ce que nous avons fait de ces gentilles créatures venues de la mer.

Ce que nous avons fait jusqu'ici, en gros, c'est de leur apprendre des tours. Que le lieu soit un parc d'attractions ou un institut de recherches, les dauphins se sont révélés des sujets aussi avides au dressage que zélés dans la recherche. Des savants les étudient à travers le monde entier (par exemple, dans les universités de Cambridge, Hawaï, Berne, Berlin, Adelaïde et Moscou), mais malheureusement parfois à des fins sordides. Que des physiciens s'intéressent au fait étonnant que les dauphins puissent soutenir des vitesses de 40 kilomètres à l'heure, soit dix fois plus que ne devrait théoriquement leur permettre la force musculaire dont ils disposent, voilà qui est compréhensible [1]. Mais le bruit

---

1. Des expériences faites sur des dauphins morts montrent que pour mouvoir leurs corps dans l'eau à une vitesse de 15 kilomètres à l'heure (que les dauphins atteignent et soutiennent aisément), une force de 1,25 kilowatt est nécessaire, soit environ sept fois ce dont sont capables les dauphins. Les savants pensent aujourd'hui que, du fait de leur peau lisse, ils parviennent à réduire le tirant d'eau — à l'origine de la résistance que connaissent l'homme et ses embarcations. Il existe aussi des photographies montrant sur leurs flancs lorsqu'ils nagent à grande vitesse certains plis de la peau qui expliqueraient, croit-on, leur rapidité et son aisance. La force de propulsion de leur queue est supérieure à celle d'hélices; peut-être adaptera-t-on un jour son principe à la propulsion des navires.

court — sans qu'on ait pu, pour des raisons très évidentes, en apporter la preuve — que les militaires ont entraîné des cétacés et des dauphins à des activités moins inoffensives que de rapporter du fond de l'océan des torpilles d'exercice. Selon des rumeurs tenaces, on les entraîne à traquer des sous-marins, à poser des charges d'explosifs sur les coques de navires ou sur des installations militaires sous-marines. On pense qu'un port du Sud-Vietnam a été protégé des hommes-grenouilles avec succès par des dauphins exercés à tuer. Si cela est vrai, nous autres humains sommes passibles de la triste accusation d'avoir tiré un trait sur trois mille ans d'histoire attestant le caractère pacifique et serviable des dauphins envers l'homme, en apprenant à ces aimables créatures à devenir des assassins.

Il y a heureusement dans le monde une exigence croissante pour la protection des dauphins et des cétacés, surtout depuis que certaines races de cétacés sont en voie d'extinction. D'après Lilly, c'est l'URSS qui a pris l'initiative en ce qui concerne les dauphins : en mars 1966, le ministère soviétique des Industries de pêche publia un décret interdisant la pêche et l'abattage commercial des dauphins en mer Noire et en mer d'Azov pour une période de dix ans. Plusieurs membres de l'Académie des sciences de l'URSS ont appelé leurs collègues du monde entier à obtenir de semblables interdictions dans leur pays [90].

Lilly lui-même a exigé la protection légale des cétacés sans ménager son franc-parler. Il pense qu'à cause de leur haut niveau de développement, nous devrions les considérer comme nos égaux. A propos du cachalot à l'énorme cerveau en particulier, il nous propose, au lieu de le tuer, de l'initier à notre niveau de civilisation. Voici qui donnera au lecteur un avant-goût de ses idées parfois un peu extravagantes :

Un orchestre au grand complet jouant une symphonie serait sans doute ce qui susciterait chez un cachalot le plus grand respect pour l'espèce humaine. Du moins serait-ce un excellent début pour tenter de convaincre un cachalot que certains d'entre nous savent peut-être mieux faire qu'assassiner de concert les cétacés. Un orchestre symphonique jouant de multiples mélodies et leurs transformations complexes, pourrait retenir son atten-

tion pendant au moins deux ou trois heures. Son vaste ordinateur permettrait sans doute au cachalot d'emmagasiner
toute la symphonie et de la rejouer dans sa tête à loisir. Je
conseille à quiconque tente cette expérience, d'être d'abord
paré pour jouer plusieurs symphonies dont chacune une fois
seulement. Le concert autrement risquerait d'ennuyer le
cachalot [89].

Que cette expérience particulière soit ou non praticable, la
seule idée qu'il existe sur notre planète des êtres vivants dont
l'intelligence approche sinon dépasse la nôtre, qui partagent
notre univers, mais vivent dans une réalité totalement différente,
est si fantastique, que nous ne devrions jamais cesser de nous
demander ce qu'ils savent et ce qu'est leur réalité.

Le Dr Lilly ne fut sûrement pas étonné, en 1961, d'être invité à
participer à un colloque organisé par l'Académie des Sciences
des États-Unis à l'intention d'un petit groupe d'astronomes et
d'astrophysiciens qui, s'ils n'en savaient probablement pas très
long sur les dauphins et les cétacés, n'avaient aucun mal à réaliser
l'intérêt du travail de Lilly pour leurs propres recherches. Ils
furent en fait si impressionnés par sa prestation qu'ils décidèrent
de fonder l'ordre des Dauphins, une expression de l'*esprit de
corps* d'un petit groupe de savants voués à un même but : instaurer la communication avec une intelligence non humaine.
Lilly la poursuivait dans l'océan ; eux, la recherchaient dans
l'espace.

17

La communication extra-terrestre

Une vie intelligente existe-t-elle en dehors de notre planète?
Pour ce qui est de notre système solaire, la réponse a été un
« non » sans ambiguïté dès avant l'avènement des vols spatiaux.
Même si l'on devait finir par découvrir de la vie sur une autre
planète que la Terre, elle serait très rudimentaire : acides aminés,
bactéries, lichens peut-être. Rien en tout cas qui ressemble, fût-ce
de loin, aux petits hommes verts dans leurs soucoupes volantes.

Si nous étendons la question au-delà du système solaire, en
revanche, la réponse sera presque à coup sûr *affirmative*. Il nous
faut pour le comprendre placer le problème en perspective, une
perspective cosmique :

Tout d'abord — les profanes en astrophysique ont peine à
le croire — si l'on découvrait une vie intelligente dans notre
galaxie (la Voie lactée), sa forme devrait largement ressembler à
celle de la vie sur Terre. En effet, il est pratiquement démontré
que la Voie lactée est massivement composée des quatre mêmes
éléments fondamentaux qui constituent 99 % de notre matière
terrestre : carbone, hydrogène, azote et oxygène. Il est de ce fait
hautement improbable que des organismes totalement différents
se soient développés sur d'autres planètes — des êtres pouvant,
par exemple, soutenir la température de la lave en ébullition ou
le climat glacial et sans air de quelque cousine éloignée de notre
Lune. Apprenez la biochimie sur Terre, aimait à dire George
Wald (Prix Nobel) à ses étudiants, et vous réussirez vos examens
sur Arcturus.

Notre question se réduit donc à ceci : combien y a-t-il dans
notre galaxie de planètes comparables à la nôtre par l'âge, la

distance à leur soleil et d'autres conditions physiques générales? Quoique les estimations modernes varient considérablement, la règle empirique de Sir Arthur Eddington reste toujours valable : 10^{11} étoiles forment une galaxie, l'univers étant fait de 10^{11} galaxies [1]. Sur la foi d'un raisonnement avéré que nous admettrons ici de confiance, de 1 à 5 % de ces étoiles (soleils) sont sans doute entourées de planètes présentant des conditions favorables à la vie. Nous avons dès lors notre réponse : un milliard de planètes pourraient dans notre Voie lactée abriter une vie semblable à la nôtre, ou même bien plus évoluée qu'elle. Le désir d'entrer en communication avec ces organismes n'est donc nullement une lubie de science-fiction mais une tâche scientifique tout à fait justifiée et, en vérité, urgente.

Bien entendu, cela ne veut pas dire que la vie existe nécessairement sur ces planètes mais seulement qu'elle est *possible*. Nos biologistes en savent bien trop peu sur le développement de la vie sur Terre pour tirer de là des conclusions certaines sur son apparition et sa présence dans le reste du cosmos. Il se peut qu'elle découle banalement, et presque inévitablement, de la rencontre de certaines conditions fondamentales, comme elle peut être le résultat, ainsi que l'affirme Jacques Monod, d'une probabilité extraordinairement faible [102].

Toutefois « absence de preuve n'est pas preuve d'absence », pour citer le cosmologue Martin Rees. La seule attitude scientifique à adopter en face de l'incertitude que nous venons de dire est de considérer que la vie intelligente existe bel et bien à l'intérieur et au-delà de notre galaxie. Une fois qu'on l'a admis, le problème de l'établissement d'une communication exige une réponse.

Deux questions se posent en fait. La première concerne les aspects strictement techniques de la communication sur des distances si énormes, pour ainsi dire le *comment*. La seconde lui est intimement liée : c'est le *quoi*, autrement dit le problème complexe consistant à présenter à des créatures étrangères — dont les façons de penser, de parler et de ponctuer leur réalité de

---

1. On se souviendra que dix à la puissance onze est le chiffre 1 suivi de onze zéros — une grandeur inimaginable.

deuxième ordre nous sont totalement inconnues — certaines propositions intelligibles pour qu'elles communiquent avec nous et découvrent notre existence.

La différence entre le *comment* et le *quoi* demande plus ample explication. Imaginons que deux individus munis chacun d'un émetteur-récepteur radio veuillent entrer en communication. Ils ne peuvent le faire qu'à condition de s'être *préalablement* mis d'accord sur des données techniques telles que fréquence (longueur d'onde), code, signaux d'appel, horaires de transmission. Sans cet accord sur la procédure (le *comment* de leurs émissions), leurs chances d'entrer en contact seraient pratiquement nulles. On remarquera pourtant que le *quoi* ne présente pas de problème ni n'exige de coordination préalable : ils comprennent la langue dans laquelle sont envoyés les messages (en recourant si nécessaire à un traducteur); comme tous deux sont des êtres humains, vivant au même moment dans le même univers physique et partageant une somme d'informations presque infinie sur leur condition et leur environnement, ils n'auront nul besoin de trouver une base de compréhension mutuelle. Mais dans le cas de la communication extra-terrestre, c'est à la fois le *comment* et le *quoi* qu'il faut découvrir et instaurer.

Dans le monde de la science-fiction, la question de cette communication est allégrement résolue par de puissants vaisseaux spatiaux se rendant à la vitesse de la lumière dans les régions de l'espace les plus lointaines. Hors de la science-fiction, une seule chose est certaine : si nous réussissons à entrer en contact avec les civilisations d'autres planètes, ce ne sera pas par l'intermédiaire de vaisseaux habités. Les distances concernées sont en premier lieu énormes : si tout notre système solaire tenait dans une chambre de San Francisco, l'étoile la plus proche se trouverait à Tokyo. Encore n'y aurait-il aucune garantie que cette étoile eût en orbite l'une du milliard de planètes habitables. Pour avoir une chance statistiquement raisonnable de rencontrer une de ces planètes, il faudrait aller quelque deux cents fois plus loin. Même si nous parvenions un jour à construire un vaisseau se déplaçant aussi vite qu'il est physiquement possible, c'est-à-dire approchant la vitesse de la lumière, aucun homme ne vivrait assez longtemps pour aller jusque-là et en revenir — quoiqu'on ait des raisons de croire que de telles conditions ralentiraient sensiblement le vieillissement biologique [1]. De plus, l'astronome Frank Drake a récemment indiqué que ce vaisseau pèserait l'équivalent d'un millier de cuirassés et consumerait au décollage la moitié de l'atmosphère terrestre.

Il en va tout différemment de la communication radio. Pour citer encore Drake, avec dix centimes d'électricité on peut envoyer un télégramme de dix mots à cent années-lumière de la Terre [2]. Cette forme de communication est de toute évidence la plus praticable. Les astrophysiciens disposent de radiotélescopes spécialement construits pour l'exploration du cosmos et pouvant précisément servir aux fins qui nous occupent ici. L'un des plus puissants instruments existant est le radiotélescope de l'université Cornell à Arecibo (Porto Rico). Il pourrait détecter, tant sa portée est grande, les impulsions provenant d'un instrument analogue, où qu'il se trouve dans notre galaxie. Autrement dit, si une autre civilisation avait atteint, fût-ce aux confins de notre galaxie, notre niveau technologique, la radiocommunication entre elle et nous serait techniquement possible grâce aux instruments que nous possédons déjà [3].

1. Ce n'est pas de la science-fiction, mais une déduction raisonnée de la théorie de la relativité. On le sait : une des plus inimaginables propriétés de la réalité, postulée par la théorie de la relativité, est que le temps lui-même n'est pas absolu, et qu'un allongement et une dilatation du temps se produiront dans tout système approchant la vitesse de la lumière. Ce qui veut dire que des astronautes voyageant à une telle vitesse pourraient, en retournant sur Terre, découvrir que les choses ici-bas ont beaucoup plus vieilli qu'eux-mêmes. Von Hoerner a calculé et comparé le temps sur Terre et le temps vécu par l'équipage d'un vaisseau spatial. Leur différence augmente rapidement (exponentiellement) avec la longueur du voyage interplanétaire. Deux ans de l'équipage correspondraient à une durée à peine plus longue sur Terre — exactement 2,1 ans — , mais dix ans astronautiques égaleraient vingt-quatre années terrestres; et trente ans d'un astronaute, 3 100 années terrestres. En élevant les années d'équipage à soixante, on arrive à cinq millions d'années sur notre planète [71].

2. Une année-lumière (soit la distance parcourue par la lumière en une année solaire) représente 9,461 milliards de kilomètres.

3. On construit présentement un radiotélescope encore plus grand, subventionné par la National Science Foundation, dans le lit d'un ancien lac situé sur le versant oriental du *Continental Divide*, au Nouveau-Mexique. Il devrait être terminé en 1981 et consistera en vingt-sept antennes à disques paraboliques, ayant chacune trente mètres de diamètre. Mais ce radiotélescope serait lui-même dérisoire si le

Mais ce n'est pas tout. Il est un autre biais, involontaire et incontrôlé, par lequel d'autres civilisations peuvent découvrir notre existence. Au cours des trente dernières années, notre planète n'a cessé de devenir une source de pollution électromagnétique sous la forme de signaux radio et télévision toujours plus puissants, en particulier par la voie des relais satellites. La Terre est entourée aujourd'hui d'une sphère de radiations électroniques se dilatant à la vitesse de la lumière et dont le rayon atteint déjà 30 années-lumière. La plupart des signaux sont faibles, il est vrai, mais ils peuvent être captés et amplifiés, et leur nature est telle que des extra-terrestres assez avancés pour posséder le matériel nécessaire à leur réception n'auraient aucune difficulté à se rendre compte qu'ils sont artificiels et non le simple résultat d'une radio-émission naturelle [1]. Il est vrai que, même dans les limites de notre galaxie, 30 années-lumières représentent une distance relativement courte; mais si nous continuons à radiodiffuser les programmes de télévision (au lieu d'adopter, par exemple, la télévision par câble) pendant encore cent ans, on pourra nous détecter sur une distance de plus de cent années-lumière, soit environ 1 000 systèmes stellaires dont chacun peut comporter une ou plusieurs planètes habitables.

Quel que soit en fin de compte le mode d'instauration de la communication avec d'autres civilisations de l'espace — actif si on envoie ou reçoit des messages à cette fin précise, ou bien passif s'il se fait par la détection de signaux radio et télévision —, l'important sera l'acquisition, c'est-à-dire la détection, de nos signaux par d'autres ou vice versa. Dans l'état actuel des choses,

projet Cyclope [137] voyait jamais le jour, car il faudrait à ce dernier un ensemble de quelque 1 400 antennes radio à disques géantes, groupées sur une zone circulaire d'environ 16 kilomètres de diamètre et se déplaçant à l'unisson. On estime le coût de cet instrument à 5 milliards de dollars.

1. Le professeur I.S. Shklovski, de l'Académie des sciences de l'URSS, indique que par le seul fait de la télévision, notre planète est aujourd'hui la deuxième par sa « température de brillance » (par ses radioémissions) au sein du système solaire, n'étant devancée que par le soleil lui-même [164]. Ce dont nous pourrions concevoir quelque embarras car si l'on garde à l'esprit les inepties qu'émettent nos moyens d'information, il est parfaitement possible que des civilisations extra-terrestres aient de nous une image bien trop réaliste avant même que nous n'ayons une chance de les impressionner avec ce que *nous* pensons qu'ils devraient savoir sur nous.

il y faudrait une chance incroyable. Si nous possédons l'équipement de transmission et de réception nécessaire (les radiotélescopes), nous n'avons aucun moyen direct d'établir les conditions préalables essentielles au succès d'une radiocommunication : la fréquence et l'horaire. Nous ne savons même pas s'il y a
quelqu'un là-bas ni où, le cas échéant. Si les astronomes ont de
bonnes raisons de privilégier certaines régions de notre galaxie,
il n'empêche que les chances sont très faibles qu'un radiotélescope terrestre écoute ou émette à la fois dans la bonne direction, sur la bonne fréquence et à la bonne heure. Du point de vue
de la communication, c'est le problème de la fréquence qui est le
plus intéressant.

Ce problème est paradoxal : un accord sur la fréquence pré-
suppose une communication, mais établir la communication est
précisément ce pour quoi nous voulons connaître la bonne fréquence. Comment pouvons-nous parvenir à une décision adé-
quate en l'absence de communication? Nous voici revenus à la
question de l'interdépendance et de ce que pourra être la base de
notre communication avec des extra-terrestres.

Anticryptographie

L'idée de communiquer avec des extra-terrestres passa de la
science-fiction à la science en 1959 avec la publication par
Giuseppe Cocconi et Philip Morrison, tous deux de l'université
Cornell, d'un court article intitulé « Searching for Interstellar
Communications » (A la recherche de la communication interstellaire) [33]. Vers quelle fréquence devons-nous nous tourner?
telle était leur question; et voici leur réponse :

> Une longue recherche spectrale d'un signal faible de fréquence
> inconnue est difficile. Mais il y a, dans la région la plus favorisée
> de radio-émission, *une fréquence type unique et objective qui doit
> être connue de tout observateur de l'univers :* c'est la raie saillante
> de radio-émission à 1 420 Mc./sec. (λ = 21 cm) de l'hydrogène
> neutre (c'est moi qui souligne).

S'attachant à ce que j'ai souligné de cette citation, le lecteur se souviendra qu'en l'absence de communication préalable à l'élaboration d'une décision interdépendante, on ne peut obtenir un résultat positif qu'en le fondant sur une hypothèse tacitement partagée ou un élément qui par son évidence — sa prééminence physique ou quelque autre qualité unique — se détache de toutes les autres possibilités. Cocconi et Morrison ont certainement vu tout de suite que la fréquence choisie pour établir la communication interstellaire se devait d'être unique en ce qu'elle serait « connue de tout observateur de l'univers ». Leur raisonnement se fonde sur le vieux principe : « Que sait-il que je sais qu'il sait... ? »

Les aspects pratiques de la communication extra-terrestre ont fasciné les rêveurs comme les savants bien avant les débuts de la radio-astronomie et des voyages spatiaux. Le projet sans doute le plus important historiquement fut avancé en 1820 par le célèbre mathématicien Carl Friedrich Gauss. En ce temps-là, on ne disposait pour scruter les cieux que des télescopes optiques ; c'était donc l'observation optique qui commandait tout projet de communication spatiale. Gauss avança qu'en disposant un gigantesque triangle rectangle dans les forêts de Sibérie, on pourrait informer les habitants d'autres planètes de l'existence d'une vie intelligente sur la Terre. Des bandes de forêt larges de 18 kilomètres en auraient constitué le tracé ; quant à l'intérieur du triangle et aux trois carrés dressés sur ses côtés, on y aurait mis des champs de blé. En été, la couleur du blé aurait contrasté avec le vert de la forêt ; en hiver, c'est entre les champs enneigés et l'obscurité des arbres qu'il y aurait eu contraste. Gauss prétendait que le triangle serait assez grand pour être visible des plus lointaines planètes de notre système solaire par des télescopes de même puissance que ceux existant sur Terre, et que la signification de la figure serait aussi évidente aux astronomes et mathématiciens extra-terrestres qu'à nous-mêmes [1]. Peut-être la pre-

---

1. Je n'ai pu retrouver cette idée de Gauss dans la pléthore de ses écrits ; d'autant qu'il a pu en faire état dans une lettre, à titre de simple remarque. Je crois que la référence exacte, ainsi que la bibliographie du projet de Littrow (cf. plus loin), se trouvent dans deux publications soviétiques (cf. les articles 123 et 148 de la bibliographie). Je n'ai pu me procurer ce matériel et je le présente ici tel qu'il émerge à plusieurs reprises de la littérature sur la communication extra-terrestre.

mière hypothèse était-elle exacte, mais il est beaucoup moins sûr que des savants d'autres planètes eussent forcément compris notre représentation analogique d'un carré mathématique par un carré physique. John Macvey soutient, cependant, que « le carré d'un nombre une fois transcrit en unités de dimensions physiques donne un carré physique pourvu que ses côtés se recoupent à angle droit. Cette vérité fondamentale doit certainement avoir cours sur *toute* planète *où qu'elle soit* » [95]. Au demeurant, la question est accessoire face à l'ampleur démesurée du projet. Maxwell Cade a pris la peine de calculer la surface nécessaire : 17,261 km² de forêt et 51,800 km² de blé.

Le XIXᵉ siècle vit naître des idées encore plus impraticables. Dans son *Etude sur les moyens de communication avec les planètes*, le poète et savant Charles Cros [1] proposa entre autres choses d'envoyer depuis la Terre des signaux optiques au moyen de sources électriques amplifiées par des réflecteurs. Il eut aussi l'idée, pour laquelle il demanda à plusieurs reprises des subventions au gouvernement français, de construire un immense miroir qui aurait concentré sur Mars la lumière solaire pour faire fondre le sable censé recouvrir cette planète et graver ainsi d'énormes inscriptions à sa surface. Il ne paraissait pas se rendre compte — et on n'avait visiblement pas su l'en convaincre — que la lumière solaire envoyée sur Mars ne serait jamais aussi intense que celle lui parvenant directement du soleil. Il escomptait surtout, semble-t-il, que d'autres planètes finiraient par répondre à ces signaux. Son style s'empreint de lyrisme à la vision de ce grand moment :

> Les observateurs, armés des plus puissants instruments, ne quittent pas du regard l'astre interrogé. Voilà que sur la portion obscure de son disque, un petit point lumineux apparaît. C'est la réponse ! Ce point lumineux, par ses intermittences, calquées sur celles du signal terrestre, semble dire : « Nous vous avons vu ; nous vous avons compris. »

1. Il vécut de 1842 à 1888 ; son génie, doublé de nombreux talents et intérêts, en fit une sorte de Jean Cocteau du XIXᵉ siècle. Il inventa la photographie en couleur, soumit dans une lettre l'idée du phonographe à l'Académie des sciences avant l'invention d'Edison, et fut, par la création de formes artistiques nouvelles, le précurseur du surréalisme.

> Ce sera un moment de joie et d'orgueil pour les hommes. L'éternel isolement des sphères est vaincu. Plus de limite à l'avide curiosité humaine qui, déjà inquiète, parcourait la terre, comme un tigre sa cage trop étroite [35].

En 1840, Joseph Johann von Littrow, directeur de l'observatoire de Vienne, fit le plus sérieusement du monde une autre proposition. Il suggérait de creuser au Sahara un trou circulaire de quelque 40 kilomètres de diamètre qu'on remplirait d'eau, avant d'y verser du kérosène qu'on allumerait la nuit pendant plusieurs heures. La modification du cercle en carré, triangle et autres figures au fil des nuits aurait constitué la preuve indubitable, visible depuis les confins du système solaire, d'une activité intelligente. Von Littrow ne semblait guère troublé du fait que l'eau n'est pas dans le désert marchandise courante, et que la quantité de kérosène requise serait à n'en pas douter astronomique[1].

Si fantaisistes qu'ils fussent, tous ces projets avaient à leur base un sentiment commun : quoi que nous soumettions à nos partenaires de l'espace, ce devra être quelque chose dont nous avons lieu de croire qu'il fait partie de leur réalité comme de la nôtre. Gauss avait parfaitement raison de penser qu'une espèce étrangère capable de construire un télescope *devait* avoir découvert aussi la vérité abstraite du théorème de Pythagore. Comment aurait-elle pu, sinon, mettre au point un dispositif aussi élaboré exigeant une connaissance approfondie de la physique, de l'optique, de la mécanique et par conséquent des mathématiques? Le raisonnement de Gauss reste le fondement de tous les perfectionnements et modernisations ultérieurs des projets de communication extra-terrestre. Il se résume en ceci : *le type de code utilisé doit répondre exactement au contraire de la fonction normale d'un code, qui est d'assurer le plus grand secret* et de rendre un intrus incapable de déchiffrer le message encodé. La cryptographie, science de l'encodage et du décodage, est une autre facette de l'art qui consiste à créer la désinformation, et dissimuler l'ordre inhérent à toute communication ; le décodage constituant

---

1. Pour citer encore Cade [28], la réalisation du projet aurait requis chaque nuit des centaines de milliers de tonnes de kérosène.

alors une recherche d'ordre dans une apparence d'aléatoire [1].

On a, à juste titre, donné le nom d'anticryptographie — c'est-à-dire l'art d'encoder un message avec tant de clarté et de transparence que son décodage présente le moins possible de difficultés, la marge d'erreur et d'ambiguïté étant réduite au minimum — à la recherche du code interstellaire le plus efficace. Comme je l'ai dit, celui-ci doit se fonder sur les aspects de notre réalité dont il est le plus vraisemblable qu'ils appartiennent également à la réalité de l'autre espèce. Telles sont, par exemple, les lois fondamentales de la physique et de la chimie que nous connaissons pour s'appliquer au reste de l'univers, les lois logiques et mathématiques (ainsi les propriétés des nombres premiers), et le fait en particulier que nos partenaires ont, comme nous, mis au point au moins un appareil identique (ou analogue) — le radiotélescope. Son fonctionnement identique sur les deux planètes mène à la conclusion inévitable que les deux civilisations possèdent une somme considérable d'informations comparables. Nous pouvons nous représenter comme étant, nous et nos partenaires, dans la même situation que ces deux agents secrets (p. 105) qui doivent se rencontrer sans savoir où ni quand, et pour cela déterminer correctement quelle solution est à tous deux la plus évidente. Dans le cas de nos partenaires extra-terrestres, nous pouvons dire avec certitude qu'ils tiendront à peu près le même raisonnement et qu'ils essaieront de rendre leurs messages aussi clairs et lisibles que nous les nôtres. Aussi étrangères que nous soient ces espèces et leur réalité de deuxième ordre, nous n'en avons pas moins largement en commun une réalité de premier ordre, qui, n'en doutons pas, jettera le premier pont d'une compréhension mutuelle. Examinons rapidement ce qui a déjà été, là-dessus, accompli.

Le projet Ozma

« Le 8 avril 1960, à environ 4 heures, notre monde est sans le savoir entré dans une nouvelle ère. » C'est ainsi que Macvey [94]

1. Le lecteur intéressé se reportera à l'exposé approfondi de Kahn sur cette captivante question [77].

décrit un moment véritablement historique : la première tentative de l'humanité pour entrer en communication avec une vie intelligente hors de notre planète. Ce projet était baptisé Ozma d'après le nom de la reine charmante qui est dite avoir régné sur le lointain pays d'Oz et ses étranges habitants.

L'astronome Frank Drake, de l'Observatoire national de radio-astronomie de Green Bank, en Virginie de l'Ouest, était l'instigateur du projet. Drake trouvait convaincante la logique de Cocconi et Morrison concernant la longueur d'onde de 21 cm. Parmi les nombreuses étoiles qui apparaissaient, pour une raison ou pour une autre, « éligibles » aux astronomes, Drake et ses collaborateurs choisirent Epsilon Eridani et Tau Ceti, toutes deux situées à environ onze années-lumière de la Terre. Elles furent, trois mois durant, traquées à tour de rôle par le radio-télescope de Green Bank; mais à l'exception de quelques fausses alertes d'ailleurs excitantes, aucun signal témoignant d'un dispositif artificiel ne fut capté.

Sans doute trouvera-t-on décourageante l'histoire du projet Ozma. On se souviendra pourtant qu'il est unique en ceci même qu'on l'a entrepris [1]. La probabilité gouvernant son succès était, disons-le, d'une faiblesse astronomique. Il inaugurait une nouvelle génération d'efforts scientifiques. Des expériences analogues furent peu après menées avec des instruments plus puissants pour suivre d'autres étoiles, à Green Bank et en Union soviétique, elles aussi sans résultat. Il faut souligner que toutes ces expériences étaient « passives », à savoir qu'elles consistaient à capter des signaux provenant de l'espace sans *envoyer* de messages.

---

1. On ne manquera pas non plus de se rappeler cette histoire, racontée par Freud dans *le Mot d'esprit et ses rapports avec l'inconscient* (p. 90-91) :

> Dans le temple de Cracovie, le grand rabbin N. prie au milieu de ses disciples. Soudain il laisse échapper un cri; ses fidèles lui en demandent la cause. « Le grand rabbin de Lemberg vient de mourir. » La communauté se met en deuil. Les jours suivants, on interroge tous ceux qui arrivent de Lemberg sur la mort du rabbin et sur sa maladie. Nul ne peut répondre, ils l'ont tous laissé en fort bonne santé. Enfin il demeure avéré que le rabbin de Lemberg n'était pas mort au moment où le rabbin de Cracovie en recevait la nouvelle télépathique, puisqu'il est encore en vie. Un étranger, profitant de l'occasion, raille un fidèle du rabbin de Cracovie : « Ce fut une magistrale gaffe de la part de votre rabbin que de voir mourir le rabbin L. à Lemberg, puisque celui-ci est toujours en vie. » — « Peu importe, dit le fidèle, *communiquer de Cracovie à Lemberg, voilà qui fut sublime* » (souligné par Freud) (NdT).

Propositions pour un code cosmique

On a beaucoup songé à ce qu'il conviendrait de faire au cas où l'on recevrait des messages de l'espace. La seule possibilité d'envoyer ou de capter des impulsions électriques ne représente que la moitié du problème. L'autre moitié a toutes les caractéristiques d'une décision interdépendante en l'absence de communication directe, à quoi s'ajoute paradoxalement que la communication directe est le but recherché. Nous avons déjà identifié un grand nombre d'éléments que notre réalité de premier ordre et celle de nos éventuels partenaires ont en commun. La question est maintenant de savoir comment faire langage de ces éléments, autrement dit : quel code employer.

Depuis des temps immémoriaux, la méthode utilisée pour « exprimer » le sens, en l'absence d'un langage commun, est la représentation imagée; ainsi dans le langage par signes dont nous avons vu l'usage à propos des anthropoïdes.

Le problème s'en trouve à première vue compliqué, car il semble techniquement plus facile d'envoyer dans l'espace un télégramme de type morse qu'une image. Mais il s'avère qu'on peut ingénieusement combiner les deux moyens. Le seul « langage » accessible à un radiotélescope est naturellement fondé sur des impulsions d'énergie électrique. Les messages sont par conséquent constitués d'impulsions et de pauses entre les impulsions. On dit qu'il s'agit d'un code binaire (il ne se compose que de deux éléments : la présence et l'absence d'impulsions électriques), et les messages ainsi encodés sont habituellement représentés par des chaînes d'un et de zéro. Une image entière peut — comme celles qu'une télévision reproduit à partir des impulsions rapides envoyées par l'émetteur — être encodée en impulsions binaires et émise par ondes radio. En mars 1962, le Dr Bernard M. Oliver [119], spécialiste en information et théorie des systèmes, présenta à l'Institut des ingénieurs radio la chaîne de 1 271 unités (266 un et 1 005 zéro) qui figure à la page suivante [1]. En 1965, ce message fut choisi pour être scellé dans la capsule retard enterrée sur le site de l'Exposition universelle de New York et qui doit être ouverte dans cinq mille ans à compter de cette date. Revenons brièvement sur le raisonnement qui a présidé à la constitution de ce message, raisonnement où, par conséquent, réside la clef de son décodage.

Un cryptographe terrestre commencerait par examiner le message, probablement à l'aide d'un ordinateur, pour dégager les régularités de l'occurrence des 1, des 0, ou des combinaisons des deux. Cette recherche ne le menant nulle part, il en déduirait que le message ne se compose sans doute pas de mots puisque aucune analyse fréquentielle de la distribution, qu'on applique couramment aux langages codés, ne donne ici de résultats. Il serait déraisonnable de penser que cet échec est dû à la structure totalement étrangère de la langue ; car, comme nous l'avons vu, on a tout lieu de croire que les auteurs d'un tel message ont pris grand soin de le rendre aussi simple que possible à décoder. Tôt ou tard, notre cryptographe compterait alors les éléments composant le message. Il en trouverait 1271 et commencerait à se demander ce qu'il pourrait tirer de ce nombre. La théorie des nombres lui étant bien entendu familière, il se rappellerait un théorème fondamental de l'arithmétique, démontré par Ernst Zermelo en 1912, selon lequel tout nombre entier positif est le produit unique de deux ou plusieurs nombres premiers [2]. Et tout comme Gauss pensait que des extra-terrestres reconnaîtraient et comprendraient un triangle rectangle, notre cryptographe serait à juste titre persuadé que les auteurs d'un tel message, ayant eux aussi élaboré l'arithmétique, doivent avoir découvert cette vérité universelle que nous appelons le théorème de Zermelo.

Appliquant le théorème au nombre 1271, il s'apercevrait qu'il est le produit unique de 31 par 41, ce qui lui suggérerait

1. Drake soumit en 1961 un message analogue mais plus court (551 unités) aux membres de l'ordre des Dauphins qui avaient participé au colloque de radio-astronomie de Green Bank (cf. p. 166).
2. 105 est, par exemple, le produit des nombres premiers 3, 5 et 7, et seulement de ces nombres premiers. Il est donc le produit *unique* de ces trois nombres premiers.

179

266 uns et 1005 zéros. Que signifient-ils? *(Voir p. 178.)*

inévitablement que le message est disposé en un rectangle. Des deux figures possibles, il commencerait peut-être par essayer celle ayant une base de 31 unités et une hauteur de 41 lignes, ce qui lui donnerait un modèle sans signification. Mais en traçant la deuxième figure — une base de 41 unités et une hauteur de 31 lignes — et en complétant la première ligne de façon que chaque 0 représente un espace libre et chaque chiffre 1 un trait, il s'apercevrait aussitôt qu'il tient sans doute la bonne piste : il verrait en effet que cette première ligne a un trait (un 1) à chaque extrémité, le reste étant composé de 0. Il y trouverait une indication l'engageant à subdiviser le message en lignes de 41 unités chacune. Supposons qu'il le fasse. Il obtiendrait immédiatement la figure de la p. 182. Avec elle se terminerait sa tâche. Et il remettrait à un astrophysicien ce qui lui paraîtrait certainement être un schéma incompréhensible [1].

Du point de vue de l'astrophysique, ces 1 271 morceaux d'information — comme les appellerait un théoricien de l'information — s'avèrent receler une abondance de sens. Le message dit venir d'une planète habitée par des bipèdes tels que nous, se reproduisant sexuellement. A la droite du dessin représentant le mâle se trouve une rangée verticale de huit symboles qu'un cryptographe identifierait facilement comme étant les huit nombres binaires 2, 1 à 8, lus de droite à gauche avec un « point limite » à la fin de chaque nombre. La colonne tout entière semble se référer aux planètes d'un système solaire (celui des émetteurs), le crecle nu en haut et à gauche représentant de toute évidence leur soleil. Le bras droit du mâle désigne la quatrième planète à partir du soleil, indiquant sans doute qu'elle est celle où les dits êtres vivent. La troisième planète, située immédiatement au-dessus, est le point de départ d'une ligne ondulée traversant horizontalement le schéma : ces êtres doivent la

1. Ceci peut paraître très compliqué mais ne l'est pas aux yeux du spécialiste. Après avoir reçu le message de 551 unités écrit par Drake (cf. p. 179, n. 1), Bernard Oliver mit une heure à le déchiffrer [120].

2. Contrairement à notre système décimal qui dispose de dix chiffres, le système binaire n'a que deux chiffres : zéro et un. C'est le système numérique le plus simple et le plus approprié au type de messages que nous considérons, c'est-à-dire ceux composés d'impulsions (un) et de pauses (zéro) entre les impulsions. Voir pour plus ample explication n'importe quel manuel de mathématiques modernes.

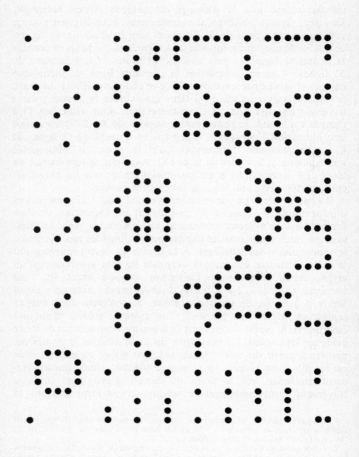

connaître comme recouverte d'eau et habitée par des organismes ressemblant beaucoup aux poissons terrestres. Les diagrammes du haut (à droite du soleil) peuvent être reconnus comme désignant des atomes d'hydrogène, de carbone et d'oxygène; ils suggèrent que la vie, sur la planète en question, est fondée sur une chimie de l'hydrate de carbone. La femelle lève la main vers le nombre binaire six, peut-être pour nous informer qu'ils possèdent six doigts et que leur système numérique est basé sur douze (au lieu du dix dont nos cinq doigts sont à l'origine). Dans la marge de droite, à côté de la femelle, on trouve ce qui ressemble à une accolade verticale accompagnée du nombre binaire onze, indiquant la hauteur des figures. Puisque jusqu'ici la seule unité qui soit connue de nous *et* d'eux est la fréquence de 21 cm, celle de leur message, il est raisonnable de penser qu'ils mesurent 11 fois 21 cm de hauteur, c'est-à-dire 221 cm, ce qui nous pousse à conclure qu'ils habitent une planète d'une gravité légèrement plus faible et donc d'une masse un peu plus petite que la nôtre, leur permettant de grandir plus que nous. Ils sont bien renseignés sur les caractéristiques de surface de la planète la plus proche d'eux (la troisième à partir de leur soleil), et sont donc probablement capables de voyager dans l'espace, ayant sans doute atteint un niveau de développement comparable au nôtre.

Bien que ce message de 1 271 unités binaires soit relativement simple, il contient une quantité surprenante d'informations factuelles, qui conduisent à certaines conclusions [1] supplémentaires sur les aspects de la réalité de nos partenaires et leur vie extra-terrestre. Mais il y a plus; non seulement la réception de cet unique message nous donne les renseignements susmentionnés, mais encore instaure-t-elle une *méthode* de communication, susceptible d'être utilisée et affinée par eux comme par nous dans nos échanges ultérieurs. Nous avons déchiffré une

---

1. Si surprenante que soit cette richesse, elle est pauvreté quand on la compare à la masse d'informations explicites et implicites transmissible par une langue naturelle. Ainsi du célèbre dialogue en dix mots : « Les hommes préfèrent les blondes »... « mais ils épousent les brunes ». Il faudrait de nombreuses pages pour expliquer son sens à quelqu'un qui ne partagerait pas les nombreux présupposés de notre réalité de deuxième ordre qui y sont condensés.

« pierre de Rosette » cosmique et nous avons maintenant avec nos partenaires un code commun. En d'autres termes, d'importants aspects de *métacommunication*[1] sont inscrits dans le message. Outre des informations, il communique sur la communication. Nous disposons maintenant littéralement d'un système commun pour ponctuer la réalité : une règle de communication a vu le jour, tout à fait de la façon que nous avions décrite plus haut (pages 96 et suivantes). Mais tandis que nous considérions là la *limitation* inhérente à tout échange de messages à la seule lumière de ses effets négatifs et restrictifs, ici la réduction progressive d'une infinité initiale de possibilités, le résultat désiré est celui dont nous avons besoin pour communiquer plus et mieux par la suite.

Tout cela paraît net et sans bavures, mais il est un facteur que nous avons laissé de côté pour les besoins de la cause après y avoir fait rapidement allusion : l'énormité des distances. S'il est vrai que les messages voyageront à la vitesse de la lumière, les chances de jamais engager quelque chose qui ressemble même de loin à une conversation sont infimes. Dès qu'il s'agit de distances interstellaires, écrit Cade,

> toute forme de contact personnel devient carrément impossible. En admettant que la vie active normale d'un astronome dure quarante ans, il ne pourra poser qu'une seule question à son homologue d'une planète située à vingt années-lumière, les planètes de Tau Ceti et Epsilon Eridani elles-mêmes ne pouvant être interrogées que deux fois au cours d'une vie. Avec des planètes distantes de cent années-lumière ou plus, la situation devient grotesque : on peut sans doute imaginer, sans jamais l'envisager sérieusement, une correspondance du genre : « Cher Monsieur, en réponse à la question de votre arrière-arrière-arrière grand-père... » [29].

---

1. Pour une introduction à cet important concept de métacommunication et sur sa relation à la communication, cf. les articles 16 et 175 de la bibliographie.

Radioglyphes et Lincos

Le savant britannique Lancelot Hogben, dans un article intitulé « Astroglossa or First Steps in Celestial Syntax » (« Astroglose ou premiers pas vers une syntaxe céleste »), avait proposé dès 1952 un système élaboré pour envoyer des messages dans l'espace. Sa lecture est assez ardue mais son exposé, depuis le choix du tout premier signal de base jusqu'à la communication du concept philosophique de Soi, est extrêmement rationnel. Pour Hogben, le premier pas d'une syntaxe céleste, fondée sur ce qu'il appelle les radioglyphes, est le concept de nombre, tout comme il fut le premier pas sur Terre :

> Le fait que des peuples employant une multitude d'écritures et de langages emploient aujourd'hui le même système numérique indo-arabe nous rappelle que le *nombre* est le concept le plus universel, et qu'en nous y référant nous pouvons dès à présent établir une communication unilatérale avec les premiers êtres humains qui tentèrent de communiquer à distance au moyen de l'écriture [72].

Le nombre est le premier idiome d'une compréhension interstellaire mutuelle; il est suivi par l'astronomie. Hogben explique que nous allons nous trouver dans une situation plus difficile qu'un marin naufragé sur une île. Lui peut instaurer une communication directe et immédiate en désignant des objets et en apprenant le symbole phonétique (le mot) que les insulaires leur associent. Mais nous, nous devons préalablement mettre au point une technique pour désigner les choses, et ces choses devront être des faits astronomiques aussi bien connus des extra-terrestres que de nous-mêmes.

Le professeur Hans Freudenthal, mathématicien de l'université d'Utrecht [45], a proposé en 1960 un langage pour la communication interstellaire encore plus complexe et complet, qu'il a appelé *lingua cosmica*, ou *Lincos*, et destiné à être transmis par impulsions radio. Là encore, le premier pas est la communication de nombres, suivis de signes tels que $+$, $-$, $=$, introduits par des exemples numériques. Freudenthal déduit l'arithmétique et la logique symbolique de ces trois éléments de base. Le deuxième chapitre de son exposé traite du concept de temps, et le troisième du comportement. Suivant la même progression claire, logique et... croustillante, il développe la signification de mots désignant des comportements types comme « chercher », « trouver », « dire », « compter »; de pronoms interrogatifs; mais aussi de verbes aussi abstraits que « savoir », « percevoir », « comprendre », « penser ». Le *Lincos* est ainsi suffisamment élaboré pour exprimer même le paradoxe du menteur — de celui qui dit de lui-même : « Je mens »! L'espace, le mouvement et la masse sont traités dans le quatrième chapitre.

Freudenthal est, en fait, convaincu que notre façon de vivre et de conceptualiser la réalité peut être apprise aux extra-terrestres, exactement comme nous l'enseignons aux enfants [1].

1. Au Colloque sur la communication avec l'intelligence extra-terrestre, qui se tint en septembre 1971 à l'Observatoire astrophysique de Byurakan, sous les auspices de l'Académie des sciences d'Arménie, cette affirmation s'attira une réticence générale. Comme elle intéressera sans doute le lecteur familier de logique mathématique, je voudrais ici en faire brièvement état :
On a des raisons de craindre que fondamentalement, toutes nos tentatives visant à construire un message qui, pour être compris, doit communiquer sa propre explication, rencontreront les problèmes bien connus de l'autoréflexivité et par conséquent des paradoxes. Nous avons déjà rencontré ces difficultés quand nous avons parlé de la fréquence radio à utiliser pour la communication interstellaire. Nous avons vu que la communication de cette fréquence présupposerait précisément la communication que nous voulions instaurer grâce à elle (p. 172). C'est le chien qui court après sa queue. Le même problème exactement ne manquera pas de se présenter avec un message censé expliquer de lui-même comment il doit être compris. Depuis que Kurt Gödel, alors jeune mathématicien à l'université de Vienne, a énoncé son « théorème d'insuffisance » [58], nous savons qu'aucun système ne peut expliquer ou démontrer sa propre cohérence sans recours à des concepts que ce système est incapable d'engendrer lui-même, mais qu'il doit emprunter à l'extérieur dans un système plus large — qui devient lui-même sujet à une insuffisance ultime, et ainsi de suite au fil d'une régression infinie de l'explication, de l'explication de l'explication, etc. Pourtant, ce dont on a besoin ici, c'est d'un message qui se suffise à lui-même. Cette question fut soulevée au colloque de Byurakan par les académiciens soviétiques Idlis et B.N. Panovkine [151].
Ce terrain particulier de la logique a encore une extension intrigante. Dans *Laws of Form* (Lois de la forme) [26], George Spencer Brown soutient que la démonstration de Gödel n'est pas aussi décisive et inébranlable qu'on le considère généralement. Pour le dire d'une façon très laxiste, Brown prétend avoir prouvé

Un message de l'année 11000 avant Jésus-Christ ?

Ces dernières années, la mise sur orbite, autour de la Terre, de capsules inhabitées, surtout des satellites de communication ou d'observation (d'espionnage), est presque devenue routine. Il n'y a aucune raison pour que de pareilles sondes ne puissent être pareillement envoyées beaucoup plus loin, par nous ou — plus vraisemblablement — par des civilisations plus évoluées. Selon le professeur Ronald Bracewell, du Laboratoire de radioscience de l'université de Stanford, l'avantage de ces sondes sur les méthodes précédemment citées serait considérable. Elles seraient l'œuvre de civilisations très avancées qui les répartiraient sur orbites dans un quelconque système stellaire. L'orbite serait choisie en sorte que la trajectoire de la capsule se trouve à une distance du soleil en question compatible avec la vie. Comme, pour diverses raisons, notre système solaire est une cible toute désignée, il n'est pas exclu qu'une telle sonde séjourne déjà dans le voisinage de la Terre, et peut-être depuis longtemps, en train d'essayer d'attirer notre attention. Son but initial est sans doute simplement de se tenir « à l'écoute » des radiations artificielles provenant des planètes qu'elle approche, puis de rendre compte automatiquement de ses observations à sa planète d'origine ou d'être « rappelée » par elle pour une évaluation des données qu'elle aura accumulées. Bracewell croit encore possible d'équiper ces sondes d'un appareillage de transmission, répétant automatiquement les messages interceptés, et sur la même fréquence. Ce serait une excellente et simple manière de nous avertir de l'existence de la sonde et de ses talents propres.

---

qu'un système peut, en effet, se transcender lui-même (s'expliquer depuis son dehors) puis réintégrer son domaine propre en apportant avec lui la preuve de sa cohérence. (*Laws of Form* est d'une lecture difficile et j'ai rencontré peu de gens qui n'aient pas baissé les bras de désespoir dès la deuxième page, ceci malgré l'assurance de Brown que son livre ne requiert « du lecteur rien de plus que la connaissance de l'anglais, de l'arithmétique et de la représentation courante des nombres » [27].)

Voici comment Bracewell voit le déroulement des choses après ce premier contact :

> Pour signaler à la sonde que nous l'avons entendue, nous lui renverrons le message une fois encore. Elle saura alors qu'elle a établi une liaison avec nous. Après quelques tests de routine destinés à prévenir tout accident et à vérifier notre sensibilité et notre largeur de bande, elle commencera son message, avec de temps à autre des questions pour s'assurer que nous restons en contact. Devrons-nous nous étonner si le début de son message est l'image video d'une constellation?
> Ces détails, et la question d'enseigner à la sonde notre langage (en lui transmettant un dictionnaire en images?), sont fascinants mais ne présentent pas de problème, une fois le contact établi. C'est ce dernier point qui est le plus important, et il nous faut donc être vigilants à la possible origine interstellaire de signaux inattendus [21].

La répétition de nos propres signaux serait pour nous très étonnante jusqu'à ce que nous ayons découvert l'existence de la sonde : car aucun fait connu n'expliquerait cet écho radio.

Aussi étrange qu'il y paraisse, c'est pourtant exactement ce qui s'est produit en 1927 lorsqu'un opérateur reçut à Oslo les signaux de la station ondes courtes de radio hollandaise PCJJ d'Eindhoven, suivis environ trois secondes plus tard de ce qui était indubitablement leur écho. On fit une enquête et il fut possible de reproduire l'étrange phénomène : le 11 octobre 1928, on envoya de très forts signaux depuis PCJJ et on reçut à nouveau leur écho. Le Dr B. van der Pol, de la Philips Radio Corporation d'Eindhoven, et l'Administration norvégienne du Télégraphe à Oslo en furent témoins. La réplication fut brièvement rapportée dans une lettre à la revue *Nature* [170] signée du physicien Carl Stormer, le principal enquêteur. D'autres chercheurs reçurent des échos analogues au cours des années suivantes.

Nous avons vu à plusieurs reprises qu'un état de désinformation et d'incertitude provoqué par des événements ne correspondant pas à notre définition de la réalité est d'un effet puissant pour autant qu'il nous oblige à rechercher un ordre qui rende compte de ces phénomènes troublants. Le désarroi créé par les échos radio ne fit pas exception.

Van der Pol envoya d'Eindhoven le signal fixé, trois tops rapides à intervalles de trente secondes. Stormer, à Oslo, et lui-même, à Eindhoven, reçurent ensuite une séquence d'échos sur exactement la même fréquence, avec les retards suivants : 8, 11, 15, 8, 13, 3, 8, 8, 8, 12, 15, 13, 8, et 8 secondes. Nous voici confrontés, comme on voit, à un problème de séquence arbitraire (cf. chap. 5) : il s'agit de savoir si cette chaîne de nombres est arbitraire ou si elle est régie par un ordre interne. Brûlons alors quelques étapes, pour nous tourner tout de go vers la fantastique interprétation de ces échos suggérée par Duncan A. Lunan, étudiant de l'université de Glasgow [92]. Voici, très résumé, ce que soutient Lunan :

Les premiers échos reçus à Oslo suivaient de trois secondes le signal initial, et cet écart se maintint durant plus d'un an, jusqu'aux expériences d'octobre 1928. Les temps de retard commencèrent alors à varier, comme il est montré plus haut. Pour qu'un signal revienne à la Terre au bout de trois secondes, il faut que l'objet qui est à l'origine de l'écho se trouve à environ la même distance de nous que notre Lune. Si l'on admet la proposition de Bracewell et suppose qu'une sonde tourne autour de notre planète, cette répétition avec un retard de trois secondes veut dire que la sonde se trouve placée sur l'orbite lunaire [1]. Mais si c'était là tout ce que l'écho voulait nous signifier, les variations soudaines des temps de retard n'auraient pas eu de sens. On peut supposer alors qu'elles marquaient le début d'une seconde phase de communication. Voici comment Lunan les interprète :

> Il peut paraître absurde de faire des temps de retard un signal — comme un télégramme qui ne contiendrait que le mot « stop » à différents intervalles — mais dès qu'on y pense, le système présente certains avantages pour une communication interstellaire indirecte. C'est une manière plus efficace d'envoyer

1. La plausibilité de cette assertion est renforcée du fait qu'à cette époque la station d'Eindhoven était l'une des plus puissantes de l'Europe continentale, et en conséquence une cible logique pour la dite sonde.

des images que par exemple une séquence de points et de traits dans laquelle chaque trait, ou chaque point, est censé représenter un carré libre sur un quadrillage. Et le message envoyé au moyen d'une variation du temps de retard sera moins sujet aux brouillages de transmission [93].

Lunan répéta ensuite les tentatives infructueuses de 1928 pour inscrire les temps de retard sur l'ordonnée d'un graphe. Il finit par les inscrire en abscisse, mettant en ordonnée les nombres correspondant à la séquence des impulsions, et fit alors une intéressante découverte :

Les retards de huit secondes divisaient le graphe en deux moitiés. Dans la moitié droite, les temps de retard supérieurs à huit formaient la carte de la constellation Bootis (le Bouvier), telle qu'on la voit de la Terre, mais avec une omission remarquable : Epsilon Bootis, son étoile centrale. A sa place se trouvait le sixième écho de la séquence, le seul qui avait trois secondes de retard, qui tombait dans la moitié gauche du graphe. Si l'on faisait parcourir à ce point 180° autour de l'axe des Y — le rabattant, pour ainsi dire, de gauche à droite —, il tombait sur la position exacte d'Epsilon Bootis. La conclusion était inévitable : le message montrait Bootis, nous invitait à corriger la position d'Epsilon Bootis et à renvoyer le message à la sonde, lui signalant ainsi que nous avions appris notre deuxième leçon de communication. Tout ceci confirmait la prédiction de Bracewell selon laquelle il ne serait pas surprenant que le message d'une sonde commence par l'image d'une constellation.

Le plus remarquable, dans l'interprétation de Lunan, réside en ceci que l'étoile de première grandeur de Bootis, Alpha Bootis (encore connue sous le nom d'Arcturus), n'est pas montrée là où elle est aujourd'hui (elle suit un mouvement autonome), mais là où elle se trouvait il y a 13 000 ans! Selon Lunan, cela veut dire que la sonde est arrivée dans notre système solaire en 11 000 avant J.-C. et qu'elle a silencieusement tourné autour de notre planète jusqu'à l'avènement de la radio dans les années vingt, devenant alors active et commençant à exercer la fonction pour laquelle les extra-terrestres l'avaient construite.

Si fantastique que cela paraisse, trop de pièces du puzzle

s'agencent en faveur de l'hypothèse de Lunan pour qu'on puisse la balayer d'un revers de main. En fait, son interprétation est si convaincante que des expériences approfondies suivent en ce moment leur cours pour la confirmer ou la réfuter dans son détail, dont cet exposé sommaire n'a donné qu'une idée superficielle.

La plaque de Pioneer 10

A l'exception du projet Ozma, aucune des idées dont nous avons parlé n'a été jusqu'ici soumise à expérience. En revanche, le 3 mars 1972, on fit avec le lancement de *Pioneer 10* une autre tentative concrète de communication interstellaire. *Pioneer 10* était muni d'une plaque d'aluminium recouvert d'or, de 15 × 23 cm, fixée sur son flanc [1] (voir figure p. 192). Il est passé au large de Jupiter en décembre 1973 et poursuit actuellement sa route, bien au-delà de notre système solaire. Comme il pénètre dans une région considérée, même suivant les critères intersidéraux, comme déserte, les chances (des extra-terrestres) pour qu'on le trouve sont infimes. Mais dans l'hypothèse lointaine où il serait détecté et récupéré par le vaisseau spatial d'une civilisation galactique avancée, la plaque est là pour donner des informations sur notre monde — du moins avec quelques millions ou milliards d'années de décalage.

Dans la moitié gauche du dessin, la figure radiale du centre et les données du bas forment la partie la plus importante. Le professeur Carl Sagan de l'université Cornell, auteur du message, assure que les lignes radiales, avec leur encodage binaire, seront reconnues comme

> les périodes caractéristiques des pulsars, qui sont des sources naturelles et régulières de messages radiocosmiques; les pulsars sont des étoiles à neutrons en rotation rapide produites lors

1. Une plaque identique fut envoyée dans l'espace avec *Pioneer 11* en 1973, pour une mission analogue.

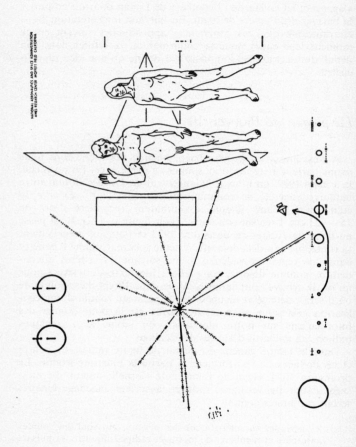

NATIONAL AERONAUTICS AND SPACE ADMINISTRATION
AMES RESEARCH CENTER MOFFETT FIELD CALIFORNIA

d'explosions stellaires cataclysmiques. (...) Nous croyons qu'une civilisation scientifiquement avancée n'aura pas de difficulté à comprendre ce mandala mathématique comme l'indication des périodes de 14 pulsars et de leur position par rapport au système solaire, aire de lancement de l'astronef.
Les pulsars sont des horloges cosmiques qui sonnent à des cadences fort bien connues. Les receveurs du message pourront donc, non seulement se demander où il fut possible de voir 14 pulsars disposés de la sorte mais aussi *quand*. La réponse est : seulement dans une très petite partie de la galaxie de la Voie lactée, et au cours d'une seule année de son histoire.
A l'intérieur de ce petit volume de la galaxie, il y a peut-être un millier d'étoiles ; on peut supposer qu'une seule de ces étoiles possède un jeu de planètes dont les distances relatives sont celles indiquées au bas du diagramme. Les tailles respectives des planètes et l'anneau de Saturne sont grossièrement indiqués. Une représentation schématique de la trajectoire du vaisseau spatial lancé depuis la Terre est aussi offerte à l'observateur. Ainsi le message indique-t-il une étoile précise parmi environ 250 milliards, et une année (1970) sur 10 milliards [1] [149].

Ce fut pourtant la moitié droite de la plaque qui eut sur Terre les répercussions comiques les plus inattendues. Le lecteur s'en souvient peut-être : le dessin fut publié dans les journaux du monde entier. Il s'ensuivit un flot de lettres adressées à Sagan (dont la femme, incidemment, avait composé le diagramme). Parmi les plus raisonnables, se trouvaient celles qui questionnaient sur le sens du bras levé de l'homme. Est-ce que ce geste a un sens universel de bienvenue et de bonne volonté, demandaient-elles ? Signale-t-il un danger ? Ou bien veut-il dire que le bras droit des Terriens est fixé à demeure dans cette position ? D'autres lettres avançaient que le dessin en perspective des pieds et de certaines parties des deux figures, si évident pour nous autres Terriens, pourrait induire une race non familiarisée avec cette forme de représentation à d'étranges interprétations. Puis les féministes entrèrent en scène, et se plaignirent de ce que la femme avait un air beaucoup trop passif. On s'en prit enfin à la nudité des deux personnages, ce qui est d'autant plus drôle

---

1. Cf. Carl Sagan, *Cosmic Connection*, trad. fr., Éditions du Seuil, 1977, p. 36.

qu'en prévision d'objections puritaines, la plaque représente une femme sans sexe, sans doute dans la vague intention d'éviter « le pire ». Une lettre au rédacteur en chef du *Times* de Los Angeles montre assez qu'elle y échoua :

> Je dois dire que j'ai été choqué par l'étalage sans vergogne d'organes sexuels masculin et féminin sur la première page du *Times*. Ce genre d'exploitation du sexe est sans aucun doute au-dessous du niveau que notre communauté attend du *Times*. Ne suffit-il pas que nous devions tolérer le bombardement de pornographie des films et des journaux cochons? N'est-il pas dommage que les responsables de votre recherche spatiale aient trouvé nécessaire d'étendre ces saletés même au-delà de notre système solaire [150]?

Des réalités inimaginables

> *L'après-midi de ton dernier jour, Dieu te fait venir dans Son bureau et te dit le fin mot de l'histoire.*

Entrer en contact avec une intelligence extra-terrestre n'est en réalité pas drôle du tout, et il n'y a aucun moyen de prévoir ne serait-ce qu'approximativement, ce qu'en seront les effets sur l'humanité. A coup sûr, le développement d'une vie intelligente ne suit pas une progression linéaire. Comme nous l'avons vu avec les anthropoïdes et les dauphins, il existe certaines limites critiques dans l'ordre de la complexité, par exemple pour l'organisation cérébrale, au-delà desquelles on assiste à l'irruption soudaine de nouveaux phénomènes. Ceux-ci sont discontinus par rapport aux stades de développement les précédant immédiatement, qui par conséquent ne permettent pas nécessairement de les prévoir. Les réalités de deuxième ordre, virtuellement présentes dans l'espace, sont inimaginables. Notre savoir sur l'évolution de notre propre civilisation est déjà si épars qu'il est difficile de formuler même les plus modestes prévisions quant aux stades d'évolution psychologique, culturelle et sociale des autres planètes. L'existence de l'humanité n'a tout simplement pas été encore assez longue pour que nous puissions en tirer des conclusions certaines sur les lois générales, s'il y en a, de l'évolution des civilisations [1].

Si l'on représentait toute la vie de notre planète, depuis ses origines jusqu'à nos jours, par une journée de vingt-quatre heures, la vie intelligente n'apparaîtrait que dans les dernières secondes. Au fur et à mesure que nous parvenons à fouiller de plus en plus profondément notre passé, c'est-à-dire les longues heures qui précédèrent ces ultimes secondes, notre savoir progresse sur les lois gouvernant le développement de la vie dans les conditions physiques qui règnent au sein de notre galaxie. Et, comme nous l'avons dit, nous sommes fondés à croire que les contours de la vie sur d'autres planètes ne seront guère différents des nôtres. Pour citer les auteurs du projet Cyclope :

> Indépendamment de la morphologie d'autres êtres intelligents, leurs microscopes, télescopes, systèmes de communication et de production d'énergie ont dû être à un moment de leur histoire indiscernables des nôtres dans leurs principes actifs. Il y aura à coup sûr des différences dans l'ordre d'invention et d'application des techniques et des machines, mais les systèmes technologiques sont façonnés plus par les lois physiques de l'optique, la thermodynamique, l'électromagnétique ou les réactions atomiques qui les fondent, que par la nature des êtres qui les conçoivent. Il s'ensuit que nous n'avons guère de soucis à nous faire quant à l'échange d'informations entre des formes biologiques d'origines distinctes. Car nous avons en commun avec toute intelligence susceptible d'être contactée une large base de technologie, de connaissances scientifiques et de mathématiques pouvant servir à construire un langage capable de communiquer des concepts plus subtils [137].

---

1. Ceci a été mis en relief par le travail du Club de Rome, ce collège d'experts internationaux étudiant le développement socio-économique de notre planète. Malgré les projections très élaborées des ordinateurs, il a semblé presque impossible d'aller très au-delà de l'an 2000, 2100 étant la limite à toute tentative de prévision. En dépit de ces difficultés, des savants soviétiques ont accompli un énorme travail concernant la probabilité de cultures sur d'autres planètes ; travail publié en anglais dans les *Extraterrestrial Civilizations* de Kaplan [78] (cf. en particulier les chapitres v et vi).

Il semble encore raisonnable de penser que cet échange (probablement unilatéral) d'informations sera très utile : on a déjà émis l'idée que nous trouverons grâce à lui les réponses à des questions telles que le cancer, la maîtrise des réactions nucléaires ou l'explosion démographique. Il reste que les résultats peuvent en être tout à fait différents [1].

C'est là qu'on achoppe. Comme l'indique Bracewell, le taux de mortalité d'une civilisation avancée est peut-être trop élevé pour qu'elle puisse se multiplier dans sa galaxie [21]. Il se pourrait bien que la surpopulation, la pollution, les accidents nucléaires ou la décadence morale, soient les symptômes mortels de *toute* civilisation (et donc aussi de la nôtre). Peut-être sommes-nous des dinosaures [2].

Même si tel n'est pas le cas, il est difficile de partager la grande euphorie de certains quant aux bienfaits attendus d'un contact avec des extra-terrestres. Si nous pouvons, sans risque d'erreur, réfuter la science-fiction d'une invasion de notre planète par des êtres diaboliques venus de l'espace, rien n'est certain sur l'impact psychologique et social qu'aurait sur nous l'arrivée d'informations concernant des civilisations beaucoup plus avancées. La seule analogie à laquelle nous puissions nous référer ici-bas est l'effet désastreux de notre avance sur les cultures « primitives » comme celles des aborigènes d'Australie, des Eskimos, ou des Indiens du Brésil. Nous avons déjà atteint un stade où nos progrès scientifiques et technologiques laissent

---

1. Il faut dire, pour être honnête avec les auteurs du projet Cyclope, qu'ils nourrissent peu d'illusions sur la prévisibilité de l'échange :

> Tout ce qu'on peut dire avec certitude sur de telles prophéties, c'est qu'elles sont certainement toutes erronées, même si elles sont encourageantes. Il suffit pour s'en convaincre de remarquer combien imprévisible fut notre propre progrès au cours des deux derniers millénaires. Quel Grec de l'Antiquité, quel habitant d'Alexandrie aurait pu prévoir le Moyen Age, la découverte du Nouveau Monde ou l'ère atomique ? Qui parmi les Anciens, si sages fussent-ils dans bien des domaines, aurait annoncé l'automobile, la télévision, les antibiotiques ou les calculatrices modernes ? La capacité des hommes à faire des additions était pour Aristote la preuve qu'ils avaient une âme. Et pourtant nous voilà en train de risquer des prédictions sur des mondes ayant non pas deux milliers, mais des centaines de milliers ou même des millions d'années d'avance sur nous, et par surcroît d'origne différente [138]!

2. Dans l'article cité ci-dessus, Bracewell avance que « de telles communautés [c'est-à-dire des civilisations avancées] peuvent être en train de s'effondrer au rythme de deux par an (10^3 en 500 ans)... ».

notre maturité morale loin derrière. La disponibilité soudaine d'un savoir largement supérieur, en propulsant notre pensée des milliers d'années en avant, sans le bénéfice d'une assimilation cohérente et progressive de toutes les étapes intermédiaires ayant amené ces résultats, peut avoir des conséquences véritablement malheureuses. L'expérience clinique nous apprend que la soudaine confrontation avec des informations d'une dimension insoutenable, à l'un ou l'autre de deux effets : ou bien la victime ferme son esprit à la nouvelle réalité et se conduit comme si elle n'existait pas, ou bien elle prend congé de la réalité tout entière. Le second choix est l'essence de la folie.

18

La communication imaginaire

Je voudrais, dans cette dernière partie, présenter des exemples où les contextes de communication sont purement imaginaires; ils peuvent nous faire déboucher sur des conclusions étonnantes et contradictoires. C'est un statut semblable à celui du mathématicien qui m'autorise à le faire; son travail, comme l'ont montré Nagel et Newman, consiste « à dériver des théorèmes d'hypothèses postulées », et « en tant que mathématicien, ce n'est pas à lui de décider si les axiomes qu'il admet sont objectivement vrais « [116].

Condillac avait ébauché ce qui allait devenir le fondement de la psychologie associationniste en imaginant une statue tout d'abord inanimée, qui devenait de plus en plus humaine au fur et à mesure qu'il lui attribuait un pouvoir de perception. Mais l'exemple ici classique est le démon de Maxwell : un petit portier imaginaire qui contrôle le passage entre deux compartiments remplis du même gaz. Les molécules d'un gaz circulent toujours en tous sens, et à des vitesses différentes. Le démon actionne sa petite porte de façon à permettre le libre passage à toute molécule s'échappant du compartiment A vers le compartiment B, mais referme vite la porte chaque fois qu'une molécule veut parcourir le chemin en sens inverse. Il s'ensuit que B se remplit peu à peu de la plupart des molécules agitées, tandis que A conserve les molécules lentes (qui ont peu d'énergie). La discrimination opérée par le démon aboutit donc à une élévation de la température en B tandis que A se refroidit, bien que leur température interne eût été au début identique. Or, cela est en contradiction avec la deuxième loi de la thermodynamique.

198

Quoique « pur » exercice intellectuel, cette fiction embarrassa longtemps les théoriciens de la physique. Le paradoxe de Maxwell, ainsi qu'on le nomma, fut en fin de compte résolu par le physicien Léon Brillouin qui montra, en se fondant sur un article de Szilard, que le guet des molécules par le démon revenait à un accroissement d'information à l'intérieur du système, accroissement qui devait être exactement équilibré par l'énergie que dépensait le Démon. Ainsi, tandis qu'elle paraît tout entière absurde aux yeux du profane, l'idée du Démon de Maxwell a conduit les physiciens vers d'importantes découvertes sur l'interdépendance entre énergie et information.

Le paradoxe de Newcomb

La longue liste des paradoxes ne manque pas de s'enrichir régulièrement de paradoxes nouveaux, tels le dilemme des prisonniers ou le paradoxe de prévision (cf. note p. 128); tous deux ayant donné naissance à une vaste littérature.

En 1960 le Dr William Newcomb, spécialiste de physique théorique aux Laboratoires des radiations de l'université de Californie à Livermore, rencontra un nouveau paradoxe tandis qu'il tentait, raconte-t-on, de résoudre le dilemme des prisonniers. Le philosophe Robert Nozick, de l'université d'Harvard, en eut à son tour connaissance par divers intermédiaires et publia en 1970 un article véritablement confondant sur la question [118]. Martin Gardner en fit mention dans le *Scientific American* [53] en 1973, suscitant un courrier si considérable qu'il publia, après s'être concerté avec Newcomb, un deuxième article sur le même sujet [54].

Ce paradoxe s'établit sur une communication avec un Etre imaginaire, un Être qui a la faculté de prévoir les choix humains avec une précision *presque* absolue. Nozick définit comme suit la faculté de cet Être : « Vous savez que cet Être a dans le passé souvent prédit vos choix avec justesse (et n'a jamais, pour autant que vous le sachiez, formulé de prévision incorrecte sur vos choix), et de plus vous savez que cet Être a souvent prédit avec

justesse les choix d'autres personnes, dont beaucoup sont semblables à vous-même, dans la situation particulière ci-dessous
décrite. »

L'Être vous montre deux boîtes et vous explique que la boîte 1
contient mille dollars, tandis que la boîte 2 contient soit un million de dollars, soit rien du tout. Vous avez deux possibilités :
prendre ce qui se trouve dans les deux boîtes, ou bien ne prendre
que ce qui est dans le second boîte. L'Être a arrangé les choses
comme suit : si vous choisissez la première possibilité et prenez
le contenu des deux boîtes, l'Être (qui l'a prévu) laissera la
boîte 2 vide ; vous ne recevez donc que mille dollars. Si vous
décidez de prendre seulement la boîte 2, l'Être (qui l'a prévu)
y met le million de dollars. Voici la séquence des événements :
l'Être opère sa prévision, *puis* (selon ce qu'il a prédit de votre
choix) met ou bien ne met pas le million de dollars dans la
boîte 2, *puis* il vous communique les conditions, *puis* vous faites
votre choix. Vous comprenez parfaitement les conditions, l'Être
sait que vous les comprenez, vous savez qu'il le sait, et ainsi
de suite — exactement comme dans les autres contextes d'interdépendance que nous avons rencontrés au cours de la deuxième
partie.

La beauté de cette situation imaginaire tient dans ce qu'il y
a deux cas de figure, également possibles et également plausibles,
mais totalement contradictoires. Qui plus est, comme l'a tout
de suite vu Newcomb et comme le déluge de lettres qu'a reçues
Gardner le montre amplement, l'un des deux choix vous apparaîtra immédiatement comme « évident » et « logique », et de
votre vie vous ne comprendrez pas comment quiconque pourrait
considérer l'autre un seul instant. Et pourtant, chacune des deux
stratégies peut trouver de solides défenseurs, ce qui nous renvoie
à une réalité où « tout est vrai, ainsi que son contraire ».

Suivant le raisonnement initial, vous pouvez avoir une confiance presque totale dans la faculté qu'a l'Être de prédire.
En conséquence, si vous décidez de prendre les deux boîtes,
l'Être l'aura prévu presque à coup sûr et aura laissé la boîte 2
vide. Mais si vous décidez de ne prendre que le contenu de la
deuxième boîte, l'Être aura presque certainement tout aussi bien
prévu ce choix et y aura mis le million de dollars. Il est par consé-

quent raisonnable de ne choisir que la boîte 2. Où est donc le problème?

Le problème réside dans la logique du second raisonnement. Souvenez-vous que l'Être élabore d'abord sa prévision, puis vous informe des conditions, et que vous décidez *ensuite*. Ce qui veut dire qu'au moment où vous prenez votre décision, le million de dollars *est ou n'est pas déjà dans la boîte*. Donc, s'il est dans la boîte 2 et si vous choisissez de prendre le contenu des deux boîtes, vous recevez un million et mille dollars. Mais si la boîte 2 est vide et si vous prenez les deux boîtes, vous recevez au moins les mille dollars de la boîte 1. Dans les deux cas, vous recevez mille dollars *de plus* en choisissant les deux boîtes qu'en prenant seulement le contenu de la boîte 2. La conclusion inévitable est que vous avez intérêt à décider d'ouvrir les deux boîtes.

Oh non! disent aussitôt les partisans de la première position : c'est précisément ce raisonnement que l'Être a (presque certainement) prévu, ayant donc laissée vide la boîte 2.

Vous ne saisissez pas, répliquent les défenseurs du second point de vue : l'Être a achevé sa prévision et le million de dollars est (ou n'est pas) déjà dans la boîte 2. Peu importe ce que vous décidez, car l'argent était déjà là (ou n'était pas là) depuis une heure, un jour ou une semaine *avant* que vous ne prissiez votre décision. Cette décision ne va pas le faire disparaître s'il est déjà dans la boîte, pas plus qu'elle ne le fera d'un seul coup apparaître en résultat de votre décision de ne prendre que le contenu de la boîte 2. Vous commettez l'erreur de croire ici en une sorte de « causalité *a posteriori* », à savoir que votre décision est susceptible de faire apparaître ou disparaître, selon le cas, le million de dollars. Mais l'argent est déjà là ou non *avant* que vous décidiez. Et dans les deux cas, il serait stupide de ne prendre que la boîte 2, car si la boîte 2 est pleine, pourquoi négliger les mille dollars de la boîte 1? Et si la boîte 2 se révèle vide, vous serez certainement content de gagner au moins les mille dollars.

Nozick invite le lecteur à essayer ce paradoxe sur des amis et des étudiants, et prédit qu'ils se diviseront assez également en partisans de chacun de ces deux raisonnements contradictoires. La plupart penseront en outre que les autres sont des idiots. Mais, prévient Nozick, « il ne suffira pas de se contenter de sa propre croyance sur la bonne conduite à tenir. Pas plus qu'il ne servira de répéter simplement l'un des deux raisonnements, fût-ce fort et lentement. » Il insiste à juste titre pour qu'on poursuive le raisonnement contraire jusqu'à la patence de son absurdité. Mais à cela, personne jusqu'ici n'a réussi.

Il est possible — quoique autant que je le sache, on n'y ait pas pensé auparavant — que ce dilemme, comme certains des paradoxes et contradictions que nous verrons quand nous traiterons du voyage dans le temps, s'établisse sur une confusion fondamentale entre deux sens très distincts de la proposition apparemment sans ambiguïté *si, alors*. Dans la phrase « Si Tom est le père de Bob, alors Bob est le fils de Tom », *si, alors* renvoient à une relation logique atemporelle entre les deux termes. Mais dans la proposition « Si vous appuyez sur ce bouton, alors la sonnerie retentira », la relation est purement causale, et toutes les relations causales sont temporelles au sens où il y a nécessairement un laps de temps entre la cause et l'effet, serait-ce la milliseconde dont a besoin le courant électrique pour aller du bouton à la sonnerie.

Or, il se pourrait fort bien que les gens qui défendent la première position (ne prendre que le contenu de la boîte 2) fondent leur raisonnement sur le sens logique et atemporel de la relation *si, alors* : « Si je décide de ne prendre que le contenu de la boîte 2, alors la boîte contient un million de dollars. » Les partisans du second point de vue (prendre le contenu des deux boîtes) paraissent raisonner sur la base de la relation *si, alors* causale et temporelle : « Si l'Être a *déjà* fait sa prévision, alors, selon ce qu'elle est, il a, ou n'a pas, mis le million dans la boîte 2, et dans les deux cas je gagne mille dollars de plus si je prends le contenu des deux boîtes. » Cette deuxième position se fonde, comme on peut voir, sur la séquence causale et temporelle : prédiction — (non-) mise de l'argent — mon choix. Dans cette perspective, mon choix intervient à la fois *après* la prévision de l'Être et la (non-)mise consécutive de l'argent; il ne peut exercer aucune influence *a posteriori* sur ce qui a eu lieu *avant* lui.

Cette éventuelle solution du paradoxe de Newcomb et d'autres problèmes qu'on discutera plus loin demande un examen minutieux depuis les premiers principes pour lequel je suis malheureusement incompétent; mais la gageure pourra intéresser les étudiants en philosophie.

Plusieurs fils laissés en suspens dans les pages de ce livre commencent ici à converger en un tissu perceptible. Nous avons vu qu'il est de la plus grande importance de savoir si notre réalité a ou non un ordre, et qu'il y a trois réponses possibles :

1. Elle n'a aucun ordre; auquel cas la réalité est, dans la même mesure, *confusion* et chaos, la vie étant quant à elle un cauchemar psychotique.

2. Nous compensons notre état existentiel de *désinformation* en inventant un ordre, oublions que nous l'avons inventé, et l'éprouvons comme quelque chose qui se trouve « là autour » et que nous appelons réalité.

3. Il y a un ordre, qui est la créature de quelque Être supérieur dont nous dépendons, quoiqu'il soit lui-même tout à fait indépendant de nous. La *communication* avec cet Être devient donc pour l'homme le but le plus important.

La majorité d'entre nous parvient à ignorer la première possibilité. Mais aucun de nous ne peut éviter un certain penchant — si vague ou inconscient soit-il — pour l'une ou l'autre des possibilités 2 et 3. C'est à mes yeux ce que le paradoxe de Newcomb introduit avec tant de force : ou bien vous croyez que la réalité, et avec elle le cours des événements, est rigidement et inéluctablement ordonnée, comme le définit la possibilité 3, auquel cas vous prenez seulement le contenu de la boîte 2; ou bien vous souscrivez à la possibilité 2, croyant, parce qu'elles ne sont pas prédéterminées, à l'indépendance de vos décisions; vous pensez qu'il n'y a pas de « causalité *a posteriori* » (rendant les événements à venir susceptibles de déterminer le présent ou même le passé) et vous prenez le contenu des deux boîtes.

Ce qui revient comme l'a souligné Gardner à un rétablissement de la vieille controverse entre déterminisme et libre arbitre. Et cet innocent petit jeu de l'esprit nous ramène tout à coup à l'un des plus vieux problèmes non résolus de la philosophie.

Le problème se résume à ceci. Lorsque je suis confronté à la nécessité quotidienne de faire un choix quel qu'il soit, comment choisis-je? Si je crois vraiment que mon choix, comme tout autre événement, est déterminé par (est l'effet inéluctable de) toutes les causes passées, alors l'idée de libre arbitre ou de libre choix est une illusion. Peu importe comment je choisis, car, quel que soit mon choix, il est le seul que je *puisse* faire. Il n'y a aucune alternative, et même si je pense qu'il y en a une, cette pensée n'est elle-même rien d'autre que l'effet d'une certaine cause dans mon propre passé. Quoi qu'il m'arrive et quoi que je fasse, c'est prédéterminé par quelque chose que, selon ma préférence (pardon — je veux bien entendu dire : selon quelque cause inévitable de mon passé), j'appellerai causalité [1], Être, expérimentateur divin ou destin.

Si — en revanche — je crois vraiment en mon libre arbitre, je vis alors dans une réalité complètement différente. Je suis le maître de mon destin et ce que je fais ici et maintenant crée ma réalité.

Les deux positions sont malheureusement intenables et personne, si « fort et lentement » qu'il la soutienne, ne peut vivre suivant l'une ou l'autre. Si tout est rigoureusement déterminé, à quoi bon tenter, prendre des risques, comment puis-je être tenu pour responsable de mes actes, que reste-t-il de la morale et de l'éthique? Il en résulte un fatalisme, qui souffre lui-même d'un paradoxe fatal : il faut pour embrasser cette vue de la réalité prendre une décision non fataliste — il faut, par ce qui revient à *un libre acte de choix*, décider que tout ce qui survient est totalement déterminé et qu'il n'existe aucune liberté de choix.

Mais si je suis seul maître à bord, si je ne suis pas déterminé par des causes passées, si je peux librement prendre mes décisions, sur quoi diable les fondé-je? Sur une machine aléatoire logée dans ma tête, comme l'énonce si justement Gardner? Nous avons eu un avant-goût des étranges ennuis liés à l'aléatoire,

---

1. Le concept scientifique le plus proche de l'Etre de Newcomb est bien entendu celui de causalité, une probabilité statistique très forte : si je lâche mon stylo en l'air, il tombera par terre. Je m'y attends parce que toutes les fois précédentes, il (ou tout autre objet) est toujours tombé et n'a jamais (avec moi ou, que je sache, quiconque) sauté au plafond. Mais à suivre la théorie scientifique, il n'y a absolument aucune garantie que ce n'est pas justement ce qu'il fera la prochaine fois. Si nous comparons la définition que donne Nozick de l'Etre avec cette définition de la causalité, la similitude est évidente.

qui se sont avérés aussi troublants que ceux inhérents à l'idée d'un expérimentateur divin.

Il ne semble pas y avoir de réponse, quoiqu'on en ait proposé un bon nombre au cours des deux derniers millénaires, depuis Héraclite et Parménide jusqu'à Einstein. Je ne citerai que quelques-unes des plus récentes : pour Leibniz, le monde est un immense mécanisme d'horlogerie remonté par Dieu une fois pour toutes, dont le mouvement s'écoule maintenant pour l'éternité, le divin horloger lui-même ne pouvant modifier son cours. Pourquoi donc adorer ce Dieu s'Il est Lui-même impuissant à influencer sa propre création, sa causalité? C'est un paradoxe en essence identique à celui que nous avons rencontré (p. 24) : Dieu est pris au piège de ses propres règles; ou bien Il ne peut créer un rocher si lourd qu'Il soit incapable de le soulever, ou bien Il ne peut le soulever — et dans les deux cas Il n'est pas tout-puissant. Laplace est l'avocat le plus célèbre d'un déterminisme extrême :

> Nous devons donc envisager l'état présent de l'univers, comme l'effet de son état antérieur, et comme la cause de celui qui va suivre. Une intelligence qui, pour un instant donné, connaîtrait toutes les forces dont la nature est animée, et la situation respective des êtres qui la composent, si d'ailleurs elle était assez vaste pour soumettre ces données à l'analyse, embrasserait dans la même formule les mouvements des plus grands corps de l'univers et ceux du plus léger atome : rien ne serait incertain pour elle, et l'avenir comme le passé, serait présent à ses yeux [85].

On ne trouvera pas trace dans les textes que Laplace ait fondé sa propre vie sur cette conception du monde pour aller jusqu'à sa conclusion logique : le fatalisme. Il fut en fait un savant et un philosophe très actif et très inventif, extrêmement intéressé au progrès social.

Monod, nous l'avons vu (p. 86-87), cherche la solution du côté de la complémentarité entre hasard et nécessité. Dans une conférence donnée à l'université de Göttingen en juillet 1946, le célèbre physicien Max Planck proposa une issue en postulant une dualité de points de vue : l'externe, ou scientifique, et l'interne, ou volitif. Ainsi qu'il l'écrit en résumant dans une publication postérieure, la controverse entre libre arbitre et déterminisme est un faux problème :

> (...) Nous pouvons dire par conséquent : vue du dehors la volonté est causalement déterminée. Vue du dedans, elle est libre. Ce qui résout la question du libre arbitre, question qui s'est seulement posée parce qu'on n'a pas assez pris soin de spécifier explicitement le point de vue de l'observation, ni de s'y maintenir avec conséquence. C'est un exemple typique de faux problème. Même si cette vérité est encore parfois discutée, il ne fait aucun doute à mes yeux que sa reconnaissance universelle n'est qu'une question de temps [129].

Trente ans ont passé depuis cet écrit, et il n'y a pourtant aucun signe qu'il ait été univesellement reconnu comme résolvant le dilemme du libre arbitre. Si c'est un faux problème, Planck semble lui avoir apporté une fausse solution.

Dostoïevski n'en cherche, quant à lui, aucune. Il met le dilemme carrément sous nos yeux : Jésus et le grand Inquisiteur représentent respectivement le libre arbitre et le déterminisme, tous deux ayant à la fois raison et tort. Quand tout est dit, nous nous retrouvons là-même où s'achève le poème d'Ivan Karamazov : aussi incapables d'embrasser le paradoxe « Sois spontané » de libre obéissance dont Jésus est le tenant, que l'illusion mystificatrice imposée par le grand Inquisiteur. Au lieu de cela, nous préférons et préférerons ignorer chaque jour de notre vie les deux pendants du dilemme, en fermant notre esprit à la contradiction éternelle, en vivant comme si elle n'existait pas. La conséquence est cet étrange état qu'on appelle « santé mentale » ou, plus drôlement encore, « adaptation à la réalité ».

Flatland *(la contrée plate)*

Il y a près d'une centaine d'années, le Révérend Edwin A. Abbott, proviseur du lycée de la Cité de Londres, écrivit un petit livre sans prétention. C'était un homme de lettres :

son œuvre — plus de quarante ouvrages — traite pour sa plus grande part des classiques et de la religion. Mais pour emprunter à James Newman une piquante remarque [117], « son unique rempart à l'oubli » est ce petit livre intitulé *Flatland : A Romance in Many Dimensions* (Flatland... une aventure à plusieurs dimensions) [1].

Si *Flatland* est, dirons-nous, d'un style plutôt plat, il n'en demeure pas moins un livre précieux, non seulement parce qu'il anticipe certains développements de la physique théorique moderne, mais à cause d'une fine intuition psychologique, que la lourdeur victorienne du style ne parvient pas à étouffer. J'ai maintes fois souhaité qu'il fût inscrit, éventuellement dans une version rafraîchie, au programme des lycées.

Flatland est raconté par un habitant d'un monde bi-dimensionnel — c'est-à-dire ayant longueur et largeur mais point de hauteur —, un monde aussi plat qu'une feuille de papier couverte de lignes, triangles, carrés, etc. Les gens se meuvent librement à, ou plutôt dans, sa surface, mais ne peuvent, telles des ombres, s'élever au-dessus du plan ou s'y enfoncer. Inutile de dire que cette incapacité échappe à leur conscience : l'existence d'une troisième dimension — la hauteur — leur est inimaginable.

Le narrateur vit une expérience accablante précédée d'un songe étrange, dans lequel il se voit transporté à Lineland (la Contrée Ligne), un monde unidimensionnel où tous les êtres sont des lignes ou des points se déplaçant d'avant en arrière le long d'une même ligne droite. Cette ligne est ce qu'ils appellent l'espace, et l'idée de se mouvoir à gauche ou à droite, plutôt que d'avant en arrière, passe complètement l'imagination des habitants, les Linelanders. Le rêveur tente en vain d'expliquer à la plus longue ligne de Lineland (le monarque) ce qu'il en est de Flatland. Le Roi le prend pour un illuminé, et le narrateur finit par perdre patience :

Pourquoi user plus de mots? Qu'il me suffise d'être le complément de votre incomplète personne. Vous êtes une ligne, mais je suis moi une ligne de lignes, que dans mon pays on nomme un carré. Et encore suis-je moi-même, quoique infiniment supérieur à vous, de peu de rang auprès des grands princes de Flatland, d'où je viens vous voir dans l'espoir d'éclairer votre ignorance [2].

Entendant ces folles insultes, le Roi et tous ses sujets lignes et points se préparent à attaquer le Carré, que la cloche du petit déjeuner éveille à cet instant aux réalités de Flatland.

Un autre événement déconcertant intervient au cours de la journée. Le Carré enseigne à son jeune petit-fils, un Hexagone [1], des notions fondamentales d'arithmétique appliquées à la géométrie. Il lui montre comment on peut calculer le nombre de pouces carrés d'un carré en élevant tout simplement à sa deuxième puissance le nombre de pouces de son côté :

> Le petit Hexagone médita un moment la chose et me dit ensuite : « Mais vous m'avez appris à élever les nombres à la troisième puissance : j'imagine que 3^3 veut dire quelque chose en géométrie. Qu'est-ce que cela veut dire ? » « Rien du tout », répondis-je, « du moins rien en géométrie. Car la géométrie n'a que deux dimensions. » Puis je montrai au garçon comment un point fait, en se déplaçant sur une distance de trois pouces, une ligne de trois pouces, qu'on peut représenter par le nombre 3; et comment une ligne de trois pouces, en se plaçant parallèlement à elle-même à une distance de trois pouces, fait un carré de trois pouces de tous côtés, qu'on peut représenter par le nombre 3^2.
> Sur ces entrefaites, mon petit-fils, revenant encore à sa première idée, m'interpella assez brusquement et s'exclama : « Eh bien donc, si un point, en se déplaçant de trois pouces, fait une ligne de trois pouces représentée par 3, et si une ligne droite de trois pouces, en se plaçant parallèlement à elle-même, fait un carré de trois pouces de tous côtés représenté par 3^2, il est certain qu'un carré de trois pouces de tous côtés doit, en se déplaçant de quelque manière (mais je ne saurais dire laquelle),

1. Comme l'explique le narrateur, c'est à Flatland une loi de la nature que tout enfant mâle ait un côté de plus que son père, à condition que le père soit au moins un carré et non un humble triangle. Lorsque le nombre des côtés devient si grand qu'on ne puisse plus distinguer cette figure d'un cercle, la personne est faite membre de l'ordre circulaire des prêtres.

faire quelque chose d'autre (mais je ne saurais dire quoi) de trois pouces de tous côtés qu'on doit représenter par 3^3. »
« Va te coucher », dis-je un peu irrité de cette interruption.
« Si tu disais moins de non-sens, tu retiendrais plus de sens [3]. »

Ainsi le Carré, ne prêtant pas attention à la leçon qu'il aurait pu tirer de son rêve, répète exactement la même erreur qu'il aurait tant voulu faire comprendre au Roi de Lineland. Tandis que la soirée avance, il n'arrive pourtant pas à chasser de son esprit le bavardage du petit Hexagone; et comme il finit par s'exclamer : « Ce garçon est idiot. 3^3 ne saurait avoir aucune signification en géométrie, » une voix lui répond aussitôt : « Ce garçon n'est pas idiot. 3^3 a une signification géométrique évidente. » La voix est celle d'un étrange visiteur, qui prétend venir de Spaceland (la Contrée Espace) — un univers inimaginable où les choses ont trois dimensions. L'étranger tente d'expliquer au Carré ce qu'est une réalité tridimensionnelle et combien Flatland est, en comparaison, limitée. Et de même que le Carré s'était présenté au Roi comme une ligne de lignes, le visiteur se définit comme un cercle de cercles, qu'à Spaceland on nomme une sphère. Ceci, le Carré ne peut bien sûr le saisir, car tout ce qu'il voit de son visiteur est un cercle — mais un cercle aux propriétés aussi déconcertantes qu'inexplicables : il croît et décroît en diamètre, se réduisant parfois à un simple point avant de disparaître complètement. La Sphère explique sans impatience qu'il n'y a là rien d'étrange : elle est un nombre infini de cercles superposés dont la taille varie d'un point à un cercle de treize pouces de diamètre. Quand elle approche la réalité bi-dimensionnelle de Flatland, elle est tout d'abord invisible aux Flatlanders puis, lorsqu'elle entre en contact avec le plan de Flatland, elle paraît être un point. Tandis qu'elle continue son mouvement, elle ressemble à un cercle dont le diamètre ne cesse de s'accroître, jusqu'à ce qu'elle commence à se réduire pour finalement disparaître (voir le schéma p. 210).
Ce qui explique encore comment la Sphère a réussi à s'introduire dans Flatland malgré ses portes verrouillées : elle est tout simplement passée par en haut. Mais l'idée d'un « en haut » est si étrangère à la réalité du Carré qu'il ne peut la pénétrer.

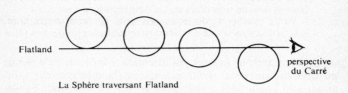

La Sphère traversant Flatland

Et comme il ne le peut, il refuse d'y croire. La Sphère ne voit finalement pas d'autre recours que de soumettre le Carré à ce que nous appellerions aujourd'hui une expérience transcendantale :

> Une horreur indicible s'empara de moi. L'obscurité se fit ; puis j'eus une sensation étourdissante, écœurante, celle d'un voir qui n'était pas comme voir : je vis une ligne qui n'était point ligne, un espace qui n'était point espace. J'étais moi-même, et non moi-même. Quand je retrouvai ma voix, je me mis à hurler d'agonie : « C'est ou bien la folie ou bien c'est l'Enfer. » « Ce n'est ni l'un ni l'autre », répondit calmement la voix de la Sphère, « c'est la connaissance. Ce sont les trois dimensions. Ouvrez encore les yeux et tâchez de regarder droit [4] ».

Les choses prennent après ce moment de mysticisme un tour comique. Saturé par l'expérience confondante de son entrée dans cette réalité entièrement nouvelle, le Carré est maintenant avide de découvrir les mystères de mondes toujours plus élevés, d'un « espace plus spacieux, d'une dimensionnalité plus dimensionnelle », la contrée aux quatre, cinq, six dimensions. Mais la Sphère ne veut rien entendre de telles balivernes : « Il n'est pas de semblable contrée. Son idée même est rigoureusement inconcevable. » Et comme le Carré ne voudra pas en démordre, la Sphère finira par le renvoyer dans l'espace confiné de Flatland.

La morale de cette histoire est tristement réaliste. Le Carré voit devant lui une glorieuse carrière : se mettre en chemin sans attendre pour évangéliser tout Flatland et chanter le cantique des trois dimensions. Mais outre qu'il lui est de plus en plus difficile de se rappeler ce qu'il a exactement perçu de la réalité tri-dimensionnelle, il est en fin de compte arrêté et jugé par l'équivalent pour Flatland de l'Inquisition. Au lieu du bûcher, il est condamné à la prison à vie; une prison qui ressemble fort, tant l'intuition de l'auteur est étrange, à certains hôpitaux psychiatriques d'aujourd'hui. Le Grand Cercle — c'est-à-dire le Grand Prêtre — lui rend visite chaque année dans sa cellule et lui demande s'il se sent mieux. Et chaque année le pauvre Carré ne peut s'empêcher de vouloir encore convaincre son interlocuteur qu'une troisième dimension existe bel et bien. Sur quoi le Grand Cercle secoue la tête et repart pour une autre année.

Ce que *Flatland* dépeint avec éclat est la complète relativité de la réalité. Sans doute l'élément le plus meurtrier de l'histoire de l'humanité est-il l'illusion d'une réalité « réelle », avec toutes les conséquences qui en découlent logiquement. Il faut par ailleurs un haut degré de maturité et de tolérance envers les autres pour vivre avec une vérité relative, avec des questions auxquelles il n'est pas de réponse, la certitude qu'on ne sait rien et les incertitudes résultant des paradoxes. Mais si nous ne pouvons développer cette faculté, nous nous relèguerons, sans le savoir, au monde du Grand Inquisiteur, où nous mènerons une vie de mouton, troublée de temps à autre par l'âcre fumée de quelque autodafé, ou des cheminées d'un crématoire.

19

Voyage dans le temps

Ce n'est qu'une autre façon de regarder le temps. Il n'y a pas de différence entre le temps et chacune des trois dimensions de l'espace, sauf que notre conscience se déplace avec lui.

H.G. Wells,
la Machine à explorer le temps

On a pu en été s'embarquer sur le vol Alitalia n° 338, quittant Rome à 14 h 05, et arriver à Nice à la même heure exactement. Autrement dit, vous aviez voyagé en avant dans l'espace et en arrière dans le temps. En arrivant à Nice, vous étiez d'une heure plus vieux que les amis qui vous attendaient : vous étiez un Rip Van Winkle à l'envers.

L'événement est banal. Il était possible parce que, jusqu'à il y a quelques années, le premier dimanche de juin, l'Italie était le seul pays d'Europe passant de l'heure central-européenne à l'heure économique. L'heure qu'on « gagnait » ainsi en Italie, on la « perdait » en quittant le pays. Et vous auriez perdu cette heure dans l'avion parce que le DC-9 d'Alitalia franchit la distance de Rome à Nice en exactement une heure.

Les deux officiers de l'US Air Force qui ont piloté en septembre 1974 leur SR-71 depuis l'exhibition aérienne de Farnborough, près de Londres, jusqu'en Californie ont fait encore mieux. Ils ont survolé Los Angeles plus de quatre heures *avant* de quitter Londres. L'exploit n'est bien entendu possible que parce que Londres et Los Angeles sont situées dans des fuseaux horaires différents, fait connu de tout voyageur empruntant l'avion (et de sa physiologie).

Des concepts apparemment aussi simples et évidents que *avant*, *à la même heure*, et *après*, dont je viens de me servir abondamment, sont intimement liés à l'expérience quotidienne du temps et à ses trois aspects : passé, présent, futur. Tout va pour le mieux tant que nous employons ces mots dans leur sens commun, qui repose sur le confortable mirage d'une réalité simple et cohérente. Mais nous sommes de temps à autre brutalement rappelés au fait que notre sens commun se fonde non sur la sagesse mais sur la vieille recette : si tu ne regardes pas, ça finira par s'en aller. Ça pourrait bien ne pas s'en aller, surtout si « ça » est la conséquence pénible et culpabilisante d'une décision erronée. Être en mesure de prévoir l'avenir est l'un des plus vieux, des plus chers rêves de l'humanité. Pas seulement de celui qui joue à la roulette ou en bourse.

Comme nous avançons avec le temps, nous nous trouvons constamment à la frontière entre futur et passé. Notre expérience la plus immédiate de la réalité, le présent, n'est que ce moment infinitésimal où le futur devient le passé. C'est aussi l'instant où les propriétés de la réalité sont d'une certaine manière renversées : le futur est modifiable mais inconnu; le passé est connu mais non modifiable [1]. Ou, comme disent les Français : « Si jeunesse savait, si vieillesse pouvait! » Il n'est pas étonnant que philosophes et poètes aient quelquefois attribué la Création à l'ironie d'un méchant démiurge, exigeant toujours la justesse de nos décisions mais nous laissant dans le noir, et ne nous montrant ce qu'il fallait faire que quand il est trop tard.

Si pseudo-philosophiques que paraissent ces considérations, elles n'en indiquent pas moins que notre expérience du temps est intimement liée à l'idée de causalité. Quand nous disons qu'un événement est la cause d'un autre, nous voulons évidemment dire que le second suit le premier dans le temps. (Nous retrouvons là le *si-alors* temporel, que nous devons soigneusement distinguer du *si-alors* atemporel de la logique.) Il serait tout

---

1. Bien entendu, je simplifie. On peut prévoir bien des choses avec précision : le mouvement des planètes, celui des marées, les phénomènes physiques et chimiques, le fait que si je ne freine pas je vais écraser ce piéton, par exemple. Mais remarquons que la conscience que nous avons de ces aspects de notre réalité de premier ordre parvient mal à soulager notre incertitude générale devant la vie.

à fait absurde d'imaginer que la séquence événementielle puisse être inversée : qu'un événement du futur puisse être la cause d'un événement passé. Le projet d'une action n'a de sens que parce que le temps, à notre connaissance, s'écoule dans une seule direction, notre univers entier avançant du même pas. Sans quoi, les objets voyageant à différentes « vitesses horaires » disparaîtraient selon le cas dans le passé ou le futur. Mais il n'en est rien : ce qui vient à l'appui de l'explication donnée par le voyageur du temps d'H.G. Wells mise en exergue à ce chapitre.

Le temps n'est *pas*, comme on le croit souvent, une simple dimension de l'intelligence humaine, une illusion nécessaire à notre conscience. Et la physique en a véritablement administré la preuve. Le continuum espace-temps d'Einstein et de Minkowski est jusqu'ici la représentation la plus moderne et la plus précise de notre réalité physique. Il ne laisse aucun doute que notre univers soit quadri-dimensionnel, même si la quatrième dimension — le temps — a des propriétés différentes de celles des trois dimensions spatiales. Elle n'est avant tout pas accessible directement à nos sens. Mais nous pouvons du moins apprécier qu'il faut quatre types de mesures pour localiser un événement dans notre monde : ses coordonnées spatiales (longitude, latitude et hauteur) et son moment dans le temps. Nous ne sommes pas, au-delà de ce niveau modeste d'intelligence, en meilleure posture que le Carré de Flatland à qui la Sphère tentait d'expliquer les propriétés d'une réalité tri-dimensionnelle.

Revenons à la figure de la page 210 et imaginons que l'œil se trouvant à droite soit le nôtre. Imaginons encore que la Sphère, descendant et traversant l'espace bi-dimensionnel de Flatland, soit d'une certaine façon représentative du temps. Tout comme le Carré ne pouvait comprendre les propriétés de la Sphère dans sa totalité mais pouvait seulement percevoir des coupes circulaires prises dans le nombre infini de telles coupes composant une sphère, chacune n'ayant qu'une hauteur infinitésimale, nous ne pouvons, de notre monde tri-dimensionnel, percevoir le temps dans sa totalité mais seulement les instances infinitésimales du présent. Ce qui était avant, nous l'appelons passé, et ce qui reste à venir, le futur. Mais la somme totale du phénomène temps (où coexistent passé, présent et futur) nous est aussi inimaginable que l'idée d'une sphère l'était au Carré.

Supposons que la vie d'une personne ait été filmée dans sa totalité, de sa naissance à sa mort ou, si l'on préfère, de son apparition dans le temps jusqu'à sa disparition (nous négligerons le fait que ses cellules l'ont précédé et lui ont survécu), et que ce film soit devant nous, enroulé sur une grande bobine. Puisqu'il contient la vie entière de cette personne, tous les événements sont là, coexistant sans aucun ordre temporel. (Négligeons s'il vous plaît le fait que l'analogie ne soit pas pleinement satisfaisante, la naissance de la personne se trouvant au début, vers l'extérieur du film, tandis que ses expériences plus récentes se rapprocheront progressivement du centre de la bobine.)

Si nous passons le film dans un projecteur, l'ordre temporel est restitué, et les événements de cette vie se déroulent dans l'ordre où la personne les a vécus. Mais il faut bien admettre que pour nous autres observateurs, cette vie entière est là sur le film; et que chacune des images du film n'est passé, présent ou futur que selon qu'elle a déjà défilé dans le ·projecteur, est à ce moment précis derrière l'objectif, ou est encore sur la bobine débitrice. Le film est en lui-même, sans le mouvement introduit par le projecteur, l'analogue de cet univers sans temps, que Parménide définit comme « total et unique, immuable, et sans fin; pas plus qu'il fut jamais, ni ne sera, puisqu'il est maintenant tout ensemble, un et continu » [121].

Il y a loin d'ici à ce que Reichenbach nomme la signification *émotive* du temps. Nous avons tous déjà vu un film ou lu un livre plus d'une fois, aussi fascinés la seconde fois que si nous ne connaissions pas le dénouement de chaque événement. « Ce que nous regardons comme le devenir », écrit Reichenbach,

> est tout simplement notre acquisition de la connaissance du futur, mais il ne relève pas des événements eux-mêmes. Une histoire, dont on m'a assuré qu'elle est vraie, pourra illustrer cette conception. Dans une version cinématographique de *Roméo et Juliette*, on voyait la scène dramatique dans laquelle Juliette, apparemment morte, est couchée dans la tombe et

Roméo, croyant qu'elle est morte, brandit une coupe contenant du poison. Un cri se fit alors entendre parmi les spectateurs : « Non!... » Nous rions de la personne qui, transportée par l'émotion de l'expérience subjective, oublie que le cours temporel d'un film est irréel, simple déroulement d'une chaîne d'images imprimée sur une bande-film. Sommes-nous plus avisés que cet homme quand nous croyons que le cours temporel de notre vie réelle est différent? Le présent est-il autre chose que notre prise de connaissance d'une chaîne prédéterminée d'événements, se déroulant comme un film [141]?

Question qui nous ramène au paradoxe de Newcomb. Tout ce que nous avons à faire est d'imaginer que l'Être est en mesure de prédire les événements futurs parce qu'il a résolu le problème du voyage dans le temps. Il voyage dans le futur, voit votre décision concernant les deux boîtes, revient au présent et met ou ne met pas le million de dollars dans la boîte 2. Pour lui, voyageur du temps, le temps n'est rien d'autre qu'une longue bande-film qu'il peut examiner en tout point choisi. Mais si le temps n'est que le déroulement d'un film, nous voici revenus à un déterminisme complet, où tout libre choix est illusion. Par ailleurs, si le temps se déroule librement, si chaque moment renferme toutes les éventualités concevables de choix, alors il y a un nombre infini d'univers — et cela est en soi une réalité inimaginable. Si c'est le cas, nous vivons dans un Théâtre Magique pareil à celui d'Hermann Hesse dans le Loup des steppes : un nombre infini de portes peut être choisi. Mais comment choisissons-nous? A l'aide de cette « machine à arbitraire logée dans notre tête »?

Nous venons une nouvelle fois de tourner en rond. Si seulement nous pouvions aller dans le futur y voir par nous-mêmes! Et pourtant, quelle différence cela ferait-il? Si toutes nos actions et destinées y sont déjà, la connaissance anticipée que nous en aurions ne les changerait pas le moins du monde : nous serions dans la terrible situation de devoir faire les choix mêmes que nous savons aujourd'hui être mauvais et susceptible de nuire, à nous ou aux autres. Ne préférerions-nous pas alors retourner à notre clément état d'ignorance? Que diable serait la vie si nous connaissions par exemple la date et les circonstances de notre mort!

Imaginons maintenant qu'après avoir voyagé dans le futur et être revenus dans le présent, nous *puissions* décider d'une autre ligne de conduite. Cette autre conduite n'engendrerait-elle pas forcément un futur dont nous nous trouverions à nouveau ignorants? Autrement dit, notre savoir anticipé ne modifierait-il pas inéluctablement la réalité, d'une façon que nous ne pouvons plus prévoir, à moins d'aller voir dans *ce* futur-*là* et de répéter ainsi tout le cycle [1]?

Et si le futur dont nous aurions acquis une connaissance préalable concernait quelqu'un d'autre? Le lui communiquerons-nous et quel sera le résultat d'une telle communication? Ceux qui croient posséder cette sorte de « double vue » sont souvent préoccupés de cette question. (Même si le devin est un charlatan, ses fausses prédictions peuvent fort bien se réaliser, non parce qu'elles sont de justes prophéties, mais parce que *leur formulation modifie l'avenir* [2]. Tant que l'autre croit aux prédictions, il importe peu qu'elles soient vraies ou fausses car elles affecteront son comportement tout aussi puissamment et inéluctablement qu'une prophétie « réelle ». Ce qui nous conduirait à d'autres problèmes de l'interaction humaine, que je préfère laisser à l'imagination du lecteur.)

Tout de même : un savoir par anticipation ne nous permettrait-il pas de créer un monde presque idéal? Nous pourrions par exemple sauver des milliers de vie en évacuant une région dont nous savons qu'elle sera dévastée à une certaine date par un tremblement de terre. Nous pourrions empêcher que de mau-

---

1. On pourra voir une analogie assez pauvre avec ce problème dans la loi en vigueur en certains pays interdisant la publication des résultats électoraux avant la fermeture de tous les bureaux de vote, en particulier ceux des États ou provinces situés le plus à l'ouest, si le pays est partagé en différentes zones horaires. La raison en est que les décisions de vote pourraient être influencées par la connaissance qu'auraient les électeurs (par la radio et la télévision) des courants amorcés par les bulletins *déjà* comptabilisés. En un certain sens, donc, l'électeur sur le point de voter aurait une « connaissance préalable » dont ne disposaient et ne pouvaient pas disposer les électeurs ayant *déjà* voté.
2. Tout spéculateur en bourse connaît ce mécanisme. Si un journal aussi lu que le *Wall Street Journal* fait une prévision de rapport favorable à une firme donnée, les actions de cette firme monteront probablement le jour même, simplement parce que beaucoup de gens penseront alors que ces actions vont monter et voudront en acheter.

vaises relations de cause à effet aient lieu. Il serait ainsi très facile de ne pas se laisser piquer par un moustique donné à un moment donné, et donc d'éviter de contracter la malaria.

Dans *la Fin de l'Eternité*, l'un de ses romans de science-fiction, Isaac Asimov montre le caractère fallacieux de cet état de choses à première vue idyllique. L'humanité y peut voyager dans le temps, observer les événements à venir, et se trouve ainsi en situation d'empêcher ceux qui sont indésirables, en agissant simplement sur les chaînes causales qui y conduisent par de petites interventions inoffensives, qui ont néanmoins des conséquences décisives sur l'avenir lointain. Andrew Harlan, le héros, gagne ses galons dans cette technique de prévention en bloquant l'embrayage de la voiture d'un étudiant, empêchant ainsi le jeune homme de se rendre comme il l'avait projeté à une conférence sur la mécanique. L'événement consistant à manquer son premier cours, pourtant insignifiant, est en lui faisant perdre son intérêt pour cette matière ce qui provoque sa décision de ne pas devenir ingénieur solaire. Il s'ensuit qu'une guerre qui se serait autrement produite le siècle d'après « est écartée de la réalité ». Est-il rien de plus humain, de plus désirable?

Mais l'héroïne résume vers la fin du roman les résultats désastreux de cette utopie, qui se nomme Éternité :

> En éliminant les désastres de la Réalité, l'Éternité en écarte aussi les triomphes. C'est en rencontrant les grandes épreuves que l'humanité peut le plus sûrement s'élever jusqu'aux plus grands sommets. C'est du danger et de la constante insécurité que naît la force poussant l'humanité vers de nouvelles conquêtes toujours plus fières. Peux-tu comprendre cela? Peux-tu comprendre qu'en prévenant les misères et les échecs dont l'homme est assailli, l'Éternité empêche les hommes de trouver bon an mal an leurs propres solutions, les vraies solutions qui naissent de la conquête des obstacles et non de leur évitement [12]?

Je crains que trop peu de gens ne comprennent ce point de vue. On considère déjà de nos jours fâcheuse et réactionnaire toute mise en garde contre le syndrôme d'utopie et les conséquences totalitaires de ce genre de « bienfait » [184].

Minces sont les chances de voyager dans le futur. Quant à

voyager dans le passé, c'est, comme nous l'allons voir, une tout autre histoire, dont les heurts avec notre sens commun et notre vision « normale » de la réalité sont encore plus étranges.

Imaginons qu'une équipe de détectives arrive sur les lieux d'un crime et commence son enquête. Ceci revient à remonter les chaînes des causes et des effets dans le temps, c'est-à-dire depuis l'ici et maintenant jusque dans le passé. Il ne paraît pas tout à fait absurde d'appeler cette activité un voyage-retour dans le temps, du moins tant que nous entendons par là une recherche d'informations dans la partie de notre continuum espace-temps qui a déjà disparu. Si les enquêteurs y réussissent, ils décèleront les relations causales les reconduisant à l'instant du crime ; et là ils « rencontreront » son auteur, même s'il s'agit seulement d'un de ses « moi antérieurs » et que son « moi présent » est à ce moment ailleurs. (Le prochain travail des enquêteurs consistera à suivre les chaînes causales depuis le lieu du crime et cette fois dans l'autre sens, pour attraper le meurtrier.)

Ce n'est pourtant pas là ce que font les voyageurs du temps de la science-fiction. Ils inversent en quelque sorte le film en laissant le projecteur tourner à l'envers. On sera étonné que la physique théorique n'exclue pas entièrement cette inversion du temps. La théorie de la relativité, en particulier, montre que tout objet voyageant plus vite que la lumière doit remonter le temps [1]. (Nous avons déjà vu [cf. note p. 170] certaines des étranges distorsions du temps qui se produiraient si un vaisseau spatial se déplaçait à une vitesse *approchant* celle de la lumière.) Les physiciens ont postulé l'existence de particules plus rapides que la lumière, appelées tachyons, pour la détection desquelles on a déjà dépensé beaucoup d'argent. Si on trouvait les tachyons et qu'ils puissent servir de signaux, il s'ensuivrait de troublants paradoxes de la communication.

Considérons le diagramme de la page suivante.

Il représente l'échange d'un message tachyonique entre A et B, qui sont séparés par une distance spatiale considérable. Comme tous deux (ensemble avec le reste de l'univers) se meuvent

[1]. Martin Gardner à écrit sur le sujet un savoureux article [51].

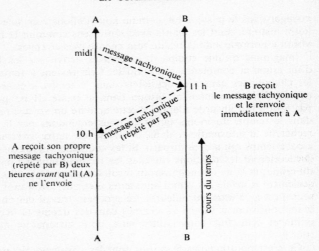

dans le temps, leur mouvement est représenté par deux lignes verticales se déplaçant vers le haut (une ligne étant un nombre infini de points). A envoie à midi un message tachyonique à B, l'informant d'un événement qui vient juste d'avoir lieu. Comme le message voyage en arrière dans le temps, il atteint B à 11 heures ; c'est-à-dire qu'il parvient à destination une heure avant d'avoir été envoyé. Ce qui veut encore dire que le signal, au moment où B le reçoit, l'informe d'un événement qui ne s'est pas encore produit. Il dispose donc d'une authentique connaissance anticipée. B, sans perdre de temps, répète alors le message à A qui le reçoit à 10 heures, et se trouve donc avec lui en possession d'une information concernant un événement qui aura lieu dans deux heures — phénomène d'autant plus déconcertant qu'A est lui-même, ne l'oublions pas, l'initiateur du message.

Ce fut le physicien Richard C. Tolman qui en 1917 décrivit le premier les paradoxes dus à l'emploi, dans la communication, de particules plus rapides que la lumière [171]. Ses idées furent le point de départ d'un article de G.A. Benford, D.L. Book et W.A. Newcomb (l'auteur du paradoxe de Newcomb), chercheurs au Laboratoire Lawrence des radiations en Californie [19]. Ils y avançaient que la recherche des tachyons n'avait pas jusqu'ici abouti parce que — pour traduire leur raisonnement en un langage plus simple — la rapidité des tachyons, plus grande que celle de la lumière, implique que la relation *si, alors* normale de l'expérience est inversée et devient pour ainsi dire une relation *alors, si*. En d'autres termes, l'observation (la réponse de la nature) viendrait toujours avant l'expérience (la question à la nature), tout comme dans un antitéléphone tachyonique (ainsi que Benford et ses collègues ont si bien nommé un tel dispositif futuriste) les réponses arriveraient toujours avant que les questions ne soient formulées. Par conséquent, si une telle communication s'établit, elle ne peut s'établir [1], et de la même façon, si l'on peut mener à bien des expériences tachyoniques, il faut qu'elles soient ratées — ce qui a bien été le cas jusqu'ici.

Le fin du fin du voyage dans le temps de la science-fiction est bien sûr l'usage d'une véritable machine à explorer le temps, pareille à celle décrite par Wells dans son célèbre roman. Tandis que sa construction appartient peut-être à l'avenir, les problèmes logiques soulevés par une semblable machine imaginaire sont, eux, du ressort de notre présent. A l'instar du démon de Maxwell, ils nous conduisent vers une meilleure compréhension du caractère relatif de notre vision du monde.

Considérons la partie gauche de la bande-film schématisée page 223. Elle montre la vie de notre voyageur du temps depuis son apparition dans le temps (sa naissance) jusqu'à l'âge d'environ trente ans. Il a à ce moment terminé de construire sa machine complexe à explorer le temps et fait un voyage retour dans le passé (représenté par la ligne oblique descendant vers la droite). Ceci veut montrer qu'il ne s'est pas contenté d'inverser le projecteur pour voir défiler en arrière le film de sa vie, mais qu'il voyage réellement contre le courant du temps. Il revient en arrière de quinze ans (ce qui lui prend, disons, quelques

---

1. Remarquons la similitude entre cette impasse de la communication et le paradoxe de prévision de Popper (p. 25).

minutes), arrête la machine et en sort, se remettant ainsi dans le cours du temps (la bande-film qu'on voit à droite) en un point où il a lui-même quinze ans. S'il se contente de regarder alentour sans susciter aucun effet — à savoir, sans s'insérer d'aucune manière dans la causalité par une action ou une communication — il ne se produira rien d'étrange. Mais dès qu'il commencera à interagir, des conséquences amusantes et déconcertantes s'ensuivront. Imaginons, propose Reichenbach [142, 143], qu'il rencontre son moi antérieur et engage avec lui une conversation. Il sait que le jeune homme est son moi antérieur, mais n'est aux yeux du jeune homme qu'un adulte disposant d'une étonnante quantité d'informations sur sa vie (celle du jeune homme) et pouvant faire (avec, j'imagine, nonchalance ou déplaisante insistance) des prédictions sur l'avenir. Il prédit même que le jeune homme rencontrera un jour son moi antérieur. Il est vraisemblable que celui-là pensera alors avoir affaire à une personne dérangée et prendra congé. C'est d'ailleurs sans doute, nous l'avons vu plus haut, la meilleure chose qu'il pourra faire ; s'il prenait l'adulte au sérieux, il n'y a guère moyen de prévoir à quelles conséquences cela pourrait conduire.

Imaginons que vous connaissiez le jeune homme et ayez eu le loisir de suivre sa vie depuis sa naissance. Ce fait peut se représenter en plaçant une règle (transparente de préférence) sur le schéma en position horizontale et en la déplaçant lentement vers le haut : c'est là votre propre mouvement dans et avec le courant du temps. A un moment donné (quand le bord de la règle arrive au début de la bande temporelle située à gauche), l'enfant naît. Vous et lui voyagez alors ensemble dans le cours du temps jusqu'à ce que quelque chose de très étrange se produise, aux environs de son quinzième anniversaire : un autre lui-même âgé de trente ans émerge soudain d'on ne sait où pour se joindre à vous deux et au reste du monde. C'est ici bien entendu le moment où votre règle touche la bande de droite. Comme vous continuez à la déplacer vers le haut, deux vies se déroulent sous vos propres yeux, ou si vous préférez, deux réalités coexistent et se développent dans le même temps, mais se développent très différemment comme l'implique l'inclinaison ascendante de la bande temporelle située à droite : vous voyez sur le diagramme,

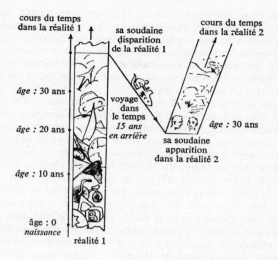

cours du temps
dans la réalité 1

sa soudaine
disparition
de la réalité 1

cours du temps
dans la réalité 2

âge : 30 ans

voyage
dans
le temps
*15 ans
en arrière*

âge : 30 ans

âge : 20 ans

sa soudaine
apparition
dans la réalité 2

âge : 10 ans

âge : 0
naissance

réalité 1

mais non en réalité, le voyageur du temps dans sa machine; il remonte le temps, et est par conséquent invisible. Lorsque le jeune moi de votre ami atteint l'âge de trente ans, il disparaît aussi mystérieusement que son moi plus âgé était venu de nulle part quinze ans auparavant [1].

Si tout cela semble assez incroyable, ce n'est ni illogique ni conceptuellement impossible. Aussitôt que nous touchons au temps, fût-ce à titre d'exercice intellectuel, nous nous apercevons que notre langage, et avec lui nos processus de pensée, commence rapidement à nous faire défaut. Ce qui n'est guère surprenant, car tout langage est bien sûr fondé sur la définition qu'a son utilisateur de la réalité, déterminant et perpétuant en

---

1. La représentation schématique utilisée pour cette illustration s'appelle un graphe de Feynman, du nom de son auteur, le Prix Nobel Richard Feynman [42]. Dans un tel graphe, l'espace (dans toutes ses trois dimensions) est représenté de façon simplifiée sur la ligne horizontale (l'axe X du graphe), le temps remontant l'axe des Y à angle droit de celle-ci. Cf. aussi l'article de Feinberg sur les particules plus rapides que la lumière [41].

retour cette définition. Martin Gardner a rassemblé dans un article [55] une impressionnante anthologie d'exemples, tirés de la science-fiction, traitant tous d'une manière ou d'une autre des étranges contradictions du voyage dans le temps, surtout quand ils permettent l'interaction (la communication) et que des objets se transportent du présent dans le passé ou dans le futur. Je n'en citerai qu'un seul :

Dans la nouvelle de Frederic Brown intitulée « The Experiment » (« L'expérience »), le professeur Johnson a construit un modèle réduit expérimental de machine à explorer le temps. On peut envoyer dans le passé ou le futur les petits objets qu'on y met. Après avoir réglé le cadran sur un point du futur et placé un petit cube de laiton sur la plate-forme de l'engin, il fait tout d'abord à ses deux collègues la démonstration d'un voyage dans le temps de cinq minutes. Le cube s'évapore instantanément puis réapparaît cinq minutes plus tard. L'expérience suivante, cinq minutes dans le passé, est un peu plus délicate. Le professeur explique qu'après avoir réglé le cadran du passé sur cinq minutes, il placera le cube sur la plate-forme à trois heures précises. Mais comme le temps s'écoulera alors à l'envers, il devrait s'évaporer dans sa main et apparaître sur la plate-forme à trois heures moins cinq, c'est-à-dire cinq minutes avant qu'il ne l'y place. L'un de ses collègues pose l'évidente question : « Comment dès lors pouvez-vous l'y mettre ? » Le professeur explique qu'à trois heures le cube disparaîtra de la plate-forme et apparaîtra dans sa main, pour être, de là, placé sur la machine. C'est exactement ce qui se produit. Le deuxième collègue veut savoir ce qui se passerait si, après que le cube était apparu sur la plate-forme (cinq minutes avant d'y être mis), Johnson changeait d'avis et ne l'y mettait pas à trois heures. Cela ne créerait-il pas un paradoxe ?

« Idée intéressante », dit le professeur Johnson.

« Je n'y avais pas pensé et il va être intéressant d'essayer. Eh bien donc je ne mettrai *pas...* »

Il n'y eut nul paradoxe. Le cube ne bougea pas.

Mais tout le reste de l'Univers, professeurs compris, s'évapora [22].

Il y aurait une autre possibilité, dont nous avons parlé à propos des bandes-film : chaque fois qu'un voyageur du temps pénètre dans le passé, l'univers se sépare en deux bandes temporelles. L'une d'elles est la continuation de l'état antérieur des choses, tandis que l'autre est le début d'une réalité entièrement nouvelle, où l'histoire peut suivre un cours entièrement différent [1].

L'article de Gardner commence et s'achève avec une référence au roman de James Joyce *Finnegans Wake*, où le fleuve Liffey qui traverse Dublin est le grand symbole du temps :

> Les physiciens s'intéressent plus que jamais à ce que les philosophes ont dit du temps, réfléchissant plus qu'ils ne l'ont jamais fait à ce que dire que le temps a une « direction » signifie et au lien, s'il existe, que tout ceci entretient avec la conscience et la volonté humaines. L'histoire est-elle un vaste « cours d'eau » visible pour Dieu ou les dieux de la source à l'embouchure, ou d'un infini passé à un infini futur, d'un coup d'œil atemporel et éternel ? Le libre arbitre n'est-il rien d'autre qu'une illusion tandis que le cours de l'existence nous propulse dans un futur qui en un certain sens inconnu existe déjà ? Ou pour varier la métaphore, l'histoire est-elle un film pré-enregistré, projeté sur l'écran quadri-dimensionnel de notre espace-temps pour le divertissement ou l'édification de quelque inimaginable Public ? Ou bien le futur est-il, comme William James et d'autres l'ont soutenu avec tant de passion, ouvert et indéterminé, n'existant en *aucun* sens jusqu'à ce qu'il arrive effectivement ? Le futur apporte-t-il d'authentiques nouveautés, des surprises que même les dieux sont incapables de prévoir ? De telles questions dépassent largement la physique et révèlent des aspects de l'existence qui nous sont aussi incompréhensibles qu'aux poissons du fleuve Liffey la ville de Dublin [51].

1. Et c'est précisément ce qui devrait se produire quand l'Etre de Newcomb revient du futur (où il a observé votre choix concernant les deux boîtes) et qu'il met (ou ne met pas) le million de dollars dans la boîte 2. Le fait même de rapporter une information « correcte » du futur dans le présent engendre une réalité nouvelle, où la connaissance préalable peut s'avérer incorrecte du même coup.

20

L'instant éternel

Quia tempus non erit amplius
Apocalypse 10, 6

Si on verse de l'huile d'un récipient dans un autre, elle formera en coulant un arc d'une égalité et d'un silence extrêmes. Il y a pour le spectateur quelque chose de fascinant dans l'apparence polie et immobile de cet écoulement rapide. Peut-être nous rappellera-t-elle cet aspect du temps dont les mystères sont encore plus grands que ceux du futur et du passé : le présent infiniment court, à la charnière de ces deux étendues infinies qui s'allongent dans les deux directions opposées. Il est notre expérience de la réalité à la fois la plus immédiate et la plus impalpable. « Maintenant » est un instant sans durée, et pourtant il est le seul moment du temps où ce qui arrive arrive, et ce qui change change. Il est passé avant même que nous n'en prenions conscience et pourtant, comme tout instant présent est immédiatement suivi d'un nouvel instant présent, « Maintenant » est notre seule expérience directe de la réalité — d'où l'image Zen de l'écartement d'huile.

Comme le Carré de Flatland qui ne pouvait saisir la nature d'un solide tri-dimensionnel sauf en termes de mouvement dans le temps, nous ne pouvons concevoir le temps comme une quatrième dimension qu'à travers l'image d'un écoulement. Notre esprit ne peut saisir le temps dans le sens parménidien de « total unique, immuable et sans fin », sauf en des circonstances très particulières et fugitives, qu'à tort ou à raison on dit mystiques. Leurs descriptions ne se comptent plus; et si différentes qu'elle

226

soient leurs auteurs semblent être tous d'accord qu'elles sont de quelque manière atemporelles et plus réelles que la réalité.

Le prince Mychkine de Dostoïevski *(l'Idiot)* est épileptique. Comme bien des gens qui souffrent de ce mal, les dernières secondes (ce qu'on appelle l'aura) précédant une crise lui révèlent cette réalité :

> A ce moment (...) j'ai entrevu le sens de cette singulière expression : *il n'y aura plus de temps*. Sans doute (...) était-ce d'un instant comme celui-là que l'épileptique Mahomet parlait lorsqu'il disait avoir visité toutes les demeures d'Allah en moins de temps que sa cruche pleine d'eau n'en avait mis à se vider [1].

Mais on perçoit rarement l'instant éternel sans les distorsions et les contaminations que lui imprime l'esprit, par l'expérience passée et les attentes futures. Nous avons vu tout au long de ce livre comment suppositions, croyances, hypothèses, superstitions, espoirs, etc., peuvent devenir plus réels que la réalité en engendrant ce tissu d'illusions appelé *maya* dans la philosophie indienne. Faire le vide en soi, se libérer de ses liens avec le passé sont ainsi le but de la mystique. « Le Soufi », écrit Jalad-ud-din Rumi, poète persan du XIIIe siècle, « est le fils du *temps présent.* » Et Omar Khayyam brûle d'être délivré du passé et du futur, mais au moyen d'une autre illusion, quand il chante : « Ô mon aimée, emplis la coupe qui *écarte d'aujourd'hui les regrets passés et les craintes futures.* »

L'expérience de l'instant éternel ne se limite pourtant pas aux auras ou à l'intoxication. Les moments de paix et de satisfaction intérieures, comme, paradoxalement, les situations de danger, sont favorables à son occurrence. Koestler le connut dans la cellule des condamnés d'une prison espagnole, où son esprit se trouvait occupé par l'élégance intellectuelle de la démonstration d'Euclide selon laquelle il y a une infinité de nombres premiers :

> [Il] passa sur moi comme une vague. La vague s'était formée sur l'émergence d'une phrase articulée, mais qui s'évapora

---

1. Selon les commentateurs du Coran (XVII, 1), le Prophète fut enlevé aux sept Cieux et revint à temps dans sa chambre pour rattraper une cruche d'eau qu'il avait fait chavirer en s'élevant. (Traduction et notes d'Albert Mousset, La Pleiade, 1953. — NdT.)

tout de suite, ne laissant dans son sillage qu'une essence muette, un parfum d'éternité, un frémissement du trait dans le bleu. J'ai dû rester ainsi plusieurs minutes, en transe, avec une conscience indicible que « cela est parfait... parfait ». (...) Puis j'étais sur le dos, flottant à la surface d'un fleuve de paix, sous des ponts de silence. Il venait de nulle part et ne s'écoulait nulle part. Puis il n'y eut plus de fleuve et plus de *je*. Le *je* avait cessé d'exister. (...) Quand je dis « le *je* avait cessé d'exister », je me réfère à une expérience concrète qui est aussi incommunicable verbalement que la sensation ressentie à l'écoute d'un concerto pour piano, et pourtant tout aussi réelle — seulement beaucoup plus réelle. En fait, sa première marque est le sentiment que cet état est plus réel que tout autre éprouvé auparavant [79].

Et voici un dernier paradoxe. Tous ceux qui ont tenté d'exprimer l'expérience de l'instant pur y ont trouvé le langage tristement inadéquat. « Le Tao qu'on peut exprimer n'est pas le vrai Tao », écrivait Lao Tzu il y a 2 500 ans. Quand on demanda au maître Shin-t'ou d'expliquer l'ultime enseignement du Bouddhisme, il répondit : « Vous ne le comprendrez pas jusqu'à ce que vous le possédiez. » Bien entendu, quand vous le posséderez, vous n'aurez plus besoin d'explication. Et Wittgenstein, ayant poussé sa recherche de la réalité jusqu'aux limites de l'esprit humain, conclut son *Tractatus* par la célèbre phrase : « De quoi on ne peut pas parler, sur quoi on doit se taire. »

Un bon endroit pour conclure ce livre.

Bibliographie

1   Abbott (Edwin A.), *Flatland : A Romance in Many Dimensions*, 6ᵉ éd., New York, Dover, 1952; trad. fr., *Flatland... une aventure à plusieurs dimensions*, Paris, Denoël, 1968 (ici, traduit par E. R.).
2   *Ibid.*, p. 64.
3   *Ibid.*, p. 66.
4   *Ibid.*, p. 80.
5   Adams (Joe K.), « Laboratory Studies of Behaviour Without Awareness », *Psychological Bulletin*, 4:383-408, 1957.
6   Alpers (Anthony), *Dolphins*, Londres, John Murray, 1960.
7   *Ibid.*, p. 212.
8   Ardrey (Robert), *The Social Contract : A Personal Enquiry into the Evolutionary Sources of Order and Disorder*, New York, Atheneum, 1970, p. 130; trad. fr., *la Loi naturelle, une enquête personnelle pour un « vrai » Contrat Social*, Paris, Stock, 1971.
9   Asch (Solomon E.), « Opinions and Social Pressure », *Scientific American*, 193:31-35, novembre 1955.
10 Asch (Solomon E.), *Social Psychology*, New York, Prentice-Hall, 1952, p. 450-483.
11 Asch (Solomon E.), « Studies of Independence and Submission to Group Pressures », *Psychological Monographs*, vol. 70, n° 416, 1956.
12 Asimov (Isaac), *The End of Eternity*, Greenwich, Conn., Fawcett, 1955, trad. fr., *La Fin de l'Éternité*, Paris, Denoël, 1967, p. 244-245.
13 Bateson (Gregory), Jackson (Don D.), Haley (Jay), Weakland (John H.), « Toward a Theory of Schizophrenia », *Behavioral Science*, 1:251-264, 1956; trad. fr. dans Bateson, *Vers une écologie de l'esprit*, t. II, Paris, Le Seuil, 1980.
14 Bateson (Gregory), Jackson (Don D.), « Some Varieties of

229

Pathogenic Organization ». Dans David McK. Rioch et Weinstein, eds, *Disorders of Communication*, vol. 42, Research Publications. Association for Research in Nervous and Mental Diseases, Baltimore, William & Wilkins, 1964, p. 270-283; trad. fr. dans Bateson, *Vers une écologie de l'esprit*, t. II, Paris, Le Seuil, 1980.

15 Bateson (Gregory), *Steps to an Ecology of Mind*, New York, Ballantine, 1972, p. 367; trad. fr., *Vers une écologie de l'esprit*, 2 tomes, Paris, Le Seuil, 1977.

16 *Ibid.*, p. 159.

17 Bateson (Gregory), communication personnelle.

18 Bavelas (Alex), communication personnelle.

19 Benford (G. A.), Book (D. L.), Newcomb (William), « The Tachyonic Antitelephone », *Physical Review D*, 3ᵉ série, 2: 263-265, 1970.

20 Bittman (Ladislav), *The Deception Game*, Syracuse, Syracuse University Research Corporation, 1972.

21 Bracewell (Ronald N.), « Communications from Superior Galactic Communities », *Nature*, 186:670-671, 1960.

22 Brown (Fredric), « The Experiment », dans *Honeymoon in Hell*, New York, Bantam, 1958, p. 67-68; trad. fr. *Lune de miel en enfer*, Paris, Denoël, 1964 (ici, traduit par E. R.).

23 Brown (G. Spencer), *Probability and Scientific Inference*, New York, Longmans, Green, 1957, p. 105.

24 *Ibid.*, p. 111-112.

25 *Ibid.*, p. 113-115.

26 Brown (G. Spencer), *Laws of Form*, New York, Bantam, 1972.

27 *Ibid.*, p. 13.

28 Cade (C. Maxwell), *Other Worlds Than Ours*, New York, Taplinger, 1967, p. 166.

29 *Ibid.*, p. 175.

30 Caen (Herb), *San Francisco Chronicle*, 2 février 1973, p. 25.

31 Cherry (Colin), *On Human Communication*, New York, Science Editions, 1961, p. 120.

32 Claperède (Ed.), « Die gelehrten Pferde von Elberfeld », *Tierseele, Blätter für vgl. Seelenkunde*, 1914, cité par Hediger [64].

33 Cocconi (Giuseppe), Morrison (Philip), « Searching for Interstellar Communications », *Nature*, 184:844-846, 1959.

34 Cohn (Norman), *Warrant for Genocide*, Londres, Eyre & Spottiswoode, 1967, p. 74-75; trad. fr., *Histoire d'un mythe, la conspiration juive et les Protocoles des Sages de Sion*, Paris, Gallimard, 1967.

BIBLIOGRAPHIE

35 Cros (Charles), *Études sur les moyens de communication avec les planètes*, cité par Louis Forestier dans *Charles Cros, l'homme et l'œuvre*, Paris, Lettres Modernes, Minard, 1969, p. 64.

36 Dostoïevski (Fédor), *Les Frères Karamazov*, trad. fr. de Henri Mongault, Paris, La Pléiade, 1962 (trad. légèrement modifiée).

37 *Ibid.*

38 Ekvall (Robert), *Faithful Echo*, New York, Twayne, 1960, p. 109-113.

39 Erickson (Milton H.), « The Confusion Technique in Hypnosis », *American Journal of Clinical Hypnosis*, 6:183-207, 1964. Réimprimé dans Jay Haley, ed., *Advanced Techniques of Hypnosis and Therapy : Selected Papers of Milton H. Erickson*, New York, Grune & Stratton, 1967, p. 130-157 (cf. [181], p. 122).

40 Esterson (Aaron), *The Leaves of Spring*, Harmondsworth, Penguin, 1972; trad. fr., *La Dialectique de la folie : les feuilles nouvelles*, Paris, Payot, 1972.

41 Feinberg (Gerald), « Particles That Go Faster Than Light », *Scientific American*, 222:69-77, février 1970.

42 Feynman (Richard P.), « The Theory of Positrons », *Physical Review*, 76:749-759, 1949.

43 Fouts (Roger), Rigby (Randall L.), « Man-Chimpanzee Communication », dans T. A. Seboek, ed., *How Animals Communicate*, Bloomington, Indiana University Press, 1975.

44 Fouts (Roger), communication personnelle.

45 Freudenthal (Hans), *Lincos : Design of a Language for Cosmic Intercourse*, Part I, Amsterdam, North-Holland Publishing Co., 1960.

46 Frisch (Karl von), « Dialects in the Language of the Bees », *Scientific American*, 207:79-87, août 1962.

47 Gardner (Beatrice T., R. Allen), « Two-way Communication with an Infant Chimpanzee », dans Allan M. Schrier et Fred Stollnitz, eds, *Behavior of Non-human Primates*, New York, Academic Press, 1971.

48 *Ibid.*, p. 167.

49 *Ibid.*, p. 172.

50 *Ibid.*, p. 176.

51 Gardner (Martin), « Can Time Go Backward? », *Scientific American*, 216:98-108, janvier 1967.

52 Gardner (Martin), « On the Meaning of Randomness and Some Ways to Achieve It », *Scientific American*, 219:116-121, juillet 1968.

BIBLIOGRAPHIE

53 Gardner (Martin), « Free Will Revisited, with a Mind-bending Prediction Paradox by William Newcomb », *Scientific American*, 229:104-109, juillet 1973.

54 Gardner (Martin), « Reflections on Newcomb's Problem : A Prediction and Free-will Dilemma », *Scientific American*, 230:102-108, mars 1974.

55 Gardner (Martin), « On the Contradictions of Time Travel », *Scientific American*, 230:120-123, mai 1974.

56 Garder (R. Allen, Beatrice T.), « Teaching Sign Language to a Chimpanzee », *Science*, 165:664-672, 1969.

57 Gillespie (Thomas H.), *The Story of the Edinburgh Zoo*, Old Castle, M. Slains, 1964.

58 Gödel (Kurt), « Über formal unentscheidbare Sätze der Principia Mathematica und verwandter Systeme, I », *Monatshefte für Mathematik und Physik*, 38:173-198, 1931.

59 Hayes (Cathy), *The Ape in Our House*, New York, Harper, 1951.

60 *Ibid.*, p. 83.

61 *Ibid.*, p. 101.

62 Hayes (Keith, Catherine), « The Intellectual Development of a Home-raised Chimpanzee », *Proceedings of the American Philosophical Society*, 95:105-109, 1951.

63 Hayes (Keith, Catherine), « Imitation in a Home-raised Chimpanzee », *Journal of Comparative and Physiological Psychology*, 45:450-459, 1952.

64 Hediger (H.), « Verstehen und Vertändigungsmöglichkeiten zwischen Mensch und Tier », *Schweizerische Zeitschrift für Psychologie und ihre Anwendungen*, 26 : 234-255, 1967, p. 239-240.

65 *Ibid.*, p. 240.

66 Heller (Joseph), *Catch-22*, New York, Dell, 1955, p. 46-47 ; trad. fr., *l'Attrape-nigaud*, Paris, Gallimard, 1964.

67 Herrigel (Eugen), *Le Zen dans l'art chevaleresque du tir à l'arc*, Lyon, Derain, 1955.

68 Hess (Eckhard H.), « Attitude and Pupil Size », *Scientific American*, 212:46-54 avril 1965, p. 46.

69 *Ibid.*, p. 50.

70 Hesse (Hermann), « Gedanken zu Dostojewskis *Idiot* », dans *Betrachtungen*, Berlin, S. Fischer Verlag, 1928, p. 129.

71 Hoerner (Sebastian von), « The General Limits of Space Travel », *Science*, 137:18-23, 1962.

72 Hogben (Lancelot), « Astroglossa or First Steps in Celestial Syntax », *British Interplanetary Society Journal*, 11:258-274, novembre 1952, p. 259.

73 Hora (Thomas), « Tao, Zen and Existential Psychotherapy », *Psychologia*, 2:236-242, 1959, p. 237.

74 Howard (Nigel), « The Mathematics of Meta-games », *General Systems*, 11:167-186 et 187-200, 1966.

75 Jackson (Don D.), « Play, Paradox and People : Identified Flying Objects », *Medical Opinion and Review*, février 1967, p. 268-279.

76 Kafka (Franz), *Le Procès*, trad. fr. d'Alexandre Vialatte, Paris, Gallimard, 1951 (trad. légèrement modifiée).

77 Kahn (David), *The Codebreakers*, New York, Macmillan, 1967.

78 Kaplan (S. A.), ed., *Extraterrestrial Civilizations : Problems of Interstellar Communication*, traduit du russe en anglais, Jerusalem, Israel Program for Scientific Translations, 1971, disponible auprès du Département américain du Commerce.

79 Koestler, *The Invisible Writing*, New York, Macmillan, 1969, p. 429.

80 Laing (Ronald D.), *The Self and Others*, Londres, Tavistock, 1961 ; trad. fr., *Soi et les autres*, Paris, Gallimard, 1971.

81 Laing (Ronald D.), Phillipson (H.), Lee (A. Russell), *Interpersonal Perception*, New York, Springer, 1966, p. 17-18.

82 Laing (Ronald D.), « Mystification, Confusion and Conflict », dans Ivan Boszormenyi-Nagy et James L. Framo, eds, *Intensive Family Therapy : Theoretical and Practical Aspects*, New York, Harper, 1965, p. 343-363.

83 Laing (Ronald D.), *Knots*, New York, Pantheon, 1970, p. 55 ; trad. fr., *Nœuds*, Paris, Stock, 1971.

84 Laing (Ronald D.), Esterson (Aaron), *Sanity, Madness and the Family*, vol. I, *Families of Schizophrenics*, Londres, Tavistock, 1964.

85 Laplace (Pierre Simon de), *Essai philosophique sur les probabilités*, 6ᵉ édition, Paris, Bachelier, 1840, p. 3-4.

86 Lawick-Goodall (Jane van), *In the Shadow of Man*, Boston, Houghton Mifflin, 1971 ; trad. fr., *les Chimpanzés et Moi*, Paris, Stock, 1971.

87 Leslie (Robert Franklin), « The Bear that Came for Supper », *Reader's Digest*, 85:75-79, 1964.

88 Lilly (John C.), *Man and Dolphin*, Garden City, New York, Doubleday, 1961, p. 55 et 203 ; trad. fr., *l'Homme et le Dauphin*, Paris, Stock, 1962.

89 Lilly (John C.), *The Mind of the Dolphin*, Garden City, New York, 1967, p. 115.

90   *Ibid.*, p. 301.
91   Lilly (John C.), « The Dolphin Experience », conférence enregistrée sur cassette, Big Sur Recordings, n.d.
92   Lunan (Duncan A.), « Space Probe from Epsilon Boötis », *Spaceflight*, 15:122-31, avril 1973.
93   *Ibid.*, p. 123.
94   Macvey (John W.), *Whispers from Space*, New York, Macmillan, 1973, p. 152.
95   *Ibid.*, p. 226.
96   Masterman (J. C.), *The Double-Cross System in the War of 1939 to 1945*, New Haven, Yale University Press, 1972.
97   *Ibid.*, p. 2.
98   *Ibid.*, p. 9.
99   *Ibid.*, p. 30-31.
100 *Ibid.*, p. 88.
101 Mikhalkov (Sergeï), *Der Spiegel*, 28:87, 4 février 1974.
102 Monod (Jacques), *Le Hasard et la Nécessité*, Paris, Le Seuil, 1970.
103 *Ibid.*, p. 155 de l'édition « Points ».
104 Montagu (Ewen), *The Man Who Never Was*, New York, Bantam, 1969; trad. fr., *L'Homme qui n'existait pas*, Paris, Ditıs, 1963 (ici, traduit par E. R.).
105 *Ibid.*, p. 27.
106 *Ibid.*, p. 40.
107 *Ibid.*, p. 107.
108 *Ibid.*, p. 133-34.
109 Morin (Edgar), *La Rumeur d'Orléans*, Paris, Le Seuil, 1969.
110 *Ibid.*, p. 17.
111 *Ibid.*, p. 27.
112 *Ibid.*, p. 103.
113 *Ibid.*, p. 141.
114 *Ibid.*, p. 215-6.
115 Morse (W. H.) et Skinner (B. F.), « A Second Type of Superstition in the Pigeon », *American Journal of Psychology*, 70: 308-11, 1957.
116 Nagel (Ernst) et Newman (James R), *Gödel's Proof*, New York, New York University Press, 1958.
117 Newman (James R.), *The World of Mathematics*, New York, Simon & Schuster, 1956, p. 2383.
118 Nozick (Robert), « Newcomb's Problem and the Two Principles of Choice », dans *Essays in Honor of Car! G. Hempel*, Dordrecht, Hollande, D. Reidel Publishing, 1970, p. 114-46.
119 Oliver (Bernard M.), « Radio Search for Distant Races »,

BIBLIOGRAPHIE

International Science and Technology, n° 10, octobre 1962, p. 55-61.

120 Oliver (Bernard M.), communication personnelle.

121 Parménide, fragment 8, 4-6.

122 Patterson (Penny), communication personnelle.

123 Perelman (Y. I.), « Voyages interplanétaires », 6ᵉ édition, Moscou, Éditions techniques d'État, 1929.

124 Pfungst (Oskar), *Das Pferd des Herrn von Osten (Der Kluge Hans)*, Leipzig, Johann Ambrosius Bart, 1907 (cf. [125] pour l'édition anglaise).

125 Pfungst (Oskar), *Clever Hans : The Horse of Mr. von Osten*, New York, Rinehart & Winston, 1965.

126 *Ibid.*, p. 13.

127 *Ibid.*, p. 261.

128 *Ibid.*, p. 262-63.

129 Planck (Max), *Wissenschaftliche, Selbstbiographie*, Leipzig, J. A. Barth, 1948.

130 Pline le Jeune, *Epistulae*, livre IX, lettre 33 (ici, traduit par E. R.).

131 Popov (Dusko), *Spy/Counterspy*, avant-propos d'Ewen Montagu, New York, Grosset & Dunlap, 1974, p. 162-219.

132 *Ibid.*, p. 262.

133 Popper (Karl), *Conjectures and Refutations : The Growth of Scientific Knowledge*, New York, Basic Books, 1962.

134 Popper (Karl), « A Comment on the New Prediction Paradox », *British Journal for the Philosophy of Science*, 13:51, 1963.

135 Popper (Karl), *The Open Society and Its Enemies*, New York, Harper Torchbooks, 1963, p. 200 ; trad. fr., *La Société ouverte et ses ennemis*, 2 tomes, Paris, Le Seuil, 1979.

136 Premack (David), « Language in Chimpanzee? », *Science*, 172:808-22, 1971. Cf. in *La Recherche*, n° 17, novembre 1971.

137 *Project Cyclops : A Design Study of a System for Detecting Extraterrestrial Life*, Publication n° CR 114445, NASA/Ames Research Center, Code LT, Moffett Field, Californie, p. 4.

138 *Ibid.*, p. 179-80.

139 Rapoport (Anatole) et Chammah (Albert), avec la collaboration de Carol Orwant, *Prisoner's Dilemma : A Study in Conflict and Cooperation*, Ann Arbor, University of Michigan Press, 1965.

140 Rapoport (Anatole), « Escape from Paradox », *Scientific American*, 217:50-56, juillet 1967.

141 Reichenbach (Hans), *The Direction of Time*, Berkeley, University of California Press, 1956, p. 11.

142 *Ibid.*, p. 37.

143 Reichenbach (Hans), *The Philosophy of Space and Time*, New York, Dover, 1957, p. 140-42.

144 Robinson (R. B.), *On Whales and Men*, New York, Knopf, 1954, cité par Lilly [88], p. 93-94.

145 Rosenthal (Robert), *Experimenter Effects in Behavioral Research*, New York, Appleton-Century-Crofts, 1966.

146 Ruesch (Jürgen) et Bateson (Gregory), *Communication : The Social Matrix of Psychiatry*, New York, Norton, 1951, p. 212-227.

147 Rumbaugh (D.), Gill (T. V.) et Glaserfeld (E. C. von), « Reading and Sentence Completion by a Chimpanzee (Pan) », *Science*, 182:731-33, 1973.

148 Rynine (Nikolaï), [La communication interplanétaire, vol. III : l'énergie radiante dans l'imagination des romanciers et les projets des savants], Léningrad, Izdatel'stvo P. P. Soïkine, 1930.

149 Sagan (Carl), *The Cosmic Connection*, Garden City, New York, Anchor Press, Doubleday, 1973, p. 19-20. Trad. fr. *Cosmic connection*, Paris, Le Seuil, 1975.

150 *Ibid.*, p. 25.

151 Sagan (Carl), ed., *Communication with Extraterrestrial Intelligence (CETI)*, Cambridge, MIT Press, 1973, p. 183 et 318.

152 Salzman (L.), « Reply to Critics », *International Journal of Psychiatry*, 6:473-76, 1968.

153 Schellenberg (Walter), *Le chef du contre-espionnage nazi parle*, Paris, Julliard, 1957.

154 Schelling (Thomas C.), *The Strategy of Conflict*, Cambridge, Harvard University Press, 1960.

155 *Ibid.*, p. 54.

156 *Ibid.*, p. 56.

157 *Ibid.*, p. 148.

158 Schelling (Thomas C.), « Reciprocal Measures for Arms Stabilization », réédité dans *The Strategy of World Order*, vol. IV, *Disarmament and Economic Development*, New York, World Law Fund, 1966, p. 127-28.

159 Schmid (Peter), « Der japanische Hamlet », *Der Monat*, 18:5-10, août 1966, p. 7.

160 Schopenhauer (Arthur), *Über den Willen in der Natur*, dans *Arthur Schopenhauers sämtliche Werke*, vol. III, Munich, R. Piper, 1912, p. 346.

161 Schreider (Joseph), *Das war das Englandspiel*, Munich, Walter Stutz, 1950.

162 *Ibid.*, p. 402.

163 *Ibid.*, p. 403.
164 Shklovsky (I. S.), « The Lifetimes of Technical Civilizations », dans *Communication with Extraterrestrial Intelligence (CETI)*, Cambridge, MIT Press, 1973, p. 148.
165 Skinner (B. F.), « Superstition in the Pigeon », *Journal of Experimental Psychology*, 38:168-72, 1948.
166 Sluzki (Carlos), Beavin (Janet), Tarnopolsky (Alejandro) et Verón (Eliseo), « Transactional Disqualification », *Archives of General Psychiatry*, 16:494-504, 1967.
167 Sluzki (Carlos) et Verón (Eliseo), « The Double Bind as a Universal Pathogenic Situation », *Family Process*, 10:397-410, 1971.
168 Sluzki (Carlos) et Ransom (Donald), eds, *Double Bind : The Foundation of the Communicational Approach to the Family*, New York, Grune & Stratton, 1975.
169 Sommer (R.), *Tierpsychologie*, Leipzig, Quelle & Meyer, 1925.
170 Størmer (Carl), « Short Waves Echos and the Aurora Borealis », *Nature*, n° 3079, 122:681, 1928.
171 Tolman (Richard), *The Theory of Relativity of Motion*, Berkeley, University of California Press, 1917, p. 54-55.
172 Travers (Pamela), *Mary Poppins*, New York, Harcourt Brace, 1934 (ici traduit par E. R.).
173 Varé (Daniele), *Laughing Diplomat*, New York, Doubleday, Doran, 1938, p. 381.
174 Watzlawick (Paul), Helmick-Beavin (Janet) et Jackson (D.), *Une logique de la communication*, Paris, Le Seuil, 1972.
175 *Ibid.*, p. 34-8 et 92-4.
176 *Ibid.*, p. 52-7 et 92-6.
177 *Ibid.*, p. 94-6.
178 *Ibid.*, p. 132-3.
179 *Ibid.*, p. 220-31.
180 Watzlawick (Paul), « Patterns of Psychotic Communication », dans Pierre Doucet et Camille Laurin, eds, *Problématique de la psychose*, tome I, Excerpta Medica Foundation, Amsterdam, 1969, p. 51-2.
181 Watzlawick (Paul), Weakland (John) et Fisch (Richard), *Changements. Paradoxes et psychothérapie*, Paris, Le Seuil, 1975.
182 *Ibid.*, p. 52-3.
183 *Ibid.*, p. 53-4.
184 *Ibid.*, p. 66-81.
185 *Ibid.*, p. 82-94.
186 *Ibid.*, p. 113-31.

BIBLIOGRAPHIE

187 Wittgenstein (Ludwig), *Tractatus logico-philosophicus*, Paris, Gallimard, 1972.

188 Wood (Forest), « Porpoise Play », *Mariner*, mars 1954, p. 4.

189 Wright (John C.), *Problem Solving and Search Behavior under Noncontingent Rewards*, mémoire non publié, Stanford University, 1960.

190 Wright (John C.), « Consistency and Complexity of Response Sequences as a Function of Schedules of Noncontingent Reward », *Journal of Experimental Psychology*, 63:601-9, 1962.

191 Yerkes (Robert) et Learned (Blanche), *Chimpanzee Intelligence and Its Vocal Expression*, Baltimore, Williams & Wilkins, 1925, p. 53.

Table

IMPRIMERIE BRODARD ET TAUPIN À LA FLÈCHE (11-94)
DÉPÔT LÉGAL AVRIL 1984. Nº 6804-5 (6395 K-5)

Collection Points

Collection Points